WESTEND

Stephan Hebel

MUTTER BLAMAGE UND DIE BRANDSTIFTER

Das Versagen der Angela Merkel –
warum Deutschland eine
echte Alternative braucht

WESTEND

Mehr über unsere Autoren und Bücher:
www.westendverlag.de

Die Deutsche Nationalbibliothek verzeichnet diese Publikation in
der Deutschen Nationalbibliografie; detaillierte bibliografische Daten
sind im Internet über http://dnb.d-nb.de abrufbar.

ISBN 978-3-86489-162-5
© Westend Verlag GmbH, Frankfurt/Main 2017
Umschlaggestaltung: Buchgut, Berlin
Satz: Publikations Atelier, Dreieich
Druck und Bindung: CPI – Clausen & Bosse, Leck
Printed in Germany

Inhalt

»Ich bedaure es aufrichtig, dass man gerade in den unteren Klassen immer noch von Klassenunterschied schwatzt.«

Max Frisch, *Biedermann und die Brandstifter*

Für die Frau, die mir immer ein Zuhause gibt,
egal wo ich bin: Tanja.

Vorwort

So kann man sich täuschen: Als der Westend Verlag und ich im Frühjahr 2015 zum ersten Mal über eine Fortsetzung meines Buches *Mutter Blamage* sprachen, schien die Welt für Angela Merkel noch in Ordnung zu sein. Die weltweiten Fluchtbewegungen fanden anderswo statt, die AfD war dabei, sich zu spalten, und Deutschland lebte still und satt vor sich hin, als gingen die Krisen der Welt uns nichts an. Ich nahm mir vor, den 2013 erschienenen Titel für das Wahljahr 2017 zu aktualisieren, mehr nicht. Und bei der wichtigsten These würde es ohnehin bleiben: Angela Merkel ist eine Meisterin der Täuschung. Während sie sich als »Kanzlerin für alle« inszeniert, betreibt sie in Wahrheit eine einseitig neoliberale, an ökonomischen Interessen orientierte Politik.

Nicht einmal zwei Jahre später war klar: Es wird ein nahezu komplett neues Buch. Nicht, dass sich an der Kernaussage etwas geändert hätte: Die politisch-ideologische Ausrichtung der Kanzlerin und die Camouflage, mit der diese Politik verschleiert wird, sind geblieben. Aber Angela Merkel sitzt nicht mehr annähernd so fest im Sattel wie im Wahlkampf 2013. Seit Deutschland sich im zweiten Halbjahr 2015 bequemt hat, die seit Jahren stattfindende Katastrophe der weltweiten Fluchtbewegungen zur Kenntnis zu nehmen, weil ein immer noch kleiner Teil der Flüchtenden unser Land erreichte, ist es mit der Ruhe vorbei. Auch für die Bundeskanzlerin. Und seit Deutschland zum Ziel des Terrorismus geworden ist, gilt das erst recht.

Darum geht es vor allem in den ausführlichen Kapiteln zum Neorassismus der neuen Rechten, zum Flüchtlingsthema und zur

»inneren Sicherheit«. Allerdings schließe ich mich ausdrücklich nicht der im Politik- und Medienbetrieb so gern gepflegten Sichtweise an, wonach das große Lager der Demokraten, angeführt von der umsichtigen CDU- und Regierungschefin, der Bedrohung von rechts durch eine ökonomisch und sozial einigermaßen ausgewogene Politik der Mitte entgegentritt. Nein, im Gegenteil: Diese Kanzlerin betreibt an den entscheidenden Stellen eine wirtschaftsliberale, soziale Brüche noch verstärkende Politik, Mindestlohn hin oder her. Und ich füge hinzu: Es ist diese Politik, die das Erstarken der extremen Rechten noch befördert, statt es zu verhindern.

Genau das, so meine Sorge, geht allerdings in den hysterischen Debatten so gut wie unter, bei denen die Zuwanderung und der Terror in geradezu skandalöser Weise miteinander vermischt zu werden pflegen. Während Deutschland – unter Federführung von Angela Merkel – die Grenzen für Flüchtlinge wieder dichtmacht und ein fragwürdiges »Sicherheitsgesetz« nach dem anderen beschließt, setzt die Kanzlerin die Politik der Ungerechtigkeit und der Umverteilung nach oben fast ungehindert fort. Und der demokratische Teil der Gesellschaft überlässt die Parole »Merkel muss weg« denjenigen, die keineswegs gegen diese Ungerechtigkeit kämpfen, sondern für die Wut und die Angst vieler Menschen ausgerechnet diejenigen verantwortlich machen, die nichts dafür können: die Geflüchteten.

Mit diesem Buch will ich ein Angebot machen, die Dinge anders zu sehen. Ich will zeigen, dass es höchste Zeit ist, den Kampf gegen rechts zu führen, ohne Angela Merkel auf den Leim zu gehen. Dass es Zeit ist, beidem zugleich Alternativen entgegenzustellen: sowohl der rechten Ideologie der nationalen Abschottung als auch der neoliberalen Idee von Globalisierung, die am Ende vor allem Kapitalinteressen dient.

Tatsächlich ist es höchste Zeit, diese Kanzlerin abzulösen – aber nicht im Sinne der »Alternative für Deutschland« und ihrer Gesinnungsgenossen in Europa oder anderswo. Die echte Alternative wäre ein politisches Bündnis der sozialen Gerechtigkeit und der gesellschaftlichen Liberalität. Eine Koalition, die die Offenheit von Grenzen mit dem Anspruch der internationalen Sicherung sozialer Standards, gerechter Besteuerung und öffentlicher Daseinsvorsorge verbinden würde.

Ich habe dieses Buch auch geschrieben, weil mir diese Perspektive nicht nur im Politikbetrieb, sondern auch in der Medienwelt viel zu kurz kommt. Zu sehr beschränken sich die Inszenierungen, die uns »Tagesschau« und »heute« jeden Abend zeigen, auf die »Alle gegen die Populisten«-Perspektive – als müssten nicht gerade die demokratischen Parteien neues Vertrauen erwerben, indem sie endlich wieder über unterschiedliche Modelle streiten, statt der Gefahr von rechts immer nur mit dem großkoalitionären »Weiter so« zu begegnen. Und zwar unabhängig davon, welche Partei gerade mit welcher regiert.

Im Vorwort zu *Mutter Blamage* habe ich 2013 geschrieben: »Als Journalist habe ich das Glück, mich hauptberuflich mit Politik zu befassen. Ich tue das nicht von Berlin aus, sondern von Frankfurt am Main. Ich habe noch nie im Kanzleramt Rotwein getrunken. Ich nehme nicht an den Hintergrundkreisen teil, in denen Politiker mal ›ganz offen‹ reden – vorausgesetzt, die anwesenden Journalisten behalten das Gehörte für sich. Ich meide den von Politikern und Medienkollegen bevölkerten Kontakthof, in dem die Inszenierungen des politischen Geschehens entstehen, weil mich die Distanzlosigkeit abschreckt, mit der sie einander oft begegnen. Ich versuche zu betrachten und zu bewerten, was Politiker tatsächlich tun, und vor allem, was es für die Mehrheit der Bevölkerung bedeutet. Und je länger ich das tue, desto stärker wird mein Eindruck: Das Bild, das sie von sich verbreiten und verbreiten lassen, hat mit ihrem Handeln wenig zu tun.«

Ich bin weit davon entfernt, mich dem »Lügenpresse«-Geschrei der Rechtsextremen anzuschließen. Dafür gibt es viel zu viele Kolleginnen und Kollegen auch in den etablierten Medien, die kritisch und unabhängig berichten und kommentieren, statt sich dem Herdentrieb zu ergeben. Aber es bleibt trotzdem dabei: Zu oft funktioniert die Maskerade der Angela Merkel noch immer. Zu unbeachtet bleibt der eklatante Widerspruch zwischen ihrem Image und ihrer praktischen Politik. Deshalb soll dieses Buch die öffentliche Selbstdarstellung von Angela Merkel mit ihrer Politik konfrontieren. Es möchte im Jahr der Bundestagswahl dem Image der »Kanzlerin für alle« sachliche Argumente entgegenstellen. Und es soll zeigen, dass der Weg nach ganz rechts keineswegs die einzige Alternative ist zum Versagen der Kanzlerin.

Zum Motto dieses Buches habe ich ein Zitat aus Max Frischs Theaterstück *Biedermann und die Brandstifter* gewählt. Das Stück erschien 1958, aber die Person des Biedermann darf als zeitloses Modell des nach außen braven Bürgers gelten, der hinter der Fassade der Wohlanständigkeit sein Zuhause und seine persönlichen Interessen knallhart gegen die Risiken und Nebenwirkungen einer aus den Fugen geratenden Gesellschaft verteidigt. Er tut das mal durch Abwehr gegen alles, was seine Ruhe stört, mal durch Anbiederung, mit der er die Brandstifter zu besänftigen hofft. Nur die gesellschaftlichen Spaltungen will er als Ursache der Bedrohung nicht wahrhaben, wenn er sagt: »Ich bedaure es aufrichtig, dass man gerade in den unteren Klassen immer noch von Klassenunterschied schwatzt.«

Der Satz könnte von Angela Merkel stammen. Dieses Buch soll auch ein Ansporn sein, ihr die selbstverschuldete Blindheit gegenüber der Ungerechtigkeit in unserer Gesellschaft nicht durchgehen zu lassen.

Ich bedanke mich von ganzem Herzen bei meiner Frau Tanja Kokoska, die mir mit Bestärkung und Kritik, mit ihrer Zuwendung und ihrem schlichten Dasein unendlich viel Kraft, Anregung und Geborgenheit gibt.

Ich danke meinem Sohn Jakob Raue, dessen liebevolles Interesse mir noch viel mehr gibt, als er vielleicht denkt.

Ich danke meinen Geschwistern für großes Interesse, berei-

chernden Austausch und unschätzbaren familiären Zusammenhalt.

Ich danke vielen Freundinnen und Freunden – ganz besonders
Lia Venn, Thomas Stillbauer, Thomas Gebauer, Susanne Schmidt,
Karin Ceballos Betancur, Dieter Hummel und Jürgen Metke-
meyer – für wundervolle und anregende Gespräche nicht nur
über Angela Merkel.

Ich danke den zahllosen Kolleginnen und Kollegen, die mir ein
anregendes berufliches Umfeld geben. In dankbarer Erinnerung
denke ich an zwei von ihnen, die viel zu früh verstorben sind:
Werner Neumann und Felix Helbig, die mir beide auf unterschiedliche Weise Vorbilder an Unbeugsamkeit und Haltung waren.

Sehr herzlich danke ich Rüdiger Grünhagen, der mir wieder
ein überragender Lektor war und dazu ein verlässlicher Freund.
Gleiches gilt für seine Kollegen vom Westend Verlag, Markus J.
Karsten und Bernd Spamer.

Frankfurt am Main, im Februar 2017

Stephan Hebel

Meisterin des schönen Scheins

Erinnert sich noch jemand? Als das Wahljahr 2013 begann, war Angela Merkel mit Abstand die beliebteste Politikerin Deutschlands. In vielen Medienberichten begegnete sie uns nach sieben Jahren Kanzlerschaft als wenig charismatische, kaum von Prinzipien geleitete, aber umsichtig und pragmatisch handelnde Mutter der Nation. Als nervenstarke Krisenmanagerin und Garantin einer maßvollen Reformpolitik für alle. Als säßen wir auf einer Insel, unberührt von den Konflikten und Problemen dieser Welt, ließ Deutschland sich einschläfern von der beruhigenden Botschaft seiner Kanzlerin: »Deutschland geht es gut.« Es schien damals auch kaum jemandem aufzufallen, wie nah diese Fixierung auf die nationale Wohlstandsinsel dem Denken war, das wir heute an anderer Stelle als »America first« kennen und kritisieren. Dass das deutsche Export- und Wohlstandsmodell auf Kosten der europäischen Partner erwirtschaftet wurde (und wird), ging an der öffentlichen Wahrnehmung so gut wie vorbei.

Am 22. September 2013 entschieden sich 41,5 Prozent der Wählerinnen und Wähler für die CDU/CSU, und nur weil die FDP aus dem Bundestag flog, reichte es nicht für die Fortsetzung der schwarz-gelben Koalition, die von 2009 bis 2013 regiert hatte. Der Rest ist bekannt: Die SPD bot sich der Union als Juniorpartnerin an, und es sah fast so aus, als könnte es ewig weitergehen mit der Illusion: Alles bleibt, wie es ist, und Mutti passt schon auf.

Einen Wahlkampf später stellt sich die Lage etwas anders dar: Zur Jahreswende 2016/2017 lag die ewige Kanzlerin bei den demoskopischen Beliebtheitswerten weit hinter dem Sozialdemokraten Frank-Walter Steinmeier, der sich gerade vom Außenministerium verabschiedete, um Bundespräsident zu werden, und SPD-Kanzlerkandidat Martin Schulz schloss aus dem Stand zur CDU-Vorsitzenden auf. Vor allem aber: Mit der Ruhe im Land war es längst vorbei. Was vier Jahre zuvor fast unvorstellbar gewesen wäre, gehörte nun fast zum Alltag einer in höchste Erregung geratenen Gesellschaft: Auf Straßen und Plätzen ertönte der Ruf »Merkel muss weg«.

Darauf hörte sie natürlich nicht. Ausgerechnet im Moment des heftigsten Gegenwindes aufzugeben, das hätte zu dieser Frau ganz und gar nicht gepasst. Also verkündete sie am 20. November 2016 in salbungsvollen Worten, sie wolle Deutschland nun auch weiterhin »dienen«, und zwar von ganz oben, und das gelte erst recht »in Zeiten, in denen die Menschen, so ist mir von sehr vielen gesagt worden, wenig Verständnis hätten, wenn ich jetzt nicht noch einmal meine ganze Erfahrung und das, was mir an Gaben und Talenten gegeben ist, in die Waagschale werfen würde, um meinen Dienst für Deutschland zu tun«.[1]

Nun gibt es bekanntlich auch Menschen, die nicht nur »Verständnis« hätten, sondern ausgesprochen erleichtert wären, wenn die Kanzlerin ihren »Dienst für Deutschland« beenden würde. Allerdings, und das ist die Hauptthese dieses Buches: Diejenigen, die jetzt »Merkel muss weg« skandieren, schreien lauthals an den eigentlichen Fehlern dieser Kanzlerin vorbei. Der wieder auferstandene Rassismus und Nationalismus, gestärkt durch die angeblich so großzügige Flüchtlingspolitik der Regierung, äußert sich nicht nur im Wutgeschrei von Pegida und Co., sondern er rückt scheinbar unaufhaltsam in die Mitte der Gesellschaft vor. Und dabei bleibt fast unbemerkt, dass Angela Merkel ihre eigentliche politische Agenda ungerührt weiter abarbeitet. Diese Agenda ist es – und nicht die einmalige, vorübergehende Grenzöffnung für Flüchtlinge –, mit der diese Kanzlerin seit mehr als einem Jahrzehnt Deutschland blamiert.

Das Erstaunliche ist, dass so viele Menschen die Legende von der unideologischen Pragmatikerin Angela Merkel glauben. Dabei handelt es sich bei dieser (Selbst-)Darstellung um ein permanentes Betrugsmanöver. Die Kanzlerin hat, auch wenn es nicht so scheint, sehr wohl eine politische Agenda – und die ist schlecht für Deutschland.

Das gerät allerdings im Jahr 2017 fast noch gründlicher in Vergessenheit als 2013, als die Fehler und Versäumnisse noch in der Watte des Wohlbefindens verpackt zu sein schienen. Nun streitet alle Welt darüber, ob wir »das« mit den Flüchtlingen »schaffen«, aber die wirklich schädlichen Inhalte des Merkelismus gehen fast vollständig unter. Dabei sind selbst die Aufregerthemen unserer Tage – der neue Rassismus, die Zuwanderung und die terroristische Gefahr – ohne eine genauere Betrachtung von Merkels Versagen kaum zu verstehen. Nicht, dass die Kanzlerin an allem schuld wäre, selbst am Terror. So einfach ist es nicht. Aber eine Politik der Vorbeugung, die national wie international für mehr Zusammenhalt und Ausgleich sorgen und die Konflikte langfristig eindämmen könnte, hat die CDU-Vorsitzende von Anfang an verweigert. Und daran hat sich nichts geändert.

Das ist die eigentliche Blamage. Sie liegt nicht etwa darin, dass Angela Merkel sich selbst blamierte. Das wäre noch zu ertragen. Aber so ist es nicht: Die Kanzlerin agiert souverän und zielstrebig wie kaum jemand sonst in der politischen Arena, selbst jetzt, da alle Welt von Krisen spricht. Auch vor jenen, die an Politikern vor allem das Gespür für Macht bewundern, blamiert sie sich nicht. Und genauso wenig vor denen, in deren Interesse sie vor allem handelt: den Mächtigen in Finanzwirtschaft und Industrie. Nein, das Problem ist ein anderes: Angela Merkel blamiert »nur« das Land, das sie regiert. Denn hinter einer verschwurbelten Rhetorik der Richtungslosigkeit verbirgt sich eine gar nicht richtungslose Politik, die Deutschland und Europa auf Dauer schadet. Und zwar nicht dadurch, dass die Bundesrepublik dem Flüchtlingssterben im Mittelmeer wenigstens für einen

Moment nicht mehr tatenlos zugesehen hat. Sondern weil Merkel ungerührt an einer Ideologie festhält, die die Konflikte eher verschärft, als sie zu lösen.

Das wichtigste Requisit dieser Kanzlerin ist die Tarnkappe. Es scheint, als ordne sie dem Machterhalt jede Überzeugung unter (Fans sprechen lieber von »Pragmatismus«). Hier macht ihr niemand etwas vor, sie ist eine brillante Handwerkerin der Macht. Was dem Machterhalt dient, wird dafür genutzt, ob es nun auf Parteifreunde angemessen konservativ wirkt oder nicht: Hat sie nicht am Ende doch die Banken reguliert? Ist die Wehrpflicht nicht abgeschafft? Gibt es nicht sogar den gesetzlichen Mindestlohn? Und wer, bitte, hat die Energiewende ausgerufen?

Auf den ersten Blick haben Kritiker wie Bewunderer zumindest in einer Hinsicht recht: Aus Merkels Worten irgendetwas Programmatisches abzuleiten, ist oft schwerer, als den berühmten Pudding an die Wand zu nageln. Sie ist Regisseurin und Hauptdarstellerin in einem »Für-jeden-etwas«-Theater der besonderen Art.

Auf den zweiten Blick aber zeigt sich: Sowohl die untertänigen Lobredner und -schreiber als auch die konservativen Kritiker (und erst recht diejenigen, die erst das eine waren und dann das andere) sind der Kanzlerin auf den Leim gegangen. Diese Frau betreibt sehr wohl ein politisches, von klaren ideologischen Wegweisern bestimmtes Projekt. Sie ist allerdings nicht die Kanzlerin für alle, wie ihre Rhetorik uns vorzugaukeln versucht. Sondern sie ist die Kanzlerin des Neoliberalismus. Eine Regierungschefin, die sich ihrerseits regieren lässt von den Interessen der Wirtschaft und des Finanzkapitals. Sie ist übrigens auch nicht die humanitäre Lichtgestalt, für die die halbe Welt sie seit der vorübergehenden Grenzöffnung für Flüchtlinge hält – so erfreulich dieser kurze Moment der Offenheit aus humanitärer Sicht auch war.

In Wahrheit dienen selbst Merkels Zugeständnisse an Sozialreformer und Modernisierer einzig dem Zweck, die Freiheit »der

Märkte« und ihrer Akteure im Kern zu wahren. Die »sozialdemo-kratischen« und »grünen« Elemente Merkel'scher Politik erweisen sich als taktische Rückzüge mit dem Ziel, unter Vortäuschung falscher Tatsachen auch jenseits des konservativen Spektrums Mehrheiten zu gewinnen. An der generellen Richtung ändern sie nichts. Und die Grenzöffnung vom September 2015 erweist sich bei genauerem Hinsehen auch als Versuch, die restriktive Flüchtlingspolitik durch ein vorübergehendes Nachgeben auf Dauer zu sichern.[2]

So erweist sich die immer noch mehrheitsfähige Vorstellung, Merkel repräsentiere die Deutschen nach außen ganz gut und richte nach innen wenigstens keinen Schaden an, als gefährlicher Irrtum: Diese Frau hat Deutschland ihren Stempel aufgedrückt, längst bevor die Flüchtlinge kamen, und sie tut es noch immer. Und wir haben es nicht einmal gemerkt. Der Abdruck dieses Stempels ist fatal: Mit der angeblich »mächtigsten Frau der Welt« ist Deutschland aggressiver geworden, nach außen für Freund und Feind unberechenbarer denn je seit dem Zweiten Weltkrieg, nach innen ungerechter und reformunfähiger als sogar unter der bleischweren Regentschaft des Helmut Kohl, und auch die »Festung Europa« wird diese Kanzlerin weiter verteidigen, auch gegen Flüchtlinge – wenn die Wählerinnen und Wähler es nicht verhindern.

Längst ist die Bundesrepublik, allen Erfolgsmeldungen zum Trotz, ein Land im Reformstau. Ein Land, das sich auf Kosten anderer in kleinkariert nationaler Interessenpolitik ergeht und sich damit selbst auf Dauer schadet. Ein Land, in dem die Ungerechtigkeit wächst und die Schere zwischen Arm und Reich sich immer weiter öffnet. Ein Land, das Millionen seiner Bürger in die Armut treibt, mit Arbeit oder ohne. Ein Land, das wichtig tut und ständig an Gewicht verliert. Ein Land, in dem der Souverän – das Volk und »sein« Parlament – systematisch entmachtet wird. Ein Land, in dem die Politik sich selbst zur Erfüllungsgehilfin ökonomischer Interessen degradiert. Ein Land, das die Verlierer dieser Politik den Rassisten und Populisten praktisch kampflos überlässt.

Die versteckte Ideologie

Die Missverständnisse über Angela Merkel haben mit der Aufregung über die Flüchtlinge noch zugenommen. Denn die vorübergehende Grenzöffnung wird weithin so verstanden, als habe die Kanzlerin nun plötzlich aus Überzeugung gehandelt, ja: einen Politikwechsel vollzogen, von der Abschottung hin zur großzügigen Migrationspolitik. Darin sind sich diejenigen, die jubeln, und diejenigen, die protestieren, sogar einig. Aber selbst hier trügt der Schein: Längst ist Deutschland unter Merkels Führung zur Abschottung zurückgekehrt, während alle Welt noch über angeblich offene Grenzen streitet.

So geht es in praktisch allen Bereichen: Ihren eigentlichen Zielen gibt Angela Merkel, die Unverbindliche, in der Regel weder Namen noch Gesicht. Deshalb glaubt ganz Deutschland entweder, eine Agenda gäbe es nicht – oder es wird der CDU-Vorsitzenden ausgerechnet dort ein Handeln aus Überzeugung zugesprochen, wo sie in Wahrheit nur taktische Zugeständnisse macht. Sie habe »die CDU nach links gerückt«, ist eine dieser Behauptungen; sie habe auf Dauer die Grenzen geöffnet, eine andere. Die einen freuen sich, weil die Chamäleon-Kanzlerin immer mal wieder die Farbe annimmt, die ihnen gefällt. Und die anderen ärgern sich, weil sie es gern noch ein bisschen konservativer oder wirtschaftsliberaler hätten oder jedenfalls irgendwie programmatisch und schon gar nicht mit diesem gelegentlichen Anflug »sozialdemokratischer« Neigungen.

Für Linke und Anhänger der Sozialdemokraten gibt es – zum Ärger der traditionell Konservativen – den Mindestlohn und ein paar symbolische Regelungen für die Eindämmung der Teilzeitarbeit, die in Wahrheit kaum etwas bewirken. Grüne und Ökologen bekommen etwas, das den Namen »Energiewende« trägt – wiederum zum Ärger der Altkonservativen, die die Kehrtwende der Ex-Atomfreundin nicht verstehen. Zum Ausgleich darf sich jeder CDU-Parteitag nach alter konservativer Sitte gegen allzu viele Rechte für Homosexuelle sowie gegen Datenschützer und Liberalität in der Strafverfolgung positionieren.

Allerdings: Hinter der vermeintlich unideologischen, pragmatischen Attitüde versteckt sich der wahre Kern des Merkel'schen Programms. Es ist ein »Wirtschaftsliberalismus light«. »Light« nicht in seinem ideologischen Kern – der ist eher hart –, sondern nur in seiner Geschmeidigkeit, wenn es um die Durchsetzung der wichtigsten Ziele geht, zum Beispiel die Sicherung der deutschen Vorherrschaft in Europa, den Abbau der solidarischen Sozialsysteme oder die Abschottung gegen Flüchtlinge und andere Migranten. Dieses Programm kennt keine ideologischen, sondern nur taktische Grenzen: Nach außen verkauft die »Kanzlerin aller Deutschen« ihr Handeln als »Politik für alle« und sich selbst als Inkarnation der bürgerlich-liberalen »Mitte«. Doch hinter dieser Fassade folgt sie weitgehend dem Programm der Banken und Konzerne. Die vielbeschworene »Modernisierung« der CDU erfüllt kaum mehr als den Zweck, diese Abhängigkeit zu kaschieren.

»Modern« wird die Partei entweder dort, wo auch die Wirtschaft inzwischen nach Modernisierung ruft – zum Beispiel bei der Vereinbarkeit von Familie und Beruf. Oder sie macht Zugeständnisse dort, wo der gesellschaftliche Druck die Macht zu gefährden beginnt – zum Beispiel bei der Energiewende oder beim Mindestlohn. Dann allerdings tut sie nur das, was unbedingt notwendig ist, um die Konkurrenz in Schach und den Druck auf die Wirtschaft so gering wie möglich zu halten: Wenn schon die Forderung nach Mindestlöhnen zu populär ist, um sie zu ignorieren, dann werden die Unternehmen lieber eine Variante akzeptieren, die die Beschäftigten immer noch nicht über die Grenze zur Armutsgefährdung bringt, als eine großzügige Regelung unter einer rot-rot-grünen Regierung. Und wenn schon Energiewende, dann lieber mit milliardenschwerer Entlastung der stromfressenden Industrie als ein Umstieg mit fairer Verteilung der Lasten.

Nostalgie von rechts

Vor allem aus dem konservativen Lager kommt Kritik an dieser Geschmeidigkeit. Da heißt es, die CDU-Vorsitzende habe ihren Kompass verloren, und voller Trauer wird erinnert an die Zeit, als sie noch – etwa 2003 auf dem berühmten Leipziger Parteitag oder im Wahlkampf 2005 – das neoliberale Programm in Reinkultur predigte. Melancholisch wird der »Mut« beschworen, mit dem Merkel sich an die neoliberale »Modernisierung« der Republik gemacht habe. Und mit nostalgischem Unterton werden Sätze zitiert wie dieser aus dem Beschluss des Leipziger Parteitags von 2003: »Immer wieder hat die CDU in der Geschichte der Bundesrepublik den Mut gehabt, die Weichen auch gegen Widerstände neu zu stellen, weil sie die Herausforderungen der Zeit angenommen hat. Zu dieser Verantwortung bekennt sich die CDU auch jetzt.«[3]

Ganz mutig beschloss Merkels Partei damals »den Befreiungsschlag«, von dem die Vorsitzende bei ihrer Leipziger Rede sprach.[4] Die CDU forderte die Umstellung der Krankenversicherung auf eine »Kopfprämie«, die nicht mehr mit dem Einkommen steigen, sondern für alle gleich sein sollte[5] – also den Anfang vom Ende des Solidarprinzips in der Sozialversicherung. Sie beschloss ein neues Steuersystem mit nur noch drei Sätzen von 12, 24 und 36 Prozent[6], womit sie Gerhard Schröders fatale Entlastungspolitik für Spitzenverdiener noch unterbot (Rot-Grün senkte Anfang 2005 den Spitzensteuersatz von 53 auf 42 Prozent). Und sie beschloss, das umlagefinanzierte Rentensystem »wo immer möglich durch ein kapitalstockgestütztes System zu ergänzen«[7] – also eine Strategie, die die Auslieferung künftiger Rentner an die Finanzmärkte zum Prinzip erhob.

Die CDU-Vorsitzende gab bei diesem Parteitag im Jahr 2003 ein schönes Beispiel für die geistige, ja sogar sprachliche Hegemonie des blühenden Neoliberalismus: »Wer (...) so viel verspricht und so wenig hält wie Rot-Grün, der zerstört jede Glaubwürdigkeit«, sagte sie. »Die Bürger müssen vielmehr die Perspektive haben, dass das, was ihnen an Reformen vom Staat zugemutet wird, sich für sie auch auszahlt. Nicht unbedingt schon heute oder morgen. Aber am Ende des Weges.«[8] Vor dem Siegeszug des Neoliberalismus verstand man unter »Reform« ein Projekt, das die Lebenssituation möglichst vieler Menschen verbessert. Nun stand »Reform« für Verschlechterungen, die den Menschen »zugemutet« werden – mit dem vagen Versprechen, dass sich das Ganze »auch auszahlt«, und zwar irgendwann »am Ende des Weges«. Es gehört zu den herausragenden Erfolgen des Marktfundamentalismus und seiner publizistischen Hilfstruppen von *Bild* und *Zeit* bis zum marktradikalen Ökonomen-Papst Hans-Werner Sinn, diese Ideologie bis in den allgemeinen Sprachgebrauch hinein verbreitet zu haben. Angela Merkel war – beim Parteitag 2003 und dann im Wahlkampf 2005 – eine der begeisterten Anhängerinnen dieser Ideologie. Und dieses eine Mal in ihrer politischen Karriere, diesen einen Wahlkampf lang, bekannte sie sich sogar dazu.

Das hat sich, zum Leidwesen der konservativen Kritiker, seitdem geändert. CDU und CSU schafften es 2005 mit der radikalen Variante neoliberaler Politik nicht zum erwarteten großen Sieg, sondern landeten in der großen Koalition. Das Ergebnis der Union war mit 35,2 Prozent enttäuschend ausgefallen, auch wenn es Merkel ins Kanzleramt brachte. Die SPD, obwohl zerrissen durch die neoliberale Agendapolitik ihres Kanzlers Gerhard Schröder, landete nur einen Punkt dahinter. Das muss der Moment gewesen sein, in dem die CDU-Vorsitzende beschloss, ihren ideologischen Kompass künftig hinter einer in milden Farben getünchten Fassade zu verbergen. Damit begann die Chamäleonisierung der neuen Kanzlerin. Genauer: ihrer Rhetorik. Von nun an tat Angela Merkel alles, um sich als »Kanzlerin für alle«, als über den Parteien schwebende Instanz zu inszenieren, bei der auch für sozialdemokratisch oder grün gesinnte Wähler mal etwas abfallen konnte.

Als die Kanzlerin 2006 auf dem Parteitag in Dresden das erste Jahr ihrer Regierungszeit mit der SPD bilanzierte, war von »Befreiungsschlag« keine Rede mehr. Geboren war Angela Merkel, die Rhetorikerin der Bescheidenheit: »Es gibt nicht die eine Großmaßnahme. Manchmal habe ich den Eindruck, manche warten auf eine Art Urknall, dann werde wieder alles gut. Das gibt es nicht, das ist Träumerei und hat mit realer Politik nichts zu tun. (…) Wir gehen viele kleine Schritte in die richtige Richtung.«[9]

Geboren war auch die Strategie der begrenzten gesellschaftlichen Modernisierung. Merkel hatte erkannt, dass die unterentwickelte öffentliche Kinderbetreuung in Deutschland nicht nur den Wünschen vieler Frauen Hohn sprach, sondern auch für ihre Freunde in der Wirtschaft zum Problem zu werden begann, weil sie diese Frauen nun bald auf dem Arbeitsmarkt benötigen würden. Also stimmte sie ihre Partei auf eine Relativierung des konservativen Familienbildes ein – wohl wissend, dass ihr die Aura der Modernisiererin bei künftigen Wahlen nur würde helfen können: »Es bleibt richtig: Die Familie ist und bleibt der beste Ort der Erziehung. Alle Betreuungs- und Bildungsangebote bleiben Angebote. Der Staat kann niemals die nahe und persönliche Aufmerksamkeit einer Familie ersetzen«, lautete das kleine Vorwort zur Beruhigung der Basis. Aber dann: »Ebenso richtig bleibt aber auch, dass nicht immer das Rezept gilt: Privat geht vor Staat. Der Staat muss sich heute (…) stärker engagieren. Daran führt kein Weg vorbei.«[10] Und für alle, die nicht so schnell mitkamen beim Modernisieren, gab es am Ende noch ein Betreuungsgeld – bis das Bundesverfassungsgericht diese unsinnige Prämie für das Nichtnutzen staatlicher Einrichtungen beendete, weil dem Bund allein schon die Rechtsgrundlage fehlte, so etwas zu beschließen.[11]

Die rhetorische Abkehr von der harten Variante des Neoliberalismus genügte, um die Fans der »Leipziger« Angela Merkel nachhaltig zu enttäuschen. Entsprechend fielen in den Jahren danach die Kritiken aus dieser Ecke aus. Die Publizistin Gertrud Höhler nutzte ihr auflagenträchtiges, wenn auch historisch nicht verbürgtes Label »ehemalige Kanzlerberaterin bei Helmut Kohl«, um ein dickes Buch über Merkel, die »Patin«, zu schreiben.[12] Eine endlose Klage über die »Sozialdemokratisierung« der CDU[13], über die Zerstörung der »christlichen« und »liberalen« (sprich: wirtschaftsliberalen) Werte der Partei durch eine Kanzlerin, die nichts im Kopf habe als Macht.

Inzwischen ist das Märchen von der »Sozialdemokratisierung« der Union längst zum Standard-Textbaustein der politischen Publizistik geworden. Wobei sich Höhler nicht einmal scheute, Merkels Verhalten in eine direkte Linie zur SED-Diktatur zu stellen: »In der DDR hat sie studiert, dass die Selbstinszenierung der Macht jede Qualifikation überdeckt und ersetzt.«[14] Das ist eine Gleichsetzung mit der Vorgehensweise eines diktatorischen Regimes, die selbst einer Angela Merkel nicht gerecht wird.

Noch schlimmer aber ist der geradezu antipolitische Ansatz dieser Art von Kanzlerinnenliteratur: Bei Gertrud Höhler wird die Politik, die die Vorsitzende mit ihrer Partei betreibt, zum ausschließlichen Ausdruck einer individuellen, persönlichen Biografie und des Charakters, der daraus entstand – das klassische Muster der Personalisierung und damit Trivialisierung von Politik.[15] Dass hinter dem wütenden Blick auf die Person die ideologischen und politischen Linien des Merkel'schen Handelns gar nicht mehr auftauchen – ja, dass sogar deren Fehlen wortreich betrauert wird –, das dürfte die CDU-Vorsitzende sehr gefreut haben. Denn am Ende kommt auch diese Kritik noch ihrer Strategie entgegen, die Leitlinien ihrer Politik, die in Wahrheit keineswegs verschwunden sind, vor der breiten Öffentlichkeit zu verbergen.

Im Prinzip spricht nichts dagegen, bei der Motivforschung auch biografische Sachverhalte einzubeziehen – zumal dann, wenn die Autorin wie hier einen personenbezogenen Ansatz wählt. Das hat zum Beispiel eine wesentlich frühere Biografin,

Jacqueline Boysen, bereits 2001 getan – allerdings auf differenzierte und seriöse Weise. Sie ist anders als Gertrud Höhler der Versuchung entgangen, so zu tun, als entspringe öffentliches Wirken nur persönlichen Charaktereigenschaften und nicht Ideologien und Interessen.

Boysen kommt der schwer greifbaren, aber in ihren ideologischen Grundüberzeugungen unerschütterlichen Person Merkel wesentlich näher als Gertrud Höhler, wenn sie schreibt: »Die Seiteneinsteigerin ist grundsätzlich unabhängiger als andere, weil sie sich stets der totalen Integration in ein enges Lebensumfeld widersetzt hatte. (…) Seit ihrer Kindheit auf dem Waldhof in Templin ist Angela Merkel daran gewöhnt, immer ein wenig fremd zu bleiben, Distanz zu wahren oder wahren zu müssen. Sie ließ sich mitziehen, passte sich gegebenenfalls der Umwelt auch mit einem Teil Opportunismus an, aber immer erhielt sie sich sorgsam einen Rest von Eigenständigkeit. So schützte sich die Pastorentochter und so ›überwinterte‹ die Physikerin mit ihren Überzeugungen im staatlichen Elfenbeinturm der Akademie der Wissenschaften.«[16]

Es ist durchaus nachvollziehbar, wenn Boysen auch das irritierende Außenseitertum der Nachwendepolitikerin Merkel aus diesen Erfahrungen ableitet: »So wie sie sich jetzt präsentiert, steht Angela Merkel ihrer Partei vor, aber sie steht nicht in ihr.«[17] Der Neueinsteigerin aus dem Osten ging und geht es nicht um »politische Heimat« in einer Partei, deren Werte sie teilt. Es geht um Formung und Nutzung dieser Partei für die Zwecke der Agenda Merkel.

Welche Zwecke das sind? Auch hier war Biografin Boysen schon 2001 auf der Spur, die sich in den folgenden Jahren leider als die richtige erweisen sollte: »Wohl hatte sie sich einst mit der konservativen Position der Ablehnung von Schwangerschaftsabbrüchen schwer getan, auch schien sie mit ihrem Vorstoß für eine Ökosteuer in die ›linke Ecke‹ der Union zu passen – aber dies waren ihr keine politischen Herzensangelegenheiten. Von einer ›Parteilinken‹ wäre nicht zuletzt ein sozialpolitisches Engagement zu erwarten gewesen, doch Angela Merkel ließ eher den Hang zur Liberalisierung der Sozialen Marktwirtschaft erkennen.«[18]

Angesichts dieser treffenden Beobachtung liegt eine weitere Vermutung nahe, die in der Merkologie bei Anhängern wie Kritikern bisher erstaunlich kurz gekommen ist: Nicht die in der Diktatur gelernten Anpassungs- und Vermeidungsmechanismen dürften für Merkel und andere prägend gewesen sein, jedenfalls nicht allein. Vielmehr war der Kapitalismus für einen großen Teil der DDR-Bürger vor allem eine erstrebenswerte, jedenfalls aber die bessere Alternative. Der simple Zusammenhang zwischen Wirtschaftsfreiheit und Wohlstand, den der Marktliberalismus suggeriert, schien aus ihrer Perspektive im Westen Wirklichkeit geworden zu sein. Staatliche »Sozialpolitik« hatten sie in ihrem Land hingegen als allgegenwärtige Bevormundung erlebt, allenfalls als Mittel zur Ruhigstellung der Massen. Und die lauteste Kritik am Kapitalismus kam in der DDR genau von denjenigen, denen man wenn schon nicht Widerstand leistete, so doch ganz sicher auch keinen Glauben schenkte: von den Funktionären der herrschenden Parteidiktatur.

So bildete sich bei politisch aktiven ehemaligen DDR-Bürgern gelegentlich ein Freiheitsbegriff heraus, der das eigene Erleben des bevormundenden und einengenden Staates auf die demokratischeren Verhältnisse des Westens übertrug: staatliche Regulierung, Umverteilung und Eingreifen in den Markt – all das stand unter Verdacht, zu dem zu führen, wovon man gerade befreit worden war. Wer den ehemaligen Bundespräsidenten Joachim Gauck von Freiheit reden hört, weiß, was gemeint ist. Zumal, nachdem ihm, als er sich einen Reim auf den Frieden machte, nichts anderes als »Freihandel« einfiel: »Im außenpolitischen Vokabular reimt sich Freihandel auf Frieden.«[19]

Die Kämpfe um mehr soziale Gerechtigkeit waren denjenigen, die gerade dem Diktat der angeblich totalen Gleichheit entkommen waren, fremd bis suspekt. Arbeitskämpfe und Rentendebatten müssen ihnen als Luxusproblem eines Systems erschienen sein, nach dem sie sich (ohne es genau zu kennen) oft ein Leben lang gesehnt hatten und in dem es ja in der Tat freier zuging als in der DDR. Dass Freiheit auch einen ermöglichenden Staat brauchen könnte, der die Teilhabe möglichst aller an dieser Freiheit gewährt, das war ihr Thema nicht. Und genau das eine sie mit den Strippenziehern des nach der Wende erst richtig aufblühenden Neoliberalismus – mögen ihre Gründe zunächst auch ganz andere gewesen sein.

Diese Anfälligkeit für die Agenda des Neoliberalismus eint ehemalige DDR-Bürger übrigens, erstaunlich genug, auch mit denjenigen Ex-Linken, die mit dem Aufstieg ins gutsituierte Bürgertum ihre früheren Überzeugungen vergaßen und verrieten. Zum Beispiel Cora Stephan, einst mit Joschka Fischer und Daniel Cohn-Bendit Teil der Nach-68er-Spontiszene in Frankfurt am Main und bekannter als Krimiautorin unter dem Pseudonym Anne Chaplet. Sie machte eine erstaunliche Entwicklung zur geradezu reaktionären Linkenhasserin durch und fand sich unversehens in der Merkel'schen Fangemeinde wieder. »Ja, ich habe Angela Merkel gewählt, damals, 2005«[20], bekannte Stephan 2011 in ihrem Buch *Merkel. Ein Irrtum*, denn: »Nicht nur ich hatte genug von (…) der stickigen Provinzialität grüner Rituale, von der verlogenen Romantik der ›sozialen Wärme‹, von der menschelnden Betroffenheitslyrik. Von dem gespreizten deutschen Selbsthass.«[21] Also von allem, darf hinzugefügt werden, wofür die Autorin stand, bevor sie ihre persönliche Rechtswende zelebrierte. Da kam die Angela Merkel des Leipziger Parteitags gerade recht.

Aber wie bei Gertrud Höhler folgte auch bei Cora Stephan die Enttäuschung. Denn »dann war sie Kanzlerin. Und hat sich mehr und mehr als Frau entpuppt, deren Aufbruchswille irgendwo unterwegs verloren gegangen war. Wo waren Mut und Klarheit geblieben, der Geist und der Wille, neue Pfade einzuschlagen, die Kraft der Freiheit? Wo war die Frau, die (…) einen ›Befreiungsschlag‹ ankündigte?«[22] Inzwischen kann man die Tiraden dieser Autorin mal im neurechten Internetportal »Achse des Guten«, mal in der Online-Ausgabe der *Wirtschaftswoche* lesen. Zum Beispiel zum Thema AfD, ganz im Stil der neorassistischen Rechten: »Vor allem gibt es endlich wieder eine Opposition in wichtigen Fragen der Nation, vom Euro über die EU und die ›Energiewende‹ bis hin zum Staatsversagen in der zu Unrecht so genannten Flüchtlingsfrage.«[23]

Diese Variante des Merkel-Hasses hat allerdings auch eine paradoxe Verwandtschaft mit dem Denken der verachteten Kanzlerin: Nicht unbedingt mit der Plumpheit ihrer Anleihen bei der AfD, wohl aber im national gefärbten und anti-sozialstaatlichen Furor gegen »deutschen Selbsthass« und »soziale Wärme« benennt Cora Stephan einige Elemente Merkel'scher Ideologie – wenn auch in einer Klarheit und Radikalität, die die Kanzlerin vermeidet.

Während Stephan und die anderen enttäuschten Rechten den Verlust der ideologischen Klarheit aus den Jahren 2003 und 2005 beklagen, zeigt sich auf der anderen Seite die publizistische Fangemeinde genau darüber hoch erfreut – und fällt damit ihrerseits auf die Legende von der Kanzlerin der liberalen Mitte herein. Hier nur drei von vielen Beispielen:

Im August 2016 konnte man auf der Homepage der Tagesschau einen Kommentar von Angela Ulrich lesen, die Merkels »Wandlungsfähigkeit« rühmte: »Genau vor einem Jahr hat sich – mit den Flüchtlingen – doch eine neue Kanzlerin gezeigt. Eine mit Emotionen; eine, die Humanität dem Chaos vorzieht. ›Wir schaffen das!‹ – das war und ist in erster Linie ein Aufmunterungsruf, der wohl eher gegen Merkels Willen zum Slogan ihrer Kanzlerschaft emporstieg. Aber er zeigt auch, dass sich Merkel wandeln kann. Das Lauwarme ist passé. Allen Umfragen zum Trotz. (…) Dabei ist Merkel eigentlich schon längst wieder auf die kleinen Schritte eingeschwenkt. Der innere Kompass der Humanität bleibt zwar. Doch auch mit ihrem Okay wurden Asylgesetze verschärft, Türen verschlossen, Menschen abgewiesen. Nur laut gesagt hat Merkel das nicht. Das langjährige Versprechen, dass sich mit ihr nichts ändert, ist weg. Die CDU-Chefin mutet uns jede Menge zu, und das ist gut so!«[24] Zwei Anmerkungen dazu: Wo ist der »innere Kompass der Humanität«, wenn wieder »Türen verschlossen« und »Menschen abgewiesen« werden? Und: Dass »uns« die Kanzlerin mit Asylverschärfungen und dichten Grenzen »viel zumutet«, während die Menschen, die irgendwo in Lagern vor sich hin vegetieren, der »Humanität« einer Angela Merkel applaudieren dürfen – das ist schon eine interessante These.

Zweites Beispiel: Bereits im März 2016 hatte der konservative Cheflyriker der politischen Publizistik, Volker Zastrow, in der *Frankfurter Allgemeinen Sonntagszeitung* seine Ergebenheitsadresse abgegeben. Ausgerechnet aus Anlass der EU-Türkei-Vereinbarung, die die faktische Schließung der EU-Außengrenzen für Flüchtende besiegelte (Zastrow nennt das »geordnete Verhältnisse«), schrieb er: »Sie hat das unmöglich Scheinende möglich gemacht und ihr erstes maßgebliches Zwischenziel erreicht, nämlich eine Übereinkunft mit Ankara, die die Voraussetzungen dafür schaffen soll, wieder zu geordneten Verhältnissen an den europäischen Außengrenzen zurückzukehren.« Und weiter: »Angesichts ihres schönen Erfolges ist doch bemerkenswert, dass Angela Merkel am Freitag zwar einen sonnengelben Blazer trug, sich aber ansonsten zu keinerlei Gefühlsausbrüchen hinreißen ließ.« Oder: »Wenn man sich vor Augen hält, was Merkel in den vergangenen Monaten alles nachgesagt und zugemutet wurde, staunt man dankbar über ihre unerschütterliche Gelassenheit.« Schließlich, zum Ende, der Höhepunkt: »Offenbar entfaltete Merkel in dieser stürmischen Zeit erst, was in ihr steckte. Diese Kanzlerin ist seefest, sie ist schwindelfrei. Wer hätte das gedacht? Der Sturm ist ihr Element.«[25]

Das dritte Beispiel ist eher im liberalen Spektrum angesiedelt, nämlich beim stellvertretenden Chefredakteur der *Zeit*, Bernd

Ulrich, und klingt nicht ganz so plump wie bei Zastrow. Zum Beispiel, wenn Ulrich – durchaus berechtigt – die spezifisch weiblichen Elemente im Politikstil der Kanzlerin beschreibt, dann aber die Personalisierung von Politik geradezu bis ins Triviale treibt: »Als die politisch wenig versierte Physikerin vor fast drei Jahrzehnten vom eingemotteten DDR-Sozialismus direkt in die gesamtdeutsche Spitzenpolitik geschleudert wurde, fehlte es ihr vollständig an der Härte eines Helmut Kohl, Oskar Lafontaine oder eben einer Maggie Thatcher. Sie war oft unsicher, einmal weinte sie im Kabinett, einmal in einer Zeitungsredaktion, später im Auto. So ist es überliefert.«[26]

Ob – und wenn ja, wann genau – Angela Merkel auch im Bett geweint hat, weiß leider nicht einmal die *Zeit*. Immerhin aber hatte Ulrichs Kollege, Parlamentskorrespondent Matthias Geis, bereits 2012 eine Ahnung von den nächtlichen Zuständen seiner Kanzlerin. Als das Bundesverfassungsgericht den Euro-Rettungsschirm ESM gebilligt hatte, tagträumte er sich bis in ihre »Nachtgedanken«: »Angela Merkel hat vor dem Verfassungsgericht in der Tat einen Sieg errungen – aber er besteht vor allem in der Vermeidung einer Niederlage. Auf eine solche Niederlage dürften sich die Nachtgedanken der Kanzlerin in den vergangenen Wochen gerichtet haben.«[27]

Auf Schleichwegen zum Neoliberalismus

Höhler und Stephan, aber auch Lobschreiber wie Zastrow, Geis und Ulrich hätten genauer hinschauen sollen, statt über den vermeintlichen Verzicht der Kanzlerin auf das »Durchregieren« mit neoliberaler Agenda zu lamentieren oder zu jubeln. Dann hätten sie nämlich erkannt, dass die Leitlinien von Leipzig das Denken der Kanzlerin auch weiterhin bestimmt haben, sowohl in den beiden Koalitionen mit der SPD als auch erst recht im Bündnis mit der FDP von 2009 bis 2013.

Die CDU-Vorsitzende selbst bestätigte diesen Kurs 2006 in Dresden, also nach einem Jahr Regierungszeit mit der SPD. Dort sprach sie von dem »fast schon legendären Parteitag in Leipzig 2003, wo wir uns vorgenommen haben, Deutschland fair zu ändern«. Und weiter: »Dahinter verbarg sich ein revolutionäres Konzept für ein einfaches und gerechtes Steuersystem und für eine solidarische Gesundheitsprämie. Ohne dieses Konzept wäre es uns heute in der Bundesregierung nicht möglich gewesen, die Bürgerversicherung zu verhindern und die entscheidenden Weichenstellungen für die neue Gesundheitsversicherung vorzunehmen.«[28] Diese »Weichenstellungen« bestanden, das nur zur Erinnerung, vor allem im Abschied vom solidarischen Prinzip. Seit Angela Merkel regiert, werden die Beiträge zur gesetzlichen Krankenversicherung nicht mehr paritätisch von Arbeitgebern und Arbeitnehmern finanziert. Stattdessen sind die Beiträge der Arbeitgeber festgeschrieben, während die Versicherten die Mehrkosten über Zusatzbeiträge allein bezahlen müssen.

Im Klartext: Wo die radikale Linie gegenüber dem Koalitionspartner und/oder der Wählermehrheit nicht durchzusetzen war, diente das ideologische Rüstzeug wenigstens dazu, echte Reformen wie etwa den Übergang in eine Bürgerversicherung zu verhindern und die Sozialsysteme stattdessen schleichend auszuhöhlen. Verschwunden war der Kompass keineswegs. Nur wurde und wird er nicht mehr ganz so sichtbar getragen. Und die Verschlechterungen für die Mehrheit der Menschen, zu denen dieser Kurs führt, kommen eben in »kleinen Schritten« statt per »Befreiungsschlag«. Daran hat sich auch mehr als ein Jahrzehnt nach dem Bekenntnis von Dresden nichts geändert.

Die Enttäuschung derjenigen, die ihr aus echter neoliberaler und konservativer Überzeugung gefolgt waren, nahm und nimmt die Kanzlerin in Kauf. Diese Enttäuschung ist der Preis, den sie gerne bezahlt, um im wichtigsten Organ des liberalen Bürgertums, der *Zeit*, fast genauso bejubelt zu werden wie in der *FAZ*. Sie hat erkannt, dass es viel wichtiger für sie ist, sich wählbar zu machen weit über die eigene Klientel hinaus. Sie hat auch erkannt, dass dies durch weitgehende Unkenntlichkeit der eigentlichen politischen Absichten, durch vermeintliche Überparteilichkeit und durch selektive Selbstbedienung bei der Programmatik fast aller Parteien am besten funktioniert. Und leider, so lautet die Bilanz, hat dieser Betrug hervorragend geklappt. Die Erfinderin des »Neoliberalismus light« ist zwar am Ende ihrer dritten Legislaturperiode nicht mehr unumstritten. Dafür gelingt es ihr, sich als Kanzlerin für alle Wohlmeinenden zu verkaufen – und als vermeintlich liberales Bollwerk gegen die Gefahr von rechts. Ihre eigentliche Agenda kann sie umso ungestörter abarbeiten.

Zur vollen Entfaltung kam diese Maskerade bereits 2008, als die spekulationsgetriebenen Finanzmärkte zu kollabieren begannen. Angela Merkel eilte von Gipfel zu Gipfel, beschloss einen Rettungsschirm nach dem anderen – und dem staunenden Publikum blieb wenig anderes übrig, als das Märchen von der »Alternativlosigkeit« zu glauben, das sie immer wieder erzählte. Zu komplex war die Materie, zu intransparent das Geschehen an den Märkten, als dass die notwendige Diskussion über alternative Strategien der Krisenbewältigung so einfach zu führen gewesen wäre. Über Strategien vor allem, die die Ursachen der Krise in Angriff genommen hätten.

Es kam erschwerend hinzu, dass die größte Oppositionspartei, die SPD, auch damals schon mit am Kabinettstisch saß. In der Politik der ersten großen Koalition unter Merkel ging es zwar hier und da durchaus »sozialdemokratisch« zu: So begegnete Deutschland dem Konjunktureinbruch 2008/2009 mit staatlich finanzierter Konjunkturförderung, für die die Abwrackprämie zur Förderung des Neuwagenkaufs nur das spektakulärste Beispiel war. Und zur Vermeidung von Massenentlassungen wurde die Kurzarbeit massiv unterstützt.

Zwei Musterbeispiele also für staatliche Eingriffe in die Wirtschaft, bestens geeignet für die Giftliste einer Neoliberalen. Aber Merkel brauchte die konjunkturelle Erholung, um ihre Wiederwahl im Herbst 2009 zu sichern, ein bisschen Attraktivität für Wähler mit sozialdemokratischen Neigungen konnte daher nicht schaden. So machte sie mit und schrieb sich den politischen Ertrag der Maßnahmen hinterher auf das eigene Konto – nach dem gleichen Muster wie später beim Mindestlohn. Aber ihrem grundsätzlichen Credo blieb sie, wie das oben zitierte Bekenntnis zu Leipzig zeigt, auch jetzt noch treu.

Nach der Wahl von 2009 hatte Angela Merkel die Koalition, die sie immer wollte. Aber trotz des Bündnisses mit der FDP blieb sie bei der Selbstinszenierung als »Kanzlerin für alle«. Das Wort »Regulierung« sprach sie fehlerfrei aus, auch wenn ihre reale Politik dem alten neoliberalen Kompass folgte: Regulierung und Reform duldet die Kanzlerin dort, wo die öffentliche Meinung, die Interessen der Wirtschaft, die Mehrheit der EU-Partner oder das Bundesverfassungsgericht nichts anderes zuzulassen scheinen. Doch immer wieder setzt sie dabei durch, dass das System der »marktkonformen Demokratie« und des gesellschaftlichen Anti-Reformismus im Kern unangetastet bleibt. Das gilt besonders bei der »Eurorettung«, wo sich hinter dem vermeintlich »alternativlosen« Krisenmanagement der Kampf um die Sicherung deutscher Dominanz und die Durchsetzung einer einseitig auf Einsparungen fixierten Haushaltspolitik verbirgt – und keineswegs das Ringen um ein auf sozialen Ausgleich ausgerichtetes Europa oder eine gerechte Verteilung finanzieller Lasten.[29] Dieses System gilt aber auch in der Wirtschafts- und Sozialpolitik, wo sich Merkels schwarz-gelbe Regierung durch Steuererleichterungen für Unternehmen, verfassungswidrig ärmliche Hartz-IV-Sätze, Duldung eines beschämenden Niedriglohnsektors und Senkungen des Rentenniveaus »ausgezeichnet« haben. Es gilt für die sogenannte Energiewende, wo die systematische Entlastung der Industrie von den Kosten die Strompreise in die Höhe treibt und die Akzeptanz in der Bevölkerung untergräbt. Oder es gilt beim Umgang mit Flüchtlingen, wo die von Deutschland dominierte Festung Europa längst wieder funktioniert und die Rhetorik der Regierenden dieselben rassistischen Ressentiments bedient, die sie angeblich bekämpfen will.

Und wenn Angela Merkel Reformen betreibt – etwa bei der Vereinbarkeit von Familie und Beruf, also bei Elterngeld und Kita-Ausbau –, dann tut sie es oft in Übereinstimmung mit und nicht zuletzt auf Drängen der Wirtschaft, die inzwischen erkannt hat, dass sie Frauen und Mütter für den Arbeitsmarkt braucht. Die neoliberale Agenda der Kanzlerin mag sich also hier und da verzögern, aber an Ideologie und Zielsetzung ändert sich nichts. Auch nicht durch den Mindestlohn, der nun immer wieder als Beispiel für die »Sozialdemokratisierung« der CDU herangezogen wird. Seine Einführung war zwar notwendig und richtig, aber gerade daran zeigt sich: Die Machtverhältnisse in der Wirtschaft haben sich längst derart verschoben, dass wenigstens ein (unzureichendes) Minimum nur noch durch ein Eingreifen des Staates erreicht werden kann. Und der Mindestlohn ist so niedrig, dass Merkels Freunde in der Wirtschaft ihn längst verkraftet haben, ohne dass sich an der ungleichen Verteilung von Einkommen und Reichtum im Land Grundlegendes geändert hätte.[30]

Hier ist sie, die Blamage. Angela Merkel blamiert sich und uns, indem sie geradezu vorsätzlich versagt vor ihrer größten und wichtigsten Aufgabe: das Ziel einer möglichst gerechten und für alle lebenswerten Gesellschaft zu verteidigen gegen einen Kapitalismus, der wenige bereichert und viele immer ärmer macht – und damit den Propagandisten des Rechtsextremismus die Vorlagen liefert.

Was, wie Merkel zu sagen pflegt[31], stärker aus der Krise herausgekommen als hineingegangen ist, das ist ein Kapitalismus, der sich durch staatliche Auflagen, störende Steuern und solidarische Sozialsysteme immer weniger beeinträchtigen lassen muss. Ein Kapitalismus, in dem Armut wieder Alltag und Arbeit zum Hungerlohn wieder millionenfaches Schicksal wird. Diesem Kapitalismus erweist die führende Politikerin des Landes durch systematisches Verschleiern den wichtigsten Dienst.

Der Wirtschaft zuliebe

Diese Kanzlerin ist für »die Märkte« seit der akuten Finanzkrise von 2008/2009 noch wichtiger geworden. Deregulierung und Staatsabbau sind unbeliebter denn je. Eine Politikerin, die wiedergewählt werden will, kann sie heute nicht mehr so offen vertreten wie einst die »eiserne« Premierministerin Margaret Thatcher in Großbritannien, George W. Bush in den USA oder die Angela Merkel des Leipziger Parteitags von 2003.[32] Die Zeiten, da schon als linker Außenseiter galt, wer den Kapitalismus »Kapitalismus« nannte, sind vorbei.

Vor allem die Finanzmarktakteure sind in die Defensive geraten. Deutsche Banken und Versicherer geloben – von den Erklärungen ihrer Spitzenmanager bis zu den Werbespots – Mäßigung und Besserung. Sie wissen genau: Gerade wer möglichst weitgehend so weitermachen will wie bisher, muss zumindest so tun, als hätte er dazugelernt. Nicht anders sieht es zum Beispiel bei den Energiekonzernen aus, die nun mit erheblicher Verspätung auf saubere Stromquellen setzen, besonders in der Werbung.

Wer Angela Merkel an den Bedürfnissen dieser und anderer Akteure in der Wirtschaft messen wollte, käme zu dem Ergebnis: Die Unternehmen hätten sich ihre Kanzlerin nicht besser backen können. Keine PR-Abteilung der Welt hätte die Aufgabe besser lösen können als sie. Niemand wäre so geeignet wie sie, der übermäßig marktgesteuerten und ungerechten Politik, die in unserem Lande herrscht, noch jetzt den Anstrich ökonomischer Vernunft und sozialer Gerechtigkeit zu geben. Nur mit Hilfe von rhetorischer Geschmeidigkeit und Zugeständnissen eher symbolischer Art können der Neoliberalismus und die hinter ihm stehenden Interessengruppen noch auf Mehrheiten für »ihre« Kanzlerin hoffen – also auf den Anschein notwendiger Legitimation, den sie durch das Platzen der weitgehend unregulierten und unkontrollierten Märkte endgültig verloren zu haben schienen.

So gesehen hat Angela Merkel ihre Aufgabe geradezu genial gelöst, und zwar ohne Skrupel und ohne je so etwas wie Nervenschwäche zu zeigen. Noch in der größten Krise des deregulierten Kapitalismus ist es ihr gelungen, über die Ursachen dieser Krise den Schleier ihrer Konsensrhetorik zu legen und so zu tun, als sei sie die Mutter der Nation, bei der niemand unter die Räder kommt.

Es ging nicht mal ein bitteres Lachen durchs Land, als die CDU-Vorsitzende sich und ihren Finanzminister auf dem letzten Parteitag vor dem Wahljahr 2017 zu Vorkämpfern für eine bessere Regulierung der Finanzmärkte stilisierte, als hätte die größte Wirtschaftsmacht Europas mit dem Versagen in dieser Hinsicht nichts zu tun: »Eigentlich müsste nach der verheerenden weltweiten Finanzkrise 2008/2009 auch das Bemühen um bessere Regulierung, um effektive Leitplanken für Finanzmärkte viel konsequenter sein, als es ist.« Kein Raunen ging durch die Republik, als Merkel ihren Standardsatz von 2008/2009 wiederholte, als wären nicht sieben weitgehend verschenkte Jahre vergangen: »Das Ziel ist doch unverändert: Jeder Finanzplatz, jeder Finanzakteur, jedes Finanzprodukt muss einer Regulierung unterworfen werden. Egal ob Banken oder Schattenbanken, alle müssen von diesen Leitplanken erfasst werden. Die Menschen erwarten zu Recht, dass ein für alle Mal klar wird, dass auch international agierende Konzerne Steuern zahlen müssen.« Und niemand protestierte, als die angeblich mächtigste Frau der Welt sich wie eine machtlose Beobachterin gebärdete: »Stattdessen aber herrscht Unsicherheit, ob die Bankenregulierung vielleicht wieder aufgeweicht werden soll, Unsicherheit über die Risiken der weltweiten Geldpolitik, und es gibt ein Versteckspiel, wenn es um Steuergerechtigkeit geht.« Und statt Protest gab es Beifall, als die Kanzlerin behauptete: »Von daher ist es ein großes Glück, dass wir Wolfgang Schäuble als Finanzminister haben, der unermüdlich bei G7 und G20 für Transparenz kämpft, dafür, dass Lehren aus dieser Krise gezogen werden.«[33] Nicht einmal die seit Jahren versprochene Finanztransaktionssteuer hatte der Finanzminister zu diesem Zeitpunkt umgesetzt.

Wieder, wie schon zehn Jahre zuvor in Dresden 2006, bekannte sich die Vorsitzende der CDU verbal auch zum Sozialstaat: »Wir müssen das Versprechen einlösen, dass die Soziale Marktwirtschaft den Menschen die notwendige soziale Sicherheit gibt. (...) Wir brauchen neue Antworten auf die Steuergerechtigkeit und faire Arbeitsbedingungen.«[34] Wollte man zynisch sein, könnte man den kleinen rhetorischen Unfall aufgreifen und sagen: »Antworten auf die Steuergerechtigkeit« haben Merkels Regierungen und ihre Vorgänger längst gefunden: Stück für Stück haben sie die Steuergerechtigkeit »beantwortet«, indem sie sich nicht darum gekümmert haben. Wer glaubt, das könne sich unter Merkels Kanzlerschaft ändern, irrt: »Und genau dabei soll es bleiben: Wir schließen auch in der nächsten Legislaturperiode – so haben wir es gestern diskutiert – Steuererhöhungen grundsätzlich aus. Ich möchte ganz besonders betonen: Das gilt auch mit Blick auf die Einführung einer Vermögensteuer. Mit uns wird es ebenfalls keine Erhöhung der Erbschaftsteuer geben.«[35]

Nein, Merkels Lippenbekenntnisse zum sozialen Ausgleich haben nicht einmal für die Dauer einer einstündigen Parteitagsrede Bestand. Und deshalb erstaunt es immer wieder, mit welcher Chuzpe es dieser Frau gelingt, sich das breite Publikum durch ein paar folgenlose Sätze über die »Soziale Marktwirtschaft« gewogen zu machen und zugleich mit eindeutigen ideologischen Ansagen ihre neoliberalen Freunde zu bedienen. Wer sie an der Realität misst, kann eigentlich keinen Zweifel haben, in welchem Teil die Lüge liegt und in welchem die Wahrheit. Und deshalb kann die Diagnose nur lauten, dass diese Kanzlerin unser Land blamiert.

Die Macht als Mittel zum Zweck

Die konservative Kritik, es fehle an Inhalten und gehe nur um ideologisch entleertes Machtstreben, trifft also die Sache so wenig wie das Lob für die vermeintliche Modernisiererin. Merkels Machtwille »dient«, wie gesehen, sehr wohl einem politischen Programm. Sie weiß, wohin sie will mit dieser Republik. In einem Punkt allerdings haben die Kritiker recht: Den Weg zur Macht und ihrem Erhalt ging und geht die Kanzlerin mit einer Zielstrebigkeit und Rücksichtslosigkeit, die ihresgleichen sucht.

Es ist häufig beschrieben worden, wie die junge Politikerin den großen Ehrenvorsitzenden Helmut Kohl kurz vor Weihnachten 1999 symbolisch vom Thron stürzte, als sie sah, dass die Spendenaffäre das Machtwerkzeug namens Partei unbrauchbar zu machen drohte. Wie sie früher als andere erkannte, dass die CDU das Bekanntwerden illegaler Geldtransfers zu Zeiten des »Systems Kohl« und dessen Schweigen über die geheimen Spender nicht unbeschadet überstehen würde. Und wie sie sich von »Kohls Mädchen« zu seiner politischen Scharfrichterin wandelte, um wenig später als Heldin des Neuanfangs und Parteivorsitzende auf der Bühne zu stehen.[36]

Auf der Strecke blieb schon damals Wolfgang Schäuble, der nach der Wahlniederlage Kohls gegen Rot-Grün 1998 dessen Nachfolger im Parteivorsitz geworden war. Er musste im Zuge der Spendenaffäre zurücktreten – und damit war der Weg frei für die Frau, die es gewagt hatte, das Denkmal Kohl vom Sockel zu stürzen.

Auf der Strecke blieben später auch potenzielle Konkurrenten wie Friedrich Merz, Roland Koch oder Christian Wulff, für dessen »Entsorgung« der Kanzlerin nicht einmal der Missbrauch des Präsidentenamtes zu schade war. Und auf der Strecke blieb auch Merkels Umweltminister Norbert Röttgen, den sie 2012, nach seiner Niederlage bei der Landtagswahl in Nordrhein-Westfalen, eiskalt in die dritte Reihe zurückversetzte.[37]

Den Tausenden von Zeitungsartikeln, die die Merkel'schen Tricks und Rochaden beim »Ausschalten« potenzieller Konkurrenten genüsslich nachzuzeichnen versuchten, soll hier nur ein Aspekt hinzugefügt werden: Wer dieses kalte Agieren als Ausdruck simpler Machtgier beschreibt, hat den wichtigsten Teil vergessen und sitzt der Verschleierungsstrategie ein weiteres Mal auf. Macht ist kein Selbstzweck für Angela Merkel, sondern Mittel zur Durchsetzung ihrer Ziele. Und wie beim Werben um Wähler, so war und ist es auch beim Kampf um die innerparteiliche Macht: Ihre stärkste Waffe besteht darin, diese Ziele zu verbergen, sich für die klare Richtung ihrer Politik nicht haftbar machen zu lassen von Freund oder Feind.

Wenn Merkel Konkurrenten aus dem Wege räumte, dann deshalb, weil sie diese Inszenierung gefährdeten. Ein Roland Koch drohte durch allzu deutliches Aussprechen stockkonservativer Positionen das Modernisierungsimage zu durchkreuzen. Ein Umweltminister Röttgen wiederum vergraulte eben diese Stockkonservativen durch seine Selbstdarstellung als angeblich ökologischer Überzeugungstäter (es half ihm bei den Konservativen nicht einmal mehr die Tatsache, dass er ein Jahr vor dem Atomausstieg mit gleicher Begeisterung die Laufzeitverlängerung verteidigt hatte). Wer auch immer es war, das Urteil der Kanzlerin lautete: Gefeuert wegen Störung des Betriebsfriedens durch erkennbaren Inhalt.

Man könnte den Umgang der CDU-Vorsitzenden mit ihren »Freunden« in der Partei in aller Ruhe ignorieren, hätte er nicht seine Fortsetzung im Umgang mit den demokratischen Institutionen gefunden: Angela Merkel ist dabei, auch das Parlament und das Bundesverfassungsgericht zu Hilfsorganen ihrer geheimen Agenda zu machen.

In der Eurokrise hat die Regierung immer wieder versucht, den Einfluss des Bundestages so weit wie möglich zu minimieren. Immer wieder beklagten Abgeordnete, dass ihnen ausführliche und komplexe Entwürfe erst Stunden vor der Beschlussfassung vorgelegt wurden (was die Unionsfraktion und ihre jeweiligen Koalitionspartner nicht daran hinderte, im Zustand weitgehender Ahnungslosigkeit dafür die Hand zu heben). Immer wieder legte die Regierung Gesetze vor, die die Zustimmungsrechte des Parlaments selbst bei Milliardenausgaben für die diversen »Rettungsschirme« massiv beschränkten. Und immer wieder musste Angela Merkel sich nachher vom Verfassungsgericht bescheinigen lassen, dass ihr Vorgehen dem Entscheidungsrecht der Volksvertretung nicht ausreichend entsprach.

So regelmäßig lief die Regierung sehenden Auges in die Falle der Verfassungswidrigkeit, dass vermutet werden darf: Da wird selbst mit dem höchsten Gericht des Landes ein Spiel gespielt. Da werden die Grenzen der Karlsruher Belastbarkeit getestet und die Richter mit der Drohung einer noch größeren Eurokrise erpresst.

Das lässt sich am besten erkennen, wenn man Angela Merkels Reaktionen auf die wiederholten Ohrfeigen des Verfassungsgerichts betrachtet. Als es im Juni 2012 mal wieder eine Rüge aus Karlsruhe wegen unzureichender Einbeziehung des Bundestages setzte – diesmal wegen des »Europäischen Stabilitätsmechanismus« ESM –, da tat die Kanzlerin, als habe ihr ein Dorfgericht gerade das Heckenschneiden verboten: »Was das Urteil anbelangt, so werden wir das umsetzen«, sagte sie. Und als hätte Karlsruhe nicht etwa an die Verletzung einer verfassungsrechtlichen Selbstverständlichkeit erinnert, sondern das Parlament soeben erst erfunden, fügt sie hinzu: Es sei doch zu begrüßen, dass es jetzt »klare Maßstäbe« gebe.

Es klang ein bisschen wie »Ich hab's halt mal versucht« – noch im Nachgang der nicht eingestandenen Niederlage eine Stillosigkeit, die nicht weit entfernt ist von einer Missachtung des Gerichts. Zumal es das dritte Mal in weniger als einem Jahr war, dass die Regierung an die Rechte des Parlaments erinnert werden musste. Beim ersten Mal, im September 2011, ging es um die Beteiligung des Haushaltsausschusses bei der Freigabe von Geld für Rettungspakete. Im Februar 2012 verwarfen die Richter das geheime Küchenkabinett namens »Neuner-Gremium«, das die Regierung im eiligen Falle an die Stelle von Ausschuss und Parlament setzen wollte. Und dann die offenbar notwendige Erinnerung daran, dass die Parlamentarier auch Informationen benötigen, bevor sie entscheiden können.

Jedes Mal tat Angela Merkel so, als sei es selbstverständlich, dass beinahe jede wichtige Entscheidung zum Euro demokratische Rechte verletzt und daher nachträglich korrigiert werden muss. Als setze sie darauf, dass dieser Skandal sich mit der Zeit abnutzt und das Gericht die Kraft zum wiederholten Widerstand verliert.

Das gilt im Übrigen nicht nur für die Europapolitik, sondern mindestens genauso bei der »inneren Sicherheit«: Wiederholt brachte Merkels Regierung trotz erheblicher verfassungsrechtlicher Bedenken Gesetze auf den Weg, deren Grundgesetzwidrigkeit das Verfassungsgericht im Nachhinein feststellen musste.[38]

Das heißt: Angela Merkel täuscht nicht nur die Öffentlichkeit, um sich mit Zustimmung der Wähler an der Macht zu halten. Sie verteidigt diese Macht, wenn es sein muss, auch mit demokratisch fragwürdigen Methoden. Mit einer demoskopischen Zustimmung im Rücken, die auf Verschleierung und populistischer Selbstinszenierung beruht, fordert sie im Zweifel auch die demokratischen Institutionen heraus.

Angela Merkel ist kein Donald Trump. Dazu fehlt es ihrer politischen Agenda dann doch an Radikalität, und persönlich ist sie immerhin berechenbar. Aber zur Schwächung der Demokratie trägt auch sie ihren Anteil bei: Sie setzt nicht auf ein offenes Visier und eine kontroverse Debatte über den richtigen Weg, sondern auf ein System, in dem die beste Inszenierung belohnt wird.

Diese Inszenierungen sind nicht leicht zu durchschauen, denn Politiker, die so handeln, sprechen Sätze, die wir alle eigentlich gerne hören. Sie bejubeln die sinkende Arbeitslosigkeit und schweigen über die jüngste Wiederentdeckung des deutschen

»Sozialstaats«: Armut trotz Arbeit. Sie rühmen sich der Eurorettung und schweigen über den Preis, den andere Völker für die Sicherung deutscher Vorherrschaft in Europa bezahlen. Sie erfinden »Lebensleistungsrenten«, hinter denen sich kaum mehr als ein Almosen verbirgt. Sie gedenken der Opfer von Nazi-Terroristen und versagen kläglich bei der Aufarbeitung der Taten. Sie loben das »weltoffene« Deutschland und schüren im gleichen Atemzug mit rassistischen Untertönen die Abwehrhaltung gegen Asylbewerber, während vor den längst wieder abgeschotteten Grenzen Europas immer noch Tausende ertrinken.

Weil das so ist, sollten wir alles tun, uns über den wahren Charakter der Merkel'schen Politik nicht weiter täuschen zu lassen. Dann wird sich schnell zeigen, dass Deutschland eine echte Alternative zu dieser Kanzlerin braucht, und zwar eine ganz andere als diejenige, die sich »Alternative für Deutschland« nennt.

Die Geburtshelferin der AfD

Die dritte Amtszeit von Angela Merkel als Bundeskanzlerin war von einer historischen Veränderung der deutschen Parteienlandschaft geprägt. Nach den Grünen in den achtziger Jahren des vergangenen Jahrhunderts und nach der Linken in den nuller Jahren scheint sich zum dritten Mal seit dem Zweiten Weltkrieg eine neue Kraft im Parteiensystem der Bundesrepublik zu etablieren. Und erstmals – zumindest erstmals seit den vorübergehenden Erfolgen der NPD zwischen 1966 und 1968[1] – fand diese Ausdifferenzierung nicht im eher linken Teil des politischen Spektrums statt, sondern an seinem rechten Rand. Der zeitgenössische Nationalismus, anderswo in Europa schon länger auf dem Vormarsch, hat nun auch in Deutschland seine eigene Partei: die AfD.

Was spricht dafür, sich in einem Buch über Angela Merkel ausführlich und an vorderer Stelle mit diesem Phänomen auseinanderzusetzen? Die Antwort ist eine doppelte: Erstens hat der Aufstieg der AfD mit dem politischen Versagen dieser Kanzlerin im vergangenen Jahrzehnt eine Menge zu tun – wenn auch, wie sich in diesem Kapitel zeigen wird, auf ganz andere Weise, als von den Rechtspopulisten und ihren heimlichen Gesinnungsgenossen in den Unionsparteien behauptet. Und zweitens ist die aktuelle Politik der CDU-Vorsitzenden nicht zu verstehen, ohne den Einfluss der neuen Konkurrenz von rechts ins Kalkül zu ziehen.

Mit diesen inhaltlichen Zusammenhängen zwischen dem Merkelismus und dem Rassismus der neuen Rechten wird sich dieses Kapitel vor allem beschäftigen. Zuvor aber ist ein dritter Aspekt zu erwähnen, der allein auf der machtarithmetischen Ebene angesiedelt ist. So paradox es erscheint: Die Erfolge der AfD könnten Angela Merkel die Kanzlerschaft sichern. Wer AfD wählt, trägt womöglich dazu bei, diese Kanzlerin im Amt zu halten.

Zwar haben sich demoskopische Prognosen in jüngster Zeit häufig als unsicher und fehlerhaft erwiesen, aber in einer Hinsicht scheinen sie doch aussagekräftig zu sein: Die Ablösung von Angela Merkel droht am Einzug der AfD in den Bundestag zu scheitern. Sämtliche Umfragen, die nach Merkels Ankündigung ihrer erneuten Kandidatur durchgeführt wurden, stimmten unter folgendem Aspekt überein: Ließ man die Prognosen für die AfD einmal weg, hatte das rot-rot-grüne »Lager« gute Chancen, vor Schwarz-Gelb zu liegen. Schon bevor Martin Schulz Kanzlerkandidat wurde, war der Abstand so gering, dass ein Wechsel bei einem entsprechenden Ergebnis rechnerisch nicht außer Reichweite gelegen hätte. Um nur die zwei wichtigsten Institute zu nennen: Infratest dimap errechnete im Januar 2017 für Schwarz-Gelb 42 Prozent (Union 37, FDP 5) und für Rot-Rot-Grün 38 Prozent (SPD 20, Grüne und Linke je 9); die AfD lag bei 15 Prozent.[2] Die Forschungsgruppe Wahlen sah Schwarz-Gelb ebenfalls bei 42 Prozent (Union 36, FDP 6) und Rot-Rot-Grün bei 40 Prozent (SPD 21, Grüne 10, Linke 9).[3] Alle anderen Institute bewegten sich im gleichen Rahmen.[4]

Dann ging Martin Schulz ins Rennen und sorgte für einen sprunghaften Anstieg bei den Umfrageergebnissen der SPD: Anfang Februar 2017 erreichte sie bei Infratest dimap 28 Prozent, Linke und Grüne kamen auf je 8 Prozent. Das ergab für Rot-Rot-Grün 44 Prozent, also einen Vorsprung von immerhin vier Punkten vor Union und FDP zusammen (CDU/CSU 34 Prozent, FDP 6 Prozent). Allerdings lag die AfD bei 12 Prozent[5], und das heißt: Würde die Wahl so ausgehen, würde das aller Wahrscheinlichkeit nach die Fortsetzung der großen Koalition unter Angela Merkel bedeuten. Bei der Forschungsgruppe Wahlen, die ihre Umfrage praktisch zeitgleich mit der Nominierung von Schulz durchführte, galt das Gleiche: Hier hatte Rot-Rot-Grün den zuvor gemessenen Vorsprung von Schwarz-Gelb bereits wettgemacht.[6]

Zumindest rechnerisch läge nach diesen Zahlen also ohne AfD eine Ablösung Merkels im Bereich des Möglichen, auch wenn sie politisch zum Jahresbeginn eher unwahrscheinlich erschien.[7] Natürlich weiß niemand, wohin genau die AfD-Stimmen gehen würden, fiele die Partei wieder unter die Fünf-Prozent-Marke. Nimmt man aber die Herkunft dieser Stimmen als Anhaltspunkt, dann spricht nichts dafür, dass die Union stärker profitieren würde als Rot-Rot-Grün. Bei der Landtagswahl in Mecklenburg-Vorpommern am 4. September 2016 gewann die AfD zwar 22 000 frühere Wählerinnen und Wähler der CDU. Aber von SPD (15 000), Linkspartei (16 000) und Grünen (3000) zusammen waren es sogar 34 000 Stimmen; 55 000 kamen zudem aus dem Nichtwähler-Lager und 20 000 von der NPD, was allerdings bundesweit keine Rolle spielt.[8]

Selbst eine Konstellation, in der Rot-Rot-Grün von einem Scheitern der AfD stärker profitieren würde als die Union, ist also zumindest vorstellbar – vorausgesetzt, das ehemals linke Lager böte den nach rechts Abgewanderten wieder eine attraktive Alternative. Aber wie auch immer: Jenseits solcher Spekulationen stand bereits zum Beginn des Wahljahres fest, dass mit einer AfD im Bundestag am ehesten eine erneute große Koalition möglich wäre – oder vielleicht Schwarz-Grün-Gelb. Für Rot-Rot-Grün gab es nach Stand Anfang 2017 nur dann eine Chance, wenn der Aufwärtstrend der SPD und zugleich die Verluste der Union sich über mehr als ein halbes Jahr fortsetzen würden. Geschähe dies und läge die SPD am Ende vor der Union, könnte es immer noch passieren, dass zwar Angela Merkel nicht mehr Kanzlerin wäre, aber die große Koalition weiterregieren würde, nun unter der Führung von Martin Schulz. Bliebe die Union vor den Sozialdemokraten, wäre die vierte Kanzlerschaft der CDU-Vorsitzenden, falls sie weitermachen wollte, garantiert – dank AfD. Das sollten diejenigen, die »Merkel muss weg« rufen, aber die selbsternannte »Alternative« wählen, zumindest zur Kenntnis nehmen – auch wenn es ihnen vielleicht egal ist, dass sie sich derart widersprüchlich verhalten.

Das Versagen der Kanzlerin und der Neorassismus

Nun aber zu den inhaltlichen Zusammenhängen zwischen der Merkel'schen Politik und dem Aufstieg der AfD. Auf den ersten Blick gibt es dafür scheinbar zwei Gründe, die in der politischen Publizistik auch immer wieder angeführt werden. Erstens: Mit der Entscheidung vom September 2015, die Grenzen vorübergehend für Flüchtlinge zu öffnen[9], habe die Kanzlerin den Aufstieg der »Alternative für Deutschland« erst richtig in Gang gebracht. Und zweitens: Die CDU-Vorsitzende habe ihre Partei insgesamt »nach links« geführt und damit das nationalkonservative Wählerpotenzial gewissermaßen zur Flucht in eine neue politische Heimat gezwungen.

Diese Erklärungsversuche spielen eine Rolle, aber den Kern des Problems treffen sie nicht. Das Gegenteil, so meine These, ist der Fall: Die deutsche Bundeskanzlerin und ihre Regierungen haben den Aufstieg des Nationalpopulismus nicht durch die fortschrittlichen Elemente ihrer Politik begünstigt – die im Übrigen so zahlreich, wie vielfach behauptet wird, gar nicht sind. Der Erfolg der AfD hat vielmehr vor allem damit zu tun, dass der Merkelismus sich in zentralen Fragen gerade *nicht* nach links geöffnet hat, sondern jede Kurskorrektur hin zu einer fortschrittlicheren Politik bis heute verweigert.

Wer sich fragt, auf welchem Nährboden der Neorassismus wächst, kommt also am historischen Versagen dieser Kanzlerin nicht vorbei: Es ist zum einen ihr unbeirrbares, ja unbelehrbares Festhalten am neoliberalen Modell. Und es ist zum anderen, mit der neoliberalen Ideologie eng verbunden, der fatale Verzicht auf eine umfassende Integrationspolitik, pathetisch formuliert: auf

Investitionen in den sozialen Frieden. Mit Integrationspolitik in diesem Sinne ist keineswegs nur die Eingliederung von Zuwanderern gemeint, sondern insgesamt der Versuch, die Ausgrenzung von Teilen der Bevölkerung – ganz gleich, ob alteingesessen oder zugewandert – aus dem gesellschaftlichen Leben zu überwinden. Das weitgehende Fehlen einer derart integrativen Politik – das ist, wie auch die folgenden Kapitel zeigen werden, das große und blamable Versäumnis der Ära Merkel.

Die bitteren Früchte dieses Versagens erntet jetzt die AfD. Denn in Deutschland – und massiver noch in vielen anderen Ländern – haben die »marktkonforme Demokratie« und die fehlende Integrationspolitik zu einer Ent-Sicherung der sozialen Verhältnisse geführt. Das betrifft zum einen die materiellen Elemente des gesellschaftlichen Lebens: die ungleiche Verteilung des Reichtums, die absurde Anhäufung von Vermögen bei einer winzigen Schicht von Privilegierten und den Abbau staatlicher Daseinsvorsorge – alles verbunden mit der dreisten Behauptung der »Alternativlosigkeit«. Es betrifft die Entgrenzung der Waren- und Kapitalströme sowie der Produktion, Arbeitsplätze eingeschlossen – verbunden mit der weitgehenden Weigerung der politischen Eliten, diesen globalisierten Kapitalismus nach sozialen, ökologischen und allgemein humanen Kriterien zu regulieren. Und es betrifft schließlich auch die langjährige Praxis der Regierungen, den mit Globalisierung und Migration verbundenen Konflikten fast ausschließlich durch schärfere Gesetze zu begegnen, statt ausreichend in die Integration zu investieren. Selbst die Polizei, die konservativer Politik immer so am Herzen lag, hat der neoliberale Spar-Staat so stark abgebaut, dass eine präventive Präsenz in konfliktträchtigen Wohnvierteln immer weniger möglich ist – von ausreichenden Mitteln für Integrations- und Sozialarbeit ganz zu schweigen.

Diese Entwicklungen (die, wie gesagt, in den folgenden Kapiteln noch näher beleuchtet werden sollen) drücken sich in einer für ein reiches Land blamablen Armutsquote aus. Aber das ist

nicht alles. Auch bei vielen Menschen, die sich (noch) zur Mittelschicht zählen können, kommt der globalisierte und weitgehend
deregulierte Kapitalismus als bedrohlicher Verlust von Sicherheit
im eigenen Leben an, und zwar in Form zunehmender Flexibili-
sierungszwänge, schwindender Verlässlichkeit der Sozialsysteme
und wachsender Angst vor Kriminalität und Terror – bei vielen
offensichtlich verbunden mit einem Gefühl des Verlusts von kultureller Identität und »Heimat«.

Dass daraus eine Abwendung vieler Wählerinnen und Wähler
von den »Etablierten« und eine Erosion des Vertrauens in die Institutionen resultiert, ist weder verwunderlich, noch ist es automatisch »rechts«. Aber es ist eben dieses Potenzial, aus dem die
AfD sich bedient. Hier liegt die Verantwortung der deutschen
und europäischen Führungskraft Angela Merkel für den Aufstieg
dieser Partei.

Das soll keineswegs heißen, dass Enttäuschung und Unzufriedenheit sich zwingend oder gar mit Recht in der Hinwendung
zum Neorassismus entladen. Im Gegenteil: Wer den Verfechtern
dieser Ideologie auf den Leim geht, begibt sich genau genommen
in einen eklatanten Widerspruch, denn die neuen Rechtsnationa-
len würden für sie oder ihn nichts, aber auch gar nichts tun, wären sie je an der Macht. Sie stehen ja keineswegs für eine soziale
Regulierung des internationalisierten Kapitalismus, mit der die
negativen Globalisierungsfolgen gelindert werden könnten, und
schon gar nicht plädieren sie für irgendeine Art von alternativem
Wirtschaftsmodell. Sie reden vielmehr dem weder realistischen
noch sozial gerechten Modell eines weiterhin deregulierten, aber
national abgeschotteten Kapitalismus das Wort.

In der konkreten Politik, die sie vorschlagen, kann der Grund
für die Erfolge der AfD und ähnlicher Parteien in anderen Ländern also kaum liegen. Ihr Aufstieg ist vielmehr damit zu erklären, dass es ihnen gelingt, den Protest sozusagen nach rechts
umzuleiten. Und das hat – neben den Folgen des Neoliberalismus – noch einen zweiten Grund: Demokratische und soziale

Alternativen zur herrschenden Politik fehlen fast vollständig im Angebot der etablierten Parteien. Sie haben den Protest den Rechten überlassen.

Es ist zwar richtig, dass sich der Zulauf zur AfD nicht allein aus dem Versagen der herrschenden Politik erklärt. Einen Teil ihrer Stimmen bezieht sie aus dem Potenzial an Ressentiments, die in der bundesdeutschen Gesellschaft trotz teilweise abnehmender Tendenz längst nicht überwunden sind und die nun in der AfD ihre parteipolitische, nach außen »gutbürgerliche« Ausdrucksform zu finden scheinen. So stellten die Autorinnen und Autoren der »Mitte-Studie« von 2016 mit Blick auf ähnliche Untersuchungen der vergangenen fünfzehn Jahre fest: »Vorurteile gegenüber Neuhinzugezogenen (39 Prozent), Immigranten (19 Prozent), Sinti und Roma (25 Prozent), Wohnungslosen (18 Prozent) sowie der Rassismus (9 Prozent) und Sexismus (9 Prozent) [sind] rückläufig bis 2014 und seitdem relativ stabil.«[10] Als besonders »konfliktträchtig« heben die Autoren »die weitverbreiteten muslimfeindlichen Einstellungen (19 Prozent) und die Zustimmung zu Vorurteilen gegenüber asylsuchenden Menschen« hervor. Letztere »stiegen von 2014 (44 Prozent) auf 50 Prozent in 2016«. Und bei welcher Partei sich von alledem am meisten wiederfindet, steht ebenfalls außer Frage: »Besonders auffällig sind die menschenfeindlichen Meinungen unter Befragten, die mit den Ideen der AfD sympathisieren: Ihre Anhänger und Anhängerinnen stimmen mehrheitlich fremdenfeindlichen (68 Prozent), muslimfeindlichen (64 Prozent) und antiziganistischen Meinungen (59 Prozent) sowie Abwertungen von asylsuchenden (88 Prozent) und arbeitslosen Menschen (68 Prozent) zu.«[11]

So weit das ideologische Potenzial der überzeugten AfD-Anhängerschaft, das wohl kaum für andere, demokratische Ausdrucksformen des Protests zu gewinnen sein wird, sondern mit allen Mitteln des Meinungskampfes bekämpft werden muss. Dass es dieses Potenzial gibt, ist den etablierten Parteien nicht anzulasten, jedenfalls nicht ihnen allein. Da ist aber außerdem jene im Kern berechtigte Unzufriedenheit mit den politischen und sozialen Verhältnissen, die sich zwar nicht in einem geschlossenen rechtsextremen Weltbild verfestigt hat, aber dennoch der AfD zugutekommt: Als Ausdruck des Widerstands wird die vermeintlich einzige »Alternative« zum »Kartell« der etablierten Parteien gewählt. Und dafür tragen ebendiese Parteien sehr wohl Verantwortung. Zwei Drittel der AfD-Wähler in Mecklenburg-Vorpommern, 67 Prozent, sagten im September 2016, sie hätten sich »aus Enttäuschung über andere Parteien« so entschieden, während nur knapp ein Viertel (24 Prozent) »Überzeugung von meiner Partei« als Begründung angab.[12] In Berlin, ebenfalls im September 2016, lag das Verhältnis bei 69 zu 26 Prozent.[13]

Das heißt: Ein großer Teil der AfD-Wählerschaft wäre wahrscheinlich für eine soziale und demokratische Alternative zu gewinnen – wenn es diese Alternative denn gäbe. Aber es gibt sie, jedenfalls in überzeugender Form, derzeit nicht. Auch das gehört zum Versagen des politischen Establishments – allerdings ist es in diesem Fall weniger der Kanzlerin anzulasten, sondern denjenigen Kräften, die ihr eigentlich Paroli bieten müssten: Die ehemalige Führungskraft des linken Lagers, die Sozialdemokratie, hat sich der neoliberalen Politik weitgehend angeschlossen, statt soziale und demokratische Alternativen zu vertreten – in Deutschland, in Europa und weltweit. Ähnliches gilt, was Deutschland betrifft, auch für die Grünen, während die Linkspartei trotz entsprechender programmatischer Ansätze in machtpolitischer und inhaltlicher Unentschiedenheit verharrt.

Weil also die linke Alternative fehlt, kommt der Protest erst recht denjenigen zugute, die ihren Rassismus und ihre Fremdenfeindlichkeit mit dem falschen Versprechen der sozialen Geborgenheit im Schoß der ethnisch und kulturell homogenen Nation kaschieren.

Von rechtsradikal bis gutbürgerlich:
Die Ideologie des Neorassismus

Will man das Verhältnis der Kanzlerin und ihrer Partei zur AfD sowie ihren Umgang mit den Neurechten analysieren, muss man mit dieser Frage beginnen: Mit wem genau hat sie es, haben wir es eigentlich zu tun? Erst ein Blick auf den Charakter dieser Partei und ihre ideologischen Fundamente erlaubt eine Einordnung der Schnittmengen, die sie einerseits mit dem Rechtsextremismus aufweist, andererseits mit dem bürgerlich-konservativen Lager.

In der medialen Berichterstattung hat sich für die Charakterisierung der AfD und verwandter Gruppierungen der Begriff »Rechtspopulismus« eingebürgert. Auf diese Bezeichnung möchte ich weitgehend verzichten, abgesehen natürlich von Zitaten. Der Grund: Die Kategorie »Rechtspopulismus« ist nicht nur unscharf, sondern stellt angesichts der Ideologie dieser Partei auch eine Verharmlosung dar. Diese Ideologie lässt sich vielmehr durchaus als rechtsradikal, völkisch oder in Teilen auch faschistisch bezeichnen, wie es in der Publizistik an manchen Stellen geschieht. Wenn es aber darum geht, den besonderen Charakter der AfD und ihres Umfelds zu benennen, auch in Abgrenzung zu anderen rechtsradikalen Erscheinungen, verwende ich im Folgenden die Bezeichnung »neorassistisch«.

Die Verbreitung des Begriffs »Rechtspopulismus« entspringt einem Dilemma, in dem sich Autorinnen und Autoren seit dem Aufkommen neurechter Parteien befinden. Sie schrecken aus zwei Gründen vor einer Einordnung als »rechtsextremistisch« zurück: einerseits, weil sie womöglich den extremistischen Charakter der AfD nicht sehen oder nicht wahrhaben wollen; andererseits aber, weil die Bezeichnung »extremistisch« im offiziellen Sprachgebrauch für bestimmte Gruppen reserviert ist. So heißt es beim Bundesamt für Verfassungsschutz: »Als extremistisch werden die Bestrebungen bezeichnet, die gegen den Kernbestand unserer Verfassung – die freiheitliche demokratische Grundordnung – gerichtet sind.«[14] Eine solche Einstufung zieht, wird sie offiziell vorgenommen, eine Beobachtung durch den Geheimdienst nach sich, wie sie zum Beispiel bei der Linkspartei für längere Zeit stattgefunden hat, nicht aber bei der AfD als Gesamtpartei.[15]

Ob das die richtige oder die falsche Entscheidung ist, muss an dieser Stelle nicht diskutiert werden. Als kleiner Exkurs sei mir dazu lediglich der folgende Hinweis erlaubt: Dass deutsche Behörden auf dem rechten Auge wesentlich schlechter sehen als auf dem linken, hat sich unter anderem daran gezeigt, dass sie bei der Bekämpfung des Rechtsterrorismus kläglich versagten, während sie mit großem Aufwand die Linke beobachten ließen.[16] Es wäre allerdings nicht besonders konsequent, nun wegen der AfD nach demselben Geheimdienst zu rufen, dessen Schnüffeltätigkeit man ansonsten mit guten Gründen kritisiert. Wer der Meinung ist, dass Geheimdienstarbeit kein adäquates Mittel der politischen Auseinandersetzung darstellt (anders als etwa bei terroristischen Aktivitäten), sollte bei diesem richtigen Grundsatz auch bleiben, wenn es um rassistische Ideologen geht. Aber wie dem auch sei: Im Zusammenhang mit der Begriffswahl ist lediglich von Bedeutung, dass Autorinnen und Autoren mit Recht davor zurückschrecken, auf eine Bezeichnung zurückzugreifen, die vom Inlandsgeheimdienst für dessen Zwecke reklamiert und definiert wird. Das Wort »Rechtsextremismus« ist sozusagen »verbraucht«.

Etwas anders sieht es mit dem Begriff »rechtsradikal« aus. Er kommt in der Sprache der Verfassungsschützer zwar vor, steht hier allerdings für Bestrebungen, die noch keine geheimdienstliche Tätigkeit auslösen. Selbst das Bundesamt für Verfassungsschutz hat nämlich erkannt: »Radikale politische Auffassungen haben in unserer pluralistischen Gesellschaftsordnung ihren legitimen Platz. Auch wer seine radikalen Zielvorstellungen realisieren will, muss nicht befürchten, dass er vom Verfassungsschutz beobachtet wird; jedenfalls nicht, solange er die Grundprinzipien unserer Verfassungsordnung anerkennt.«[17] Das gilt – zumindest wenn man den Verfassungsschützern und dem ihnen vorgesetzten Bundesinnenministerium folgt – auch für die AfD. Die feine amtliche Unterscheidung zwischen »extrem« und »radikal« ist allerdings im allgemeinen Sprachgebrauch, auch in den Medien, praktisch nicht durchzuhalten. Beide Begriffe werden häufig synonym gebraucht, was durchaus zu dem Missverständnis führen könnte, die AfD sei offiziell als »rechtsextremistisch« eingestuft.

Es musste also eine Alternative her, und die lautet eben in den meisten Veröffentlichungen: »rechtspopulistisch«. Seit sich die AfD immer deutlicher zur rassistisch-völkischen Ideologie bekennt, wachsen allerdings die Zweifel: Stellt »populistisch«, eine ohnehin schwer definierbare Vokabel, nicht inzwischen eine Verharmlosung dar?

Ja, davon ist auszugehen. Unter anderem der Journalist und Buchautor Michael Kraske hat darauf hingewiesen, dass sich die AfD ebenso wie die NPD aus dem Fundus des sogenannten »Ethnopluralismus« bedient. Kraske fasst dieses »völkische Gesellschaftsmodell«, das sich in der »Neuen Rechten« schon seit den siebziger Jahren des 20. Jahrhunderts durchgesetzt hat, treffend zusammen: »Anstatt die Überlegenheit des eigenen Volkes oder der eigenen Rasse zu behaupten, wie das etwa die Nazis taten, konstruiert der Ethnopluralismus ein Recht auf kollektive Verschiedenheit und die Notwendigkeit, möglichst homogene Völker und Kulturen zu erhalten und vor Vermischung zu schützen. Andernfalls betreibe man ›Völkermord‹. Die intellektuelle Modernisierungsleistung (…) bestand darin, künftig auf den Begriff der ›Rasse‹ zu verzichten, im Kern aber am Gesellschaftsmodell der alten Rechten festhalten zu können: einem ›Kulturkonzept Deutschland den Deutschen‹, wie der neurechte Publizist Henning Eichberg es nannte.«[18]

An dieser Stelle lässt sich genauso gut auch das Programm der AfD zitieren, in dem die ethnopluralistische Ideologie erkennbar ihren Niederschlag gefunden hat: »Nur die nationalen Demokratien, geschaffen durch ihre Nationen in schmerzlicher Geschichte, vermögen ihren Bürgern die nötigen und gewünschten Identifikations- und Schutzräume zu bieten.«[19] Michael Kraske fügt hinzu: »In letzter Konsequenz lassen sich mit dem Ethnopluralismus neben Diskriminierung sowohl Apartheid als auch ›ethnische Säuberungen‹ bis zum Völkermord rechtfertigen, denn universale Menschenrechte, die ein entfesseltes ethnisches Kollektiv bändigen könnten, lehnt die Neue Rechte ausdrücklich ab.«

Die Autorin Carolin Emcke hat in ihrer brillanten Dankesrede für den Friedenspreis des Deutschen Buchhandels 2016 erläutert, was die »Lehre vom homogenen Volk« für das gesellschaftliche Klima bedeutet. In einer ethnisch, kulturell und religiös gleichförmigen Masse wird, so Emcke, »alles Dynamische, alles Vielfältige an den eigenen kulturellen Bezügen und Kontexten negiert. (…) Wir werden sortiert nach Identität und Differenz, werden in Kollektive verpackt, alle lebendigen, zarten, widersprüchlichen Zugehörigkeiten verschlichtet und verdumpft.« Wer sich nicht ein- oder unterordnet, bekommt, so Emcke, den »ausgrenzenden Fanatismus« der Nationalpopulisten zu spüren. »Dieser ausgrenzende Fanatismus beschädigt nicht nur diejenigen, die er sich zum Opfern sucht, sondern alle, die in einer offenen, demokratischen Gesellschaft leben wollen.«[20]

Das also ist der Kern der neorassistischen Ideologie: Nicht (mehr) die Überlegenheit der einen Rasse über die andere steht im Mittelpunkt, sondern die Idee, dass die Konflikte der modernen Gesellschaften durch eine Trennung der – im Prinzip gleichwertigen – Rassen, Ethnien, Religionen oder Kulturen voneinander zu lösen seien. Oder umgekehrt: Die Konflikte gibt es nur, weil sich diese Gruppen im Rahmen der Globalisierung innerhalb der nationalen Gesellschaften vermischen, statt ordentlich voneinander getrennt in ihren jeweiligen Heimatländern zu leben.

Dass diese Auffassungen in diametralem Widerspruch stehen zu einem aufgeklärten Menschenbild, das Personen gerade nicht nach Herkunft oder ethnischer Zugehörigkeit sortiert, liegt auf der Hand. Und selbst wenn es anders wäre: Die Idee der nationalen Homogenität ist in Zeiten der Globalisierung schlicht ein falsches Versprechen. Das gilt besonders dann, wenn – wie derzeit – die internationale Politik die schreiend ungerechte Verteilung von Reichtum im globalen Maßstab duldet und teils sogar verstärkt, womit sie die Armutsmigration geradezu provoziert. Aber es gälte selbst dann, wenn die Globalisierung gerechter gestaltet würde. Nur um den Preis der Freiheit ließen sich die Menschen davon abhalten, ihr Glück am Ort ihrer Wahl zu suchen. Allerdings sähen sich sicher nicht so viele gezwungen, dies außerhalb ihrer Heimat zu tun, wenn die skandalöse soziale Ungleichheit geringer wäre als heute.

Aber um diese Zusammenhänge geht es der AfD gerade nicht. Aus der ethnopluralistischen Ideologie entwickelt sie vielmehr das Konzept, die Wettbewerbsvorteile einer reichen Nation wie Deutschland zu nutzen, um in national-egoistischer Manier den Wohlstand des eigenen »Volkes« weiter zu mehren. Dass diese Wettbewerbsvorteile in großen Teilen auf Ausbeutung und Ungerechtigkeit beruhen[21] und bei ihrer Politik auch in Zukunft beruhen würden, interessiert die Neorassisten nicht. Insoweit unterscheiden sie sich übrigens nur begrenzt von Angela Merkel und ihren Gesinnungsgenossen in aller Welt – auch wenn diese Politiker ihr Tun nicht mit neorassistischen, sondern vor allem mit neoliberalen Argumenten begründen.

Zusammenfassend schreibt Michael Kraske zur Charakterisierung der völkischen Ideologie: »Während Journalisten die NPD als rechtsextrem etikettieren, gilt die AfD lediglich als rechtspopulistisch, obwohl nicht nur Björn Höcke sich regelmäßig eines nationalsozialistisch konnotierten Vokabulars bedient (›Altparteien‹, ›entartet‹) (…). Und obwohl sich Partei-Chefin Frauke Petry inhaltlich zu Höcke bekennt und den Begriff ›völkisch‹ wieder positiv besetzen möchte[22], der hierzulande nach der nationalsozialistischen ›Volksgemeinschaft‹ für immer als erledigt galt.«

Mit dem Hinweis auf diese Übereinstimmungen zwischen Björn Höcke und Frauke Petry sollte übrigens auch ein weit verbreitetes Missverständnis ausgeräumt sein. Die Vorstellung, dass in der AfD ein gemäßigter gegen einen rechtsextremen Flügel kämpfe, geht an der Wirklichkeit vorbei und nutzt nur der Strategie von Petry und ihren Verbündeten, die den Neorassismus in das Mäntelchen bürgerlicher Wohlanständigkeit kleiden wollen. Der Streit innerhalb der AfD geht ausschließlich darum, ob man durch Duldung einer offen neonazistischen Propaganda den äußersten Rand des rechten Spektrums an die Partei binden möchte oder ob man es vorzieht, durch Zurückhaltung in der Ausdrucksweise noch mehr im klassisch konservativen Lager zu punkten. Von der ideologischen Ausrichtung her gilt für alle Teile der AfD gleichermaßen, was Kraske so zusammenfasst: »Die Vorstellung einer durch gleiches Blut gebildeten Schicksalsgemeinschaft hat keine demokratischen Wurzeln, sondern eine lange antidemokratische Tradition: Blut und Boden. Völkischer Beobachter. Volksgerichtshof.«

So wirkt es fast noch übertrieben zurückhaltend, wenn Matthias Meisner, Politikredakteur beim Berliner *Tagesspiegel*, bei seinen Überlegungen zum journalistischen Umgang mit der AfD nur »Teile« der Partei erwähnt: »Redaktionen tun sich schwer damit, für rechte Parteien und Bewegungen ein passendes Label zu finden. Anfangs wurde gezögert, die AfD als rechtspopulistisch zu bezeichnen. Für Teile der Partei scheint das heute sogar zu schwach.«[23] Der Soziologe Claus Leggewie dagegen bezieht die Frage, ob der Begriff »Populismus« nicht inzwischen als verharmlosend gelten müsse, mit gutem Grund auf die neurechten Bewegungen insgesamt: »Die Bewegung vom liberalen und vielfältigen Demos, einem leidenschaftlichen, zu rationalen Entscheidungen fähigen Souverän, zum autoritären und homogenen Ethnos, einem aus Gefühlen, oft auch Ressentiments heraus agierenden Volkskörper, demonstrieren drastische Äußerungen exemplarischer Autokraten: Kaczynskis PiS-Partei stellt das Volk über das

Recht, Pegida-Redner fordern zum Widerstand gegen die ›Volks-
verräterin‹ Merkel auf, Präsident Erdogan macht die Zugehörigkeit zum türkischen Volk von Bluttests abhängig, Trumps Wähler
rechnen mit einem schwarzen Präsidenten ab.«[24]

In der politischen Anwendung funktioniert diese völkische
Ideologie meist so, dass »das Volk« gegen »das System« oder »das
Establishment« in Stellung gebracht wird, dem es unterdrückt,
aber kampfesmutig gegenübersteht. Das ließ sich beispielsweise
im Zusammenhang mit dem Wahlsieg von Donald Trump gut beobachten. Jörg Meuthen, Bundessprecher der AfD und Fraktions-
vorsitzender im baden-württembergischen Landtag, kommentierte das Ergebnis so: »Das Establishment muss erkennen, dass
man nicht auf Dauer am Volk vorbei regieren kann.«[25] Und Marine Le Pen, die Vorsitzende des französischen Front National,
verkündete in fast identischer Tonlage: »Die Amerikaner haben
sich ihren Präsidenten gewählt und nicht den, den das System für
den einzig richtigen erklärt hat (…). So gesehen muss diese Entscheidung des amerikanischen Volkes als ein Sieg der Freiheit
interpretiert werden.«[26]

So also sieht das ideologische Rüstzeug der neorassistischen
Meinungsmacher aus. Schlimm genug, aber ihre fatale Wirkung
entfaltet diese Ideologie erst dann, wenn sie in den gesellschaftlichen Verhältnissen ihren Nährboden findet. Wie erwähnt, griffe
es zu kurz, Unzufriedenheit über und Protest gegen »das Establishment« schon an sich für »rechts« oder »populistisch« zu erklären, nur weil die neue Rechte daraus Vorteile zieht. Das Gefühl der »gesellschaftlichen Obdachlosigkeit«, wie es der
Soziologe Heinz Bude genannt hat[27], ist ja nicht einfach der Fan-
tasie oder der Verblendung entsprungen. Der Protest, so fehlge-
leitet er mit der Hinwendung zum Nationalpopulismus auch ist,
hat seine Wurzeln durchaus in realen Konflikten.

Das ließ sich nicht zuletzt am Siegeszug des neoliberalen Neorassisten Donald Trump in den USA studieren. Nicht, dass alle
Trump-Wähler arme Leute wären. Das zu denken, wäre ein viel

zu enger Begriff von den sozialen Zuständen, die den Neorassismus nähren. Die nicht selten begründete Sorge, die materiellen und immateriellen Freiräume für die Gestaltung des eigenen Lebens zu verlieren – durch drohenden Jobverlust, Billiglohnkonkurrenz oder die kulturellen Folgen von Globalisierung, dereguliertem Handel und Zuwanderung –, reicht bis weit in die Mittelschicht hinein. Nur so lässt sich der Erfolg der Trump'schen Lüge erklären, er werde sich um die »Vergessenen«[28] der Globalisierung kümmern.

Natürlich ist es irrational, zum Beispiel als arbeitsloser Stahlwerker auf Trumps Scheinlösungen hereinzufallen: Nationalistische und konfrontative Wirtschaftspolitik, Steuersenkungen für Reiche, Abschottung gegen Migranten, Geringschätzung von Frauen, Schwulen und Anderslebenden aller Art werden die Probleme, die den »Vergessenen« Angst machen, ja keineswegs lösen. Nicht irrational ist es aber, dass nennenswerte Teile der Bevölkerung sich von der bisherigen Politik alleingelassen fühlen – nicht nur, aber auch in den USA. Wer einmal nachgelesen hat, wie es im »Rostgürtel« des Landes zugeht,[29] wird sich hüten, dafür das Modewort »postfaktisch« zu verwenden. »Postfaktisch« war sicher Trumps Versprechen, der bedrohten Mittelklasse zu helfen – aber ihre Lage war und ist es nicht. Heinz Bude fasst es so zusammen: »Hillary Clinton hat das Ausmaß dieser gesellschaftlichen Obdachlosigkeit unterschätzt. Politikerinnen und Politiker, die nicht mehr anzubieten haben als das Management von Komplexität, werden von Frontleuten hinweggefegt, die große Veränderungen versprechen.«[30] Mit anderen Worten: »Das System« verliert, weil es Lösungen für die »Vergessenen« nicht einmal mehr anzubieten versucht.

Gegen dieses Verhalten des liberalen Establishments, gegen seine weitgehende Blindheit für gesellschaftliche Brüche unterhalb der globalisierten Wohlstandsmaschine, lässt sich sehr wohl begründeter Protest vorbringen. In den USA hat das Bernie Sanders getan, und Hillary Clinton hätte ihre Chancen vielleicht gesteigert, hätte sie von seinen sozialdemokratischen Ansätzen mehr übernommen, als sie das getan hat. Diese eher linken Ansätze mit dem Trumpismus, mit Front National, AfD und Co. unter dem Schlagwort »Populismus« in einen Topf zu werfen, ist waghalsig, denn es verstellt den Blick auf mögliche demokratische Alternative – sowohl zum »System« als auch zum Neorassismus.

Was die Nationalpopulisten von den demokratischen und linken Protestbewegungen unterscheidet, ist in den USA wie in Europa dies: Das »Volk«, das sie gegen das Establishment ins Spiel bringen, ist in Wahrheit ein ganz spezielles Völkchen. Die Bedeutungen, mit denen sie den Volksbegriff aufladen, sagen über ihren Erfolg wahrscheinlich mehr aus als der antielitäre Reflex, den sie bedienen.

Der Politikwissenschaftler Jan-Werner Müller hat dies anhand eines Zitats von Donald Trump überzeugend nachgewiesen: »The only thing that matters is the unification of the people«, zitiert er den neuen Präsidenten der USA, also: »Das Einzige, was zählt, ist die Einheit des Volkes.« Was aber den Populismus entscheidend ausmache, so Müller, sei der zweite Teil: »… and all the other people don't matter.«[31] Es gibt also nicht nur das Volk, das es zu vereinen gilt. Es gibt auch »all die anderen Leute«, die »nicht zählen«. Da ist er wieder, der exklusive, bestimmte Menschengruppen von vornherein ausschließende Volksbegriff. Er stellt das exakte Gegenteil eines inklusiven, demokratischen Begriffs von »Volk« dar, wie er sich gegen versagende politische Eliten durchaus ins Feld führen ließe, und er besteht aus dem falschen Versprechen einer glänzenden Zukunft durch die Wiederherstellung einer ethnisch-national geschlossenen Gemeinschaft.

Es ist nicht jeder ein Populist, der das Establishment angreift oder Systemkritik übt. Und ebenso wenig ist die Berufung auf die Interessen des Volkes zwingend populistisch. Wer die neue Rechte verstehen will, sollte sich hüten, jeden mit den Trumps und Le Pens und Petrys in einen Topf zu werfen, der die derzeitige politische Elite ablösen will und das System, so wie es sich entwickelt hat, infrage stellt.

Entscheidend ist vielmehr: Wer dazugehört und wer nicht; wer als gut zu gelten hat und wer als böse – darüber beansprucht der Neorassismus eine absolute Definitionsmacht. Von linken Gruppen wie Podemos, die oft fälschlich als Populisten bezeichnet werden, unterscheiden sich echte (und rechte) Populisten dem Politologen Müller zufolge durch eine »Grundannahme«, die da lautet: »Wer gegen mich ist, gehört nicht dazu.«[32] Das Markenzeichen der neuen Rechten, so antielitär sie sich auch gibt, ist ein durch und durch elitärer Volksbegriff.

Claus Leggewie zieht die historische Parallele zwischen dieser völkischen Ideologie der neuen Rechten und den Nationalsozialisten – und kommt zu dem Ergebnis, dass sich die modernen Rechtsnationalisten bereits auf »halber Strecke« zum Faschismus befinden: Von ihrer Ideologie, schreibt Leggewie, »ist es zum Arier-Nachweis der Nationalsozialisten nicht mehr weit, und in der Tat haben manche Populisten in ihrem Identitätswahn die halbe Strecke zum Faschismus des 20. Jahrhunderts bereits zurückgelegt. Der zeichnete sich außer durch den Führerkult und einen starken, von einer Einheitspartei regierten Staat durch die strikte Exklusion ›Volksfremder‹ aus dem jeweiligen Territorium aus. Und zu den Fremden gehören derzeit nicht nur Flüchtlinge, sondern auch solche, die ihnen helfen, und vermeintliche Fantasten, die eine multikulturelle Gesellschaft passabel und friedlich gestalten wollen. Wir erleben gerade Feinderklärungen en masse – Carl Schmitt, der ›Kronjurist des Dritten Reiches‹ und Verfechter der identitären Demokratie, und andere konservative Revolutionäre lassen grüßen.«[33]

Die AfD ist zwar in Leggewies Aufzählung nicht ausdrücklich enthalten, er merkt zu dieser Partei vielmehr an: »Die Bewegung von Lucke zu Höcke (und demnächst von Petry zu Gauland?) bei der AfD zeigt, wie ein steuer- und eurokritischer Liberalismus in einen völkisch-autoritären Nationalismus abdriftet.«[34] Dieser

»völkisch-autoritäre Nationalismus« aber ist es gerade, der die AfD mit Rechtsextremen und Faschisten verbindet.

Allerdings nicht nur mit ihnen. Zum Ethnopluralismus der neuen Rassisten gehört es auch, dass er gleichzeitig als »Scharnier« zwischen der extremen Rechten und bürgerlich-konservativen Kreisen zu fungieren vermag. Der Politikwissenschaftler Richard Stöss schrieb bereits 2007: »Die Ideologie des Ethnopluralismus eignet sich besonders für die (…) Scharnierfunktion der ›neuen Rechten‹, weil sie nationale Identität ohne Bezugnahme auf den klassischen Rassismus (ihrem Selbstverständnis nach sogar im Gegensatz dazu) rechtfertigt, weil sie ihre Fremdenfeindlichkeit als Deutschfreundlichkeit ausgibt und weil sie dafür auch noch ein humanitäres Anliegen in Anspruch nimmt.«[35]

Zehn Jahre später muss man mit Michael Kraske feststellen, dass das Scharnier immer besser funktioniert: »Lange blieb der Ethnopluralismus der Neuen Rechten hierzulande eine intellektuelle Randnotiz, die nur in elitären rechten Zirkeln wie dem ›Thule-Seminar‹ oder der Zeitschrift ›Nation & Europa‹ kursierte – unterhalb der öffentlichen Wahrnehmungsgrenze. Damit ist es vorbei. Von Pegida über AfD bis hin zu verschiedenen Onlineplattformen, sozialen Netzwerken und auch seriösen Presseartikeln finden sich entsprechende Botschaften. ›Umvolkung‹, ›Überfremdung‹ und ›Bevölkerungsaustausch‹ – die populären Anti-Asyl-Parolen der Straße fußen inhaltlich auf dem Gesellschaftsmodell der Neuen Rechten. Ethnopluralismus ist derzeit allgegenwärtig.«[36]

Wie weit sich diese neo-rassistische Ideologie bereits in »gutbürgerliche« Kreise gefressen hat, lässt sich zum Beispiel an der *Frankfurter Allgemeinen Zeitung* beobachten. Dort kommentierte im Februar 2017 der »stellvertretende Verantwortliche für Außenpolitik«, Nikolaus Busse, eine Empfehlung des Generalanwalts beim Europäischen Gerichtshof. Dieser hatte gefordert, dass den Opfern politischer Verfolgung in den Botschaften der EU-Länder »humanitäre Visa« ausgestellt werden. Busse sah sich dadurch veranlasst, mal eben die Universalität der Menschenrechte infrage zu stellen: »Der Generalanwalt stützt sich auf die Grundrechtecharta der EU. Die wurde allerdings vor allem für EU-Bürger und hier lebende Ausländer verfasst, nicht für den Rest der Menschheit. Das sollte das Gericht bei seiner Urteilsfindung bedenken.«[37]

Schon im Sommer 2016 hatte der Journalist Berthold Kohler einen zentralen Kampfbegriff der radikalen Rechten, nämlich »Überfremdung«, in die nach landläufiger Ansicht seriöse Presse eingeführt: »Merkel (…) wird nicht von der Angst vor Überfremdung und Enteignung im materiellen wie im kulturellen Sinne geplagt, die viele Unions- oder SPD-Wähler in die Arme der AfD treibt«, schrieb Kohler in einem Leitartikel, der sich ansonsten den angeblich schrecklichen Folgen der »Einwanderungswellen« für Deutschland und seine Kanzlerin widmete. Dieser Text stand nicht etwa in einem rechtsextremen Blog, sondern auf Seite eins der *Frankfurter Allgemeinen Zeitung*, als deren Herausgeber Kohler fungiert.[38]

Besonders feinsinnige Textanalytiker würden zu Kohlers Verteidigung vielleicht anführen, er habe ja nur die Angst »vieler Unions- oder SPD-Wähler« zitiert. Allerdings könnte man dann genauso gut »den Hass vieler Nazis auf das Judenpack« zitieren – und beim »Judenpack« auf die Anführungszeichen verzichten, so wie Kohler bei der »Überfremdung«.

Etwas subtiler, aber zugleich noch perfider machte sich Busses und Kohlers Journalistenkollege Wolfram Weimer daran, dem Rassismus den Weg ins Zentrum der Öffentlichkeit zu ebnen. Er wählte die Methode, Ideologien jenseits des demokratischen Diskurses dadurch zu legitimieren, dass man ihre Ausgrenzung beklagt. Unter anderem mit Formulierungen wie »Pegida-Beschimpfung« und »Migranten-Willkommenskultur« schrieb der ehemalige Chefredakteur von *Welt*, *Focus* und *Cicero* mit Blick auf das Jahr 2015: »Zu viele Medien waren zu sehr damit befasst, der jeweils offiziellen Regierungspolitik nicht nur die Mikrofone zu halten, sondern die eigenen Verstärker voll aufzudrehen. Nicht dass die Regierung bei diesen Themen grundsätzlich falsch liegen würde, aber wenn die Medien ihre kritische Kontrollfunktion nicht mehr wahrnehmen, sondern sich gemein machen mit der Macht und ihrer vorgeblichen Tugend, dann verkleinern sie sich zu gefühlten Propagandisten.«[39]

Es gibt wahrlich Anlässe, deutschen Medien – wenn auch nicht allen und nicht immer – übertriebene Machtnähe vorzuwerfen. Zum Beispiel dann, wenn sie sich beinahe geschlossen am neoliberalen Mainstream der Merkel'schen Politik orientieren. Aber ausgerechnet dann die »kritische Kontrollfunktion« der Medien ins Feld zu führen, wenn es den humanitären Minimalkonsens einer freiheitlichen Gesellschaft zu verteidigen gilt, das ist ein besonders starkes Stück Publizistik. Kein Wunder, dass Weimer in harmonischer Übereinstimmung mit neurechten Parolen von »Gutmenschen-Gegurke« sprach.[40]

So funktioniert sie, die Schnittstelle zwischen Neorassisten und »Wertkonservativen«, zu denen auch Weimer sich zählt. Und wer noch daran gezweifelt hat, dass die unverhohlene Orientierung am neurechten Ethnopluralismus längst auch in CDU und CSU ihren Resonanzboden hat, muss nur auf die Homepage des unionsinternen »Berliner Kreises« schauen. Dort heißt es unter dem Datum 2. September 2016: »Der Berliner Kreis wird nicht müde, u.a. auf schwerwiegende Fehler der Bundesregierung in der Flüchtlingspolitik hinzuweisen und Alternativen aufzuzeigen. Eine gelungene Zusammenfasung (sic) liefert der am 31.8.2016 erschienene Kommentar von Bernhard Köhler (sic) auf Seite ein (sic) der Frankfurter Allgemeinen Zeitung.« Es folgt der Link zu dem Text von Berthold Kohler, dessen Name den selbsternannten »Konservativen« in der CDU vor lauter Begeisterung etwas durcheinandergeraten war. Ebenso wie die Rechtschreibung. Unterzeichnet war der Hinweis mit »Dr. Christean Wagner, Staatsminsiter (sic) a.D.«. [41]

Der kleine Hinweis auf die relativ zahlreichen Lücken in der Rechtschreibung innerhalb eines sehr kurzen Textes sei an dieser

Stelle deshalb gestattet, weil der »Berliner Kreis« in seiner »Standortbestimmung« ganz besonderen Wert auf die Pflege der deutschen Sprache legt. Deren Gebrauch will er nicht nur ins Grundgesetz aufnehmen, sondern sie liegt den Unionsrechten auch sonst sehr am Herzen. Zum Beispiel in der Bildungspolitik: »Das Beherrschen der deutschen Sprache in Wort und Schrift ist dabei von besonderem Belang.«[42]

Insgesamt zeigt sich: Der Neorassismus mag seine Verständigungsprobleme haben, »in Wort und Schrift«. Aber er hat schon viel, zu viel erreicht beim Versuch, die gesellschaftliche oder zumindest öffentliche Hegemonie eines aufgeklärten, freiheitlichen Humanismus zu brechen und den antirassistischen Konsens zu zerstören. Und die AfD ist die Speerspitze dieser Bewegung in Deutschland.

Die »linke« CDU und die »dummen« Wähler

Wie aber kommt es, dass diese Propaganda gerade jetzt auf so fruchtbaren Boden fällt? Hier kommt nun die anfangs formulierte These ins Spiel, dass dies mit dem Fehlen einer umfassenden sozialen Integrationspolitik unter der Kanzlerschaft von Angela Merkel zusammenhängt. Die Erfolge der »Alternative für Deutschland« – vor allem seit den Landtagswahlen des Jahres 2016[43] – werden häufig mit Merkels Flüchtlingspolitik erklärt. Vor allem der rechte Flügel der CDU und die CSU vertreten die Ansicht, die Grenzöffnung im September 2015 sei sozusagen eine Provokation gewesen, die die Freunde der Abschottung in die Arme der AfD getrieben habe. Damit wird dann die Forderung begründet, dem Wählerpotenzial rechtsaußen durch eigene Initiativen für einen noch restriktiveren Umgang mit Zuwanderern entgegenzukommen – obwohl die Flüchtlingspolitik der großen Koalition ohnehin nie so liberal war, wie immer wieder behauptet wird (mehr dazu im folgenden Kapitel).

In der Sprache der unionsinternen Hardliner klingt die simple These vom Zusammenhang zwischen Zuwanderung und AfD-Erfolgen wie folgt: »Das CDU-Präsidiumsmitglied Jens Spahn hat die Flüchtlingspolitik der Bundesregierung für das Erstarken des Rechtspopulismus mitverantwortlich gemacht. Der Rechtsruck und die Wahlergebnisse der AfD seien eine Gegenreaktion der Gesellschaft, sagte der Parlamentarische Staatssekretär im Bundesfinanzministerium am Dienstag im RBB-Inforadio. (…) Der CDU-Politiker plädierte dafür, Druck auf Migranten auszuüben, wenn sie Angebote für die Integration – wie etwa Deutschkurse – nicht annehmen. (…) Damit könnten viele Wähler, die bei der rechtspopulistischen AfD gelandet sind, zurückgewonnen werden, sagte Spahn, der seit längerem als Kritiker der Flüchtlingspolitik von Bundeskanzlerin Angela Merkel (CDU) gilt.«[44]

Tatsächlich mag die beherrschende Rolle, die das Flüchtlingsthema seit dem Sommer 2015 einnimmt, die Anziehungskraft der neuen Rechtspartei für einen Teil der Wählerschaft zusätzlich gesteigert haben. Offensichtlich ist es der AfD gelungen, Frust und Wut über die Politik der etablierten Parteien auf dieses eine Thema zu lenken und in Wählerstimmen für eine Ideologie zu verwandeln, die die Lösung aller Probleme durch nationale Abschottung und ethnische Homogenität verspricht. Zumindest bei den beiden Landtagswahlen im September 2016 (Mecklenburg-Vorpommern und Berlin) stand das Flüchtlingsthema für die AfD-Anhänger offenbar tatsächlich an erster Stelle: in Mecklenburg-Vorpommern mit 54 Prozent[45], in Berlin sogar mit 72 Prozent[46].

Allerdings wäre es fahrlässig, daraus einen derart eindimensionalen Zusammenhang zu konstruieren wie der CDU-Politiker Spahn. Das Flüchtlingsthema mag ein zusätzlicher Katalysator gewesen sein, aber die Stabilisierung der selbsternannten »Alternative« hatte sich längst angedeutet, bevor Angela Merkel beschloss, die Grenze für Flüchtende vorübergehend zu öffnen. So war die AfD nach der Bundestagswahl von 2013 in alle Landtage eingezogen, die neu gewählt wurden: zunächst am 31. August 2014 in Sachsen mit 9,7 Prozent, dann am 14. September 2014 in Brandenburg und in Thüringen, und zwar mit zweistelligen Ergebnissen (12,2 Prozent beziehungsweise 10,6 Prozent), und schließlich, am 15. Februar beziehungsweise 10. Mai 2015, in den westlichen Stadtstaaten Hamburg (6,1 Prozent) und Bremen (5,5 Prozent).[47] Der Partei gewordene neue Nationalismus, in vielen anderen Ländern Europas schon lange auf dem Vormarsch, hatte auch schon vor der vorübergehenden Grenzöffnung im September 2015 in der AfD sein parteipolitisches Gefäß gefunden – wenn auch zunächst eher in seiner antieuropäischen als in der neorassistischen Ausdrucksform.

Wer also Frust, Wut und Entfremdung von der Politik der »Eliten« allein auf die Zuwanderung und die Flüchtlingspolitik der Bundesregierung zurückführt, ist der heutigen AfD-Propaganda, wonach die Migranten für so ziemlich alle Probleme verantwortlich seien, schon zur Hälfte aufgesessen. Damit werden die tieferen Ursachen der Unzufriedenheit durch einen Sündenbock ersetzt – und wer so argumentiert wie der CDU-Politiker Jens Spahn, muss sich für dieses Ablenkungsmanöver mitverantwortlich machen lassen.

Aber da ist noch eine zweite Erklärung, die sich erstaunlicher, aber unverdienter Beliebtheit erfreut. Sie lautet, mit den Worten des Berliner Politikwissenschaftlers Herfried Münkler: »Frau Merkel hat die CDU nach links verschoben, oder sie hat sogar die Mitte nach links verschoben.«[48] An dieser These ist zwar, wie sich in den folgenden Kapiteln zeigen wird, nicht alles falsch: Gemessen an ihrer früheren Programmatik, also aus stramm rechtskonservativer Perspektive, hat die CDU-Vorsitzende ihre Partei tatsächlich in bestimmten Bereichen nach »links« geöffnet. Treffender allerdings wäre die Formulierung: Sie hat ideologische Positionen geräumt, die angesichts der gesellschaftlichen Entwicklung ohnehin nicht haltbar gewesen wären, ohne das liberal-konservative Bürgertum zu verlieren.

Die Energiewende, die Abschaffung der Wehrpflicht, der Ausbau der Kinderbetreuung, um nur die am häufigsten genannten Beispiele zu nennen – all das sind vor allem Zugeständnisse an einen allgemeinen Bewusstseinswandel, der über linke Kreise längst weit hinausgegangen ist.

Öko-Bewusstsein und Sorge wegen des Klimawandels, Skepsis gegenüber Zwangsdiensten, die die Karriereplanung der Söhne behindern, und den Wunsch vieler Frauen nach einer besseren Vereinbarkeit von Familie und Beruf – all das hat ja Angela Merkel nicht erfunden, sondern vorgefunden und mit ihrem ausgeprägten Sensorium für die gesellschaftliche Stimmung schneller erkannt als andere in ihrer Partei. Das Besondere liegt eher darin, dass sie die Politik der Union an diesen Stellen tatsächlich korrigiert hat – anders als zum Beispiel in der Frage der Vermögensverteilung oder bei der Beteiligung der Bundeswehr an Kriegseinsätzen.

Das hat seine Gründe. Die Energiewende, die Abschaffung der Wehrpflicht und eine bessere Familienpolitik haben eine grundsätzliche Gemeinsamkeit: Sie kommen einerseits vielen Bürgerinnen und Bürgern entgegen und stellen insofern echte Modernisierungsschritte dar. Sie liegen aber andererseits auch im Interesse »der Wirtschaft«. Bei der Wehrpflichtabschaffung und der Kinderbetreuung liegt das auf der Hand: In beiden Fällen wird eben auch die Rekrutierung von Arbeitskräften – hier Nachwuchs, da Frauen – erleichtert (abgesehen davon, dass die Beibehaltung der Wehrpflicht die Entwicklung zur global tätigen Interventionsarmee behindert hätte). Und selbst die Energiewende stellt zwar einige Stromkonzerne vor größere Schwierigkeiten, liegt aber längerfristig ebenfalls im Interesse der meisten Firmen und ihrer Energieversorgung. Dazu später mehr, und gerade bei der Energiewende wird sich zeigen, dass der Modernisierungswille genau dort seine Grenzen hat, wo es den Unternehmen wehzutun beginnt – und das ist alles andere als links. Der Modernisierungswille der Kanzlerin Merkel und ihre Bereitschaft zur Anpassung an gesellschaftliche Veränderungen enden genau dort, wo es den Kapitalbesitzern wirklich wehzutun begänne.

Hier geht es zunächst um die Frage, ob eine Bewegung nach »links« als Ursache für den Aufstieg der AfD gesehen werden kann. Es ist zwar nicht aus der Luft gegriffen, dass die Zugeständnisse an eine mehrheitlich liberalisierte Gesellschaft zu einiger Unzufriedenheit am rechten Rand der Union und darüber hinaus führen – und dass damit, so wiederum Münkler, »ein Sichtbarwerden nicht eingebundener rechter Auffassungen, konservativer Auffassungen, nationalistischer Auffassungen, also ein Problem innerhalb der CDU« verbunden ist. Richtig ist auch, dass sich die Stimmenzuwächse der AfD damit zum Teil erklären lassen: Keiner anderen etablierten Partei nahm sie zum Beispiel bei den Landtagswahlen im Herbst 2016 so viele Stimmen weg wie der CDU.[49]

Aber auch das ist, ähnlich wie die Fixierung auf die Flüchtlingsfrage, allenfalls die halbe Wahrheit. In diesen Deutungsmustern – angeblich »liberale« Flüchtlingspolitik und/oder vermeintliche Verschiebung der politischen Koordinaten »nach links« – wird nämlich der entscheidende Punkt weitgehend ignoriert: Die Hauptursache für das Erstarken des Neorassismus liegt dort, wo Angela Merkel und ihre Gesinnungsgenossen in Europa die Koordinaten der Politik gerade *nicht* nach links verschoben haben. Der Nährstoff für AfD und Co. findet sich in den sozialen Brüchen, die sie mit ihrer kapitalfreundlichen Politik seit Jahrzehnten fördern, statt an ihrer Überwindung zu arbeiten. Mit anderen Worten: Die AfD ernährt sich vom gescheiterten Kalkül der Kanzlerin, all das ignorieren zu können, was für Wut auf »die Politik« und Entfremdung von »den Eliten« gesorgt hat: wachsende Ungleichheit, ungerechte Verteilung des Reichtums und der Lebenschancen, Entsolidarisierung der Sozialsysteme von Gesundheit bis Rente, Arbeitsverdichtung und Flexibilisierungsdruck, Unsicherheit der Altersvorsorge und Versagen vor der Notwendigkeit einer Integrationspolitik, die den inneren Frieden in einer multiethnischen und multikulturellen Gesellschaft fördert.

Um Missverständnisse zu vermeiden, sei noch einmal betont: Diese Gründe für den Zulauf bei den Rechtspopulisten zu nennen, bedeutet nicht, denjenigen Verständnis entgegenzubringen, die dem Rassismus und dem Ressentiment ihre Stimme geben. Aber ohne die tieferen Ursachen für ihren Protest zu verstehen – und das ist etwas anderes als »Verständnis haben«! –, wird man sie nie und nimmer überzeugen können, ihren Widerstand gegen eine Politik zu richten, die für die beschämend unsozialen Verhältnisse in einem reichen Land wie Deutschland verantwortlich ist. Das wäre dann auch ein guter Grund, gegen Angela Merkel zu protestieren. Sie nämlich steht an führender Stelle für diese Politik, gemeinsam mit all den Technokratinnen und Technokraten des »alternativlosen« Marktliberalismus in ganz Europa und darüber hinaus, von denen sich zu recht viele Menschen nicht mehr vertreten sehen. Stattdessen aber geben die Anhänger der neuen Rechten ihrer Unzufriedenheit eine fatale Richtung, indem sie für eine Politik stimmen, die an ihren Problemen ganz sicher nichts ändern wird.

Es ist schon erstaunlich, dass die Verbindung zwischen der (unter sozialen Aspekten) blamablen Politik der Kanzlerin und dem Erstarken des Neorassismus in den gängigen Erklärungsmustern für den Erfolg der AfD eine allenfalls untergeordnete Rolle spielt. Wenn die sozialen Brüche nicht ganz ignoriert werden, dann erscheinen sie zumindest wie ein Naturgesetz, an dem sich politisch nichts ändern lässt. Und nicht selten mündet dieser Fatalismus in eine zynische Geringschätzung der »Abgehängten« und derjenigen, die Angst haben, ebenfalls abgehängt zu werden. Auch dafür hat Herfried Münkler ein anschauliches Beispiel geliefert. Er soll deshalb – stellvertretend für einen großen Teil der in Politik und Publizistik herrschenden Denkweisen – noch einmal ausführlicher zitiert werden.

Die sozialen Spaltungen, die mit dem weitgehend unregulierten, globalisierten Kapitalismus verbunden sind, lässt der Berliner Professor zwar nicht unerwähnt: Nach seiner Auffassung »befinden wir uns gesellschaftlich in einer Situation, in der wir nicht mehr sagen können so ohne Weiteres, wir sind eine nivellierte Mittelstandsgesellschaft, wie Schelsky das formuliert hat. Das heißt, den sichtbar werdenden Spaltungslinien in der Gesellschaft sozialer Art entsprechen auch stärkere Unterschiede politischer Art.« So weit, so halbwegs in Ordnung, auch wenn sich die schreiende Ungerechtigkeit in vielen gesellschaftlichen Bereichen auch weniger verschwurbelt beschreiben ließe. Aber was folgert der Politikwissenschaftler aus den »Spaltungslinien sozialer Art«? Etwa eine Politik, die sie zu überwinden sucht? Nein, es folgt eine Verhöhnung der Betroffenen: »Viele derer, die populistisch wählen, ich vermute mal, ziemlich egal, ob links- oder rechtspopulistisch, sind enttäuscht von dem System, fühlen sich ausgegrenzt, abgehängt und machen gewissermaßen politisch einmal ihr Bäuerchen.«

Merke erstens: Rechts oder links, das ist »ziemlich egal«, alles kommt in den großen Populismustopf. Zweitens: Die Leute *werden* nicht etwa ausgegrenzt oder abgehängt. Nein, sie *»fühlen sich«* so. Und machen drittens, haha, »ihr Bäuerchen«. So wird ein gesellschaftliches Problem umdefiniert zur Unfähigkeit von Individuen, die bestehende Realität ohne »Bäuerchen« zu verdauen.

Für alle, die noch an der Haltung dieses als führend geltenden Intellektuellen zweifeln, hat Münkler seiner zynischen Herablassung im selben Interview noch einmal unmissverständlich Ausdruck verliehen: »Das ist schon so, dass viele Leute wenig Ahnung von bestimmten Problemen haben, sei es, weil sie keine Zeit haben, sei es, weil sie sich nicht dafür interessieren. Aber das heißt nicht, dass man es ihnen nicht darlegen darf und nicht darlegen sollte. (…) Nicht das Volk in seiner Gesamtheit, aber es gibt große Teile des Volkes, die sind nicht besonders informiert, geben sich auch keine Mühe, glauben aber dafür umso besser genau zu wissen, was der Fall ist. Also: Sie sind dumm, wenn ich das mal so zusammenfassen darf.«

Und gegen Dummheit, so sieht das der Professor, hilft nur eins: Belehrung von oben. »Probleme ansprechen, über Probleme sprechen und in diesem Sinne auch darauf setzen, dass man Leute, auch wenn sie dumm sind, doch mit der Zeit klüger machen kann. – Da ich Hochschullehrer bin, bin ich sozusagen mit diesem Problem ja professionell vertraut.« Noch einmal: Mit »diesem Problem« meint Münkler nicht etwa die reale Situation der von sozialer Ent-Sicherung und gesellschaftlicher Desintegration betroffenen Menschen, sondern deren »Dummheit«.

Ich will nicht behaupten, dass es in Deutschland keine Dummheit gäbe. Die gibt es, manchmal sogar unter Professoren. Aber die Unzufriedenheit mit der herrschenden Politik derart pauschal auf Ahnungslosigkeit und Dummheit zurückzuführen – das beleidigt eben auch all jene, die dem Märchen von der »Alternativlosigkeit« mit guten Gründen nicht glauben. Und schlimmer noch: Viel leichter kann man es den Rattenfängern, die ihre rassistische Ideologie mit einem antielitären Gestus verbinden, nun wirklich nicht machen.

Dass Münkler – einer der gefragtesten Experten zu politischen Fragen – der Alternativlosigkeit auch noch ausdrücklich das Wort redet, muss niemanden wundern. Hier mit Bezug auf die Wahl vom 8. November 2016 in den USA: »Es gibt auch Situationen, in denen Alternativen gar nicht gegeben sind. Also, vielleicht war Frau Clinton die falsche Kandidatin gegen Trump. Gut, man kann sagen, der Umstand, dass Bernie Sanders als Gegenkandidat von Frau Clinton ihr so zu schaffen gemacht hat, war eigentlich ein Hinweis darauf, dass es eine sehr grundlegende Anti-Establishment-Stimmung in der amerikanischen Bevölkerung gibt, denn Sanders war ja auch ein Vertreter des Anti-Establishment, und dass man möglicherweise, wenn man jemanden gegen den Republikaner oder den Pseudo-Republikaner Trump stellt, der so sehr mit dem Establishment verbunden ist, einen Fehler macht. Aber das wissen wir alles im Nachhinein sehr viel genauer, als man das im Gefecht selber weiß.«

Mit »man« meint Münkler offensichtlich vor allem sich selbst und seine allzu zahlreichen Gesinnungsgenossen. Die (leider nur vereinzelten) Kommentatoren, die schon »im Gefecht«, also während des Wahlkampfs um die Kandidatennominierung der Demokraten, vor Clinton warnten und Sanders als Alternative erkannten[50], hat er offensichtlich ebenso wenig zur Kenntnis genommen wie die große Begeisterung für den nach dortigen Maßstäben linken Kandidaten in den USA selbst. Immerhin hatten die oft jungen Sanders-Unterstützer diese Bewegung zeitweise zu einer echten innerparteilichen Bedrohung für Hillary Clinton gemacht. Aber für Münkler gehörten sie damals wahrscheinlich zu denjenigen, »die populistisch wählen, ich vermute mal, ziemlich egal, ob links- oder neorassistisch«.

Münklers Aussagen spiegeln geradezu idealtypisch die gängige Ignoranz gegenüber den gesellschaftlichen Konflikten und Brüchen wider. So stellte der Soziologe Michael Hartmann mit Bezug auf Münkler fest: »Das ist eine herablassende Haltung, die bei Teilen der Elite in letzter Zeit immer häufiger zu beobachten ist.«[51] Wie sehr soziale Spaltungen im Gegensatz dazu den Aufstieg der AfD begünstigt haben, soll im Folgenden erläutert werden.

Partei der Abstiegsangst

Treffend beschreibt der Politikwissenschaftler Hajo Funke die AfD als »aggressive flüchtlingsfeindliche, oft rassistische ›Protest‹-Partei, die sich die berechtigten sozialen und politischen Enttäuschungen zu Nutze macht und sie für ihre Agitation gegen alles Fremde missbraucht«[52]. Und der eben erwähnte Soziologe Michael Hartmann fügte der Kritik an Münkler seine eigene Sichtweise hinzu: »Die Bevölkerung hat ein ganz gutes Gespür, wenn es um ihre eigene Lebenssituation geht. Man kann den Menschen zum Beispiel nicht immer wieder sagen, dass es

Deutschland heute viel besser geht als je zuvor, wenn sie das anders erleben. Sie können selbst kontrollieren, ob vom gestiegenen Bruttoinlandsprodukt wirklich etwas im eigenen Portemonnaie ankommt. (...) Es gibt einen berechtigten Wunsch nach Veränderung – und die Eliten sollten den ernst nehmen. (...) Sie sollten versuchen zu begreifen, warum Teile der Bevölkerung zu ihren Schlussfolgerungen kommen. Das hat im Kern nichts mit Dummheit zu tun, sondern mit ihrer realen Situation.« Und weiter: »Man muss den Leuten ja nicht nach dem Maul reden, so wie es manche von der CSU tun. Man muss auf die Ursachen schauen.«[53]

Mit anderen Worten: Nazis und Rassisten als »besorgte Bürger« zu bezeichnen, stellt zwar eine unzulässige Verharmlosung dar. Aber dass die Sorgen vieler Bürger ihnen in die Hände spielen, ist nicht zu bestreiten.

Es handelt sich also keineswegs um eine Beschönigung des Neorassismus, wenn man seine Erfolge auch auf die »berechtigten sozialen und politischen Enttäuschungen« zurückführt. Das gilt erst recht, wenn man den Begriff »sozial« nicht in einem allzu engen Sinn gebraucht. Es geht nicht darum, dass nur diejenigen »soziale Enttäuschungen« erleben, die mit einem zynischen Begriff als »sozial schwach« bezeichnet werden (als fehlte es ihnen durchweg an sozialen Kompetenzen und nicht an Chancen und Geld[54]). Um sie geht es natürlich auch. Aber was hier unter sozialen Brüchen verstanden wird und was dem Neorassismus so viel Zulauf verschafft, reicht weiter: Es geht bis weit in die Mittelschicht hinein um die Ent-Sicherung der Lebensverhältnisse und die daraus folgende Abstiegsangst.

Das sind also auf der einen Seite diejenigen, die unter prekären materiellen Bedingungen leben, ob mit oder ohne Arbeit. Ihre Lage, also die skandalöse Armut im reichen Deutschland, wird später noch ausführlich behandelt.[55] Hier geht es darum, dass sie bei der Wählerrekrutierung der AfD offensichtlich eine nennenswerte Rolle spielen. So hat das Deutsche Institut für Wirtschaftsforschung die Ergebnisse des »Sozio-oekonomischen Panels«, der umfassendsten Datensammlung zur Lage in Deutschland, unter dem Aspekt der politischen Präferenzen ausgewertet. Heraus kam: In keiner gesellschaftlichen Gruppe geben sich so viele Menschen als Anhänger der AfD zu erkennen wie bei Arbeitslosen (15 Prozent) und bei Arbeitern (11 Prozent).[56]

Michael Hartmann ergänzt: »In Regionen, in denen die AfD besonders populär ist, gibt es eine starke Deindustrialisierung und eine Verödung der Landstriche, zum Beispiel in Mecklenburg-Vorpommern. Dort werden dann Ausländer verantwortlich gemacht, obwohl es kaum welche gibt, und Flüchtlinge, obwohl die damit gar nichts zu tun haben. (…) In Mecklenburg-Vorpommern und Sachsen-Anhalt hängen die Erfolge der AfD klar mit der wirtschaftlichen Lage bestimmter Regionen zusammen. Im Westen Mecklenburg-Vorpommerns, dem es wirtschaftlich besser geht, wird die AFD nicht häufiger gewählt als im Nordwesten Baden-Württembergs.«[57]

Fast noch anschaulicher werden die soziale Ent-Sicherung und ihr Zusammenhang mit rechten Einstellungen, wenn man sich die »Statusakrobaten« anschaut, wie die Soziologin Natalie Grimm sie nennt. In einem Radiointerview beschrieb Grimm diese Gruppe so: »Das sind Leute, die zum Teil als Elternzeitvertretung, als Erzieherin im Kindergarten arbeiten und dann wieder erwerbslos sind. Oder auch Leute, die auf Provisionsbasis dänische Holzhäuser verkaufen und wieder erwerbslos sind. Dann vielleicht als Leiharbeiter irgendwo im Lager arbeiten.«[58] Fünf Jahre lang hat Grimm hundertfünfzig dieser Menschen begleitet, die sich oft zwischen den gängigen Zuordnungen »in sehr vielen Welten bewegen. Und quasi Salti schlagen oder Trampolinsprünge immer wieder rein in die Erwerbsarbeitswelt – und raus – vollziehen.« Ein Leben, das die Betroffenen keineswegs als Opferdasein empfinden, sondern »häufig selber als Kampf oder als Marathonlauf (beschreiben), wo sie sehr viel sportlichen Kampfgeist zeigen«.

So sieht es aus, wenn Menschen mit der Prekarisierung ihrer Lebensverhältnisse klarzukommen versuchen, für die nicht zuletzt Angela Merkels Politik verantwortlich ist. Aber was hat das mit dem Erfolg der AfD zu tun? Das lässt sich statistisch kaum erfassen, aber die Soziologin Grimm hat bei ihren Intensivinterviews festgestellt, dass ein Teil dieser Statusakrobaten – zum Glück nicht alle! – ein relativ hohes Abgrenzungsbedürfnis haben. »Deshalb vergleichen sie sich dann eben häufig mit den sogenannten Hartz-IV-Empfängern.« Und zwar in der Form, so Grimm weiter, »dass sie sagen: Ich bin nicht so wie die, ich leiste etwas, schaffe etwas. Da geht es ganz viel um Kämpfe, um Anerkennung, um Anrechte. Das führt schon zu einer großen Entsolidarisierung, auch ehrlich gesagt zu einem Treten nach unten.« Und auf die Frage, ob das die Empfänglichkeit für rechte Parolen und eine Politik des Ressentiments steigert, fügt sie hinzu: »Insofern würde ich schon sagen, dass genau die Statusakrobaten dafür empfänglich sind, weil sie Angst um ihre eigene Position haben, Angst um die Position ihrer Kinder.«

Man könnte auch sagen: Der Neoliberalismus, der den Wettbewerb in weiten Teilen an die Stelle einer kollektiven Absicherung von Grundbedürfnissen gesetzt hat, kommt »unten« als Konkurrenz um die begrenzten materiellen Ressourcen an – Sozialleistungen, Bildung, Erwerbsarbeit –, die diesen Personengruppen im Gefolge der langjährigen Umverteilung nach oben noch geblieben sind. Nicht bei allen führt das zu Ressentiments und Rassismus, natürlich nicht. Aber dass der Zwang zur »Statusakrobatik« einen Teil der Betroffenen anfällig macht für die Scheinlösungen der Neorassisten, ist sicher nicht aus der Luft gegriffen. Zumal viele der sogenannten Globalisierungsverlierer für die (ehemals) linken Parteien in Europa auf Dauer verloren sein dürften, wie der französische Soziologe und Philosoph Didier Eribon treffend bemerkt: »In Deutschland hat es in den vergangenen Jahrzehnten eine Prekarisierung der Arbeit gegeben. Und wie in Frankreich waren es auch in Deutschland die linken

Parteien unter Kanzler Schröder, die das politisch durchgesetzt haben. In Großbritannien hat die Labour-Regierung sich ebenfalls nicht um die Arbeiterklasse gekümmert, obwohl das eigentlich ihre Klientel sein müsste. Wenn man sich anschaut, wer für den Brexit gestimmt hat, dann deckt sich das mit den Gebieten, die von der Deindustrialisierung am stärksten betroffen waren.«[59]

Eribon folgert: »Die nationale Identität ersetzt die Arbeiteridentität«, und das gelte keineswegs nur für Großbritannien: »Marine Le Pen (die Vorsitzende der französischen Rechtspartei Front National) hat (…) gesagt: ›Wir sind diejenigen, die für die Arbeiterklasse kämpfen.‹ Die AfD in Deutschland und Ukip in Großbritannien machen das Gleiche.« Dabei, so Eribons Beobachtung, sei nicht die Existenz rassistischer Haltungen das Neue, sondern das Fehlen einer alternativen Organisationsform: »Rassismus hat es in der Arbeiterklasse leider schon immer gegeben, Homophobie übrigens auch. (…) Aber Jean-Paul Sartre schrieb: ›Im normalen Leben ist ein französischer Arbeiter zwar rassistisch. Aber sobald es einen Arbeiterstreik gibt, kommen selbst die Menschen zusammen, die sonst verfeindet sind.‹ Man muss den Arbeitern einfach einen Bedeutungshorizont geben, in dem Rassismus und Homophobie keine Rolle spielen.«[60]

Allerdings: Die Verunsicherung, die ja nur das Echo einer sehr realen Ent-Sicherung gesellschaftlicher Verhältnisse darstellt, reicht offensichtlich inzwischen über die Arbeiterklasse hinaus und bis weit in die berühmte Mitte der Gesellschaft hinein. Der Soziologe Heinz Bude hat das 2014 so zusammengefasst: »Die Jahrgänge des Nachkriegs, die bislang das Sagen hatten, waren noch von dem Gedanken geprägt, dass das Schlimme hinter ihnen lag. Die nach 1964 Geborenen hingegen haben das dumme Gefühl, dass das Schlimme erst noch kommt. Das ist die Angst vor einem trügerischen sozialen Frieden. (…) Früher hieß der stille Gesellschaftsvertrag ›Wer will, kann‹, heute lautet die allgegenwärtige Drohung ›Wer nicht aufpasst, rutscht‹.«[61]

In seinem Buch *Das Gefühl der Welt* beschreibt Bude den »heimatlosen Antikapitalismus«, mit dem ein Teil der Gesellschaft auf die »allgegenwärtige Drohung« reagiert: »Auf den kann man bei Facharbeitern von VW mit Mitgliedschaftsausweis von der IG Metall wie bei Ingenieuren aus den F&E-Abteilungen des Anlagebaus, bei Leistungsindividualisten aus Ostdeutschland wie bei arrivierten Konservativen aus Westdeutschland, unter Einelternfamilien mit ›prekärem Wohlstand‹ wie in Doppelverdienerhaushalten aus der Welt der ›high potentials‹ mit mehr als zwei Kindern treffen. Bei uns in der Firma, in meinem Betrieb, in unserer Familie und unter uns Einheimischen ist die Welt noch in Ordnung – aber da draußen tobt der Raubtierkapitalismus, der alles in Stücke reißt und dem nichts heilig ist. Wir kommen wohl noch zurecht. Aber wie unsere Kinder sich durchschlagen werden, das steht in den Sternen.«[62]

Was bleibt, ist ein stetiges Risiko, auf das die »politische Klasse« keine Antworten gibt. Heinz Bude: »Wir hatten geglaubt, durch schlaue Kalkulationen und rationale Investitionen das Kommando über unsere Zukunft selbst übernehmen zu können, und haben dabei gar nicht gemerkt, wie wir (…) mit unseren Schulden die Risiken für andere übernommen haben, die mit unseren Rückzahlungsversprechen wahnsinnige Wetten auf eine ungewisse Zukunft eingegangen sind. (…) Natürlich sind wir mit den Pensionsfonds fürs Alter und mit den Immobilienfonds fürs Angesparte selbst zu einem Teil des Systems der Selbstverwertung geworden, das augenscheinlich seine eigenen Risiken nicht mehr zu beherrschen vermag. Aber man hört von der politischen Klasse nur, dass es dazu keine Alternative gibt.«[63]

Dieses wahrhaftig begründete Gefühl der Verunsicherung muss sich natürlich nicht zwingend in eine Zustimmung zu neorassistischen Parteien verwandeln. Bei der Mehrheit geschieht das ja auch nicht, selbst wenn diese Parteien die angebliche »Alternative« sogar im Namen tragen. Aber für einen Teil der Enttäuschten funktionieren sie offensichtlich als Ventil. Und das nicht nur bei Arbeitslosen und Arbeitern, unter denen wie gezeigt überproportional viele AfD-Wähler zu finden sind. Im Durchschnitt scheint es der AfD-Wählerschaft wirtschaftlich sogar vergleichsweise gutzugehen.[64] Aber das beweist nur: Die sozialen Motive für den Zulauf zu den Neorassisten reichen weit über diejenigen hinaus, die bereits »abgehängt« sind.

National, neoliberal, unsozial: Was die AfD wirklich will

Keine Rolle spielt es offenbar für die AfD-Wählerschaft, dass die AfD an den sozialen Brüchen, die bis in die Mittelschicht hinein so bedrohlich wirken, nichts ändern würde, auch wenn sie könnte. Das zeigt schon ein kurzer Blick auf die politischen Inhalte, die sie vertritt: Neben der neorassistischen Ideologie steht nämlich ein radikaler Neoliberalismus.

Die AfD wurde am 6. Februar 2013 gegründet und erzielte bei der Bundestagswahl am 22. September des gleichen Jahres mit 4,7 Prozent einen Achtungserfolg. Aber damals, unter der Führung des Hamburger Wirtschaftsprofessors Bernd Lucke, beschränkte sich ihr Nationalismus noch weitgehend auf die Wirtschafts- und Währungspolitik: Die Partei versuchte sich in der paradoxen Strategie, einerseits die neoliberale Politik der Bankenrettung zu kritisieren und andererseits eine mindestens ebenso neoliberale Politik zu propagieren – nur eben auf nationaler statt auf europäischer Ebene.

Im Zentrum stand dabei ironischerweise genau das gleiche Motiv, das auch die Merkel'sche Wirtschaftspolitik prägt: »Wettbewerbsfähigkeit«. So sagte Lucke im April 2014: »Die Wettbewerbsfähigkeit der Länder Südeuropas hat sich nicht verbessert, denn die Exportpreise sind nach wie vor nicht gesunken.«[65] Der Satz hätte genau so auch von der Bundeskanzlerin stammen können – nur dass sie das neoliberale Credo im europäischen Rahmen durchsetzen will und Lucke im nationalen. Eine »Steigerung der Wettbewerbsfähigkeit« erreicht man dieser Ideologie zufolge durch Konkurrenz über den Preis, also Kostensenkung und damit Lohnverzicht sowie Sozialabbau: Dieses Rezept hatte die neue Rechtspartei mit der deutschen Kanzlerin von Anfang an gemeinsam. Und auch Merkels Politik der Bankenrettung, die die AfD immer so heftig kritisiert hat, diente und dient in Wahrheit keinem anderen Zweck, als das Modell der »marktkonformen Demokratie« am Leben zu erhalten.

Für Deutschland bedeutet Wettbewerbsfähigkeit nach Luckes Logik also im Grunde nichts anderes als für Angela Merkel auch. Die Einkommensteuer wollte die AfD (und will es bis heute) nach dem Modell des Ökonomen Paul Kirchhof umbauen, das auch Merkel noch 2005, in ihrem letzten offen marktradikalen Wahlkampf, vertrat – was auf einen Spitzensteuersatz von gerade einmal 35 Prozent hinauslaufen würde.[66] So radikal gibt sich die CDU-Vorsitzende zwar heute nicht mehr, aber ihr seit Jahren gepflegtes Credo »Keine Steuererhöhungen« (auch für die Vermögendsten nicht) folgt im Prinzip dem gleichen ideologischen Muster.

Besonders deutlich wird die neoliberale Ausrichtung der neuen Rechten am Beispiel der Erbschaftssteuer: Nicht nur Bernd Lucke setzt sich (mit seiner neugegründeten Splitterpartei »Allianz für Fortschritt und Aufbruch«, Alfa) für eine vollständige Abschaffung dieser Steuer ein[67], also für eine neue Milliardenentlastung großer Vermögen. Auch im Programm der AfD hat sich dieser Punkt bis heute gehalten.[68] Und wiederum gilt: Die Kanzlerin und ihre Partei gehen zwar nicht so weit, die Abschaffung der Erbschaftssteuer zu betreiben. Aber die Verschonung von Betriebsvermögen, die sie bei der Neuregelung 2016 durchgesetzt haben, läuft für viele Kapitalbesitzer praktisch auf das Gleiche hinaus.[69]

Auch bei der Rente würden sich die »kleinen Leute« wohl wundern, hätte die AfD je etwas zu sagen. So setzt sich ihr Bundessprecher Jörg Meuthen dafür ein, das solidarische Rentensystem nicht nur – wie alle Bundesregierungen seit Gerhard Schröder –

Stück für Stück auszuhöhlen und die künftigen Rentner per »Riester« zum Teil an den Kapitalmarkt zu verweisen. Der AfD-Mann geht auch hier den Weg des Neoliberalismus noch einen Schritt weiter: Er wolle »bei seinen Parteikollegen außerdem dafür werben, mit einem Vorschlag für einen ›Systemwechsel in der Rentenversicherung‹ in den Wahlkampf zu gehen«, meldete die Deutsche Presseagentur. »Er persönlich sei für eine Abkehr von der gesetzlichen Rentenversicherung hin zu einer ›staatlich erzwungenen privaten Vorsorge‹«.[70] Was nichts anderes bedeuten würde, als mit den wirtschaftlichen Risiken der Altersvorsorge allein die Individuen zu belasten und das solidarische Prinzip, dass alle Arbeitnehmerinnen und Arbeitnehmer für die Finanzierung der Renten aufkommen, endgültig zu begraben. Im Programm der AfD steht dazu nichts – also auch keine Absage an Meuthens radikale Pläne.

Es ist schon erstaunlich, dass sich eine Partei als Sachwalterin der »kleinen Leute« gegen die herrschende Politik verkaufen kann, die ebendiese Politik gegen die »kleinen Leute« fortsetzen und noch verschärfen will. Dass dies funktioniert, hat einen Grund: Es ist der AfD gelungen, die Unzufriedenheit statt auf die Herrschenden auf diejenigen Menschen zu lenken, die zum größten Teil vor der Gewalt und der Ungerechtigkeit, die sich mit dem kapitalistischen Modell der Globalisierung verbinden, zu uns geflohen sind. Vor allem deshalb, vor allem für ihre angeblich so liberale Flüchtlingspolitik, hassen die Gefolgsleute der AfD diese Kanzlerin – auch wenn die Ursachen für ihre Unzufriedenheit ganz woanders liegen. Große Teile der Unionsparteien verstärken dieses Ablenkungsmanöver durch flüchtlingsfeindliche Töne und Taten. Und die Hoffnung, dass die CDU-Vorsitzende ihnen in den Arm fallen würde, ist längst widerlegt. Auch sie beteiligt sich an dem gefährlichen Versuch, der AfD den Wind aus den Segeln zu nehmen, indem man ihre Parolen zum Teil imitiert und einige ihrer Forderungen selbst verwirklicht, gerade in der Flüchtlingspolitik (siehe das folgende Kapitel).

Jens Spahn vom rechten Flügel der CDU hat diese Strategie auf die Spitze gebracht, als er für seine Partei sogar die Urheberrechte an den Kernforderungen der Neorassisten beanspruchte, die sie mehr und mehr übernahm: »Mich nervt, dass unsere traditionellen Kernthemen – wie innere Sicherheit, Recht und Ordnung, Leitkultur – jetzt als angebliche AfD-Themen gelten. Dabei sind wir das Original!«[71]

Die Verwandlung der AfD in eine Partei des offen ausgrenzenden Nationalismus und des unverhohlenen neorassistischen Ressentiments begann mit der Abwahl des Vorsitzenden Bernd Lucke bei einem Parteitag im Juli 2015.[72] Luckes ökonomisch getriebenen Nationalismus vertritt die Partei zwar auch unter dessen Nachfolgern unverdrossen weiter. Aber sie hat dem nationalen Neoliberalismus die oben beschriebene, offen völkische Ideologie hinzugefügt, mit der sich das entsprechende Wählerpotenzial offensichtlich noch besser rekrutieren lässt.

Das Scheitern der NPD als Vorbild?

Obwohl die AfD während Angela Merkels dritter Kanzlerschaft immer weiter wuchs, gab es hier und da immer noch die Erwartung, dass sich die Partei mit ihrer neorassistischen Ausrichtung von selbst erledigen werde. Für diese Hoffnung gibt es – neben wenig erfolgreichen Erscheinungen wie der »Pro-Bewegung«[73] oder der »Schill-Partei«[74] – nur eine nennenswerte historische Referenz: die NPD. Sie verschwand nach einer kurzen Hochphase vor einem halben Jahrhundert wieder in der Bedeutungslosigkeit, von einzelnen Wahlerfolgen in Sachsen und Mecklenburg-Vorpommern abgesehen.[75] Aber gibt ihr Schicksal wirklich Aufschluss über die Chancen der AfD? Eher nicht.

Der Berliner Parteienforscher Oskar Niedermayer stellte kurz nach der Abwahl Bernd Luckes als AfD-Vorsitzender zutreffend fest: »Der Konflikt in der Partei ist jetzt ganz klar zugunsten des rechtskonservativen Flügels entschieden worden, der sich nur unscharf zum äußersten rechten Rand abgrenzt.«[76] Aber er fügte eine eher waghalsige Prognose hinzu: »Auf Bundesebene hat die Rumpf-AfD keine echte Chance. Eine Partei mit dieser Ausrichtung konnte noch nie Fuß fassen im deutschen Parteiensystem. Es gibt eine ganz klare Stigmatisierung von rechten Parteien aufgrund unserer nationalsozialistischen Vergangenheit. Der überwiegende Teil der Bevölkerung ist überzeugt, dass man den Anfängen wehren müsse. Die bürgerlichen Wählerschichten, die bisher vor allem aus einer ökonomischen, wirtschaftsliberalen Sicht heraus für die AfD gestimmt haben, wählen eine solche Partei nicht.«[77] Das könnte sich als schwerer Irrtum erweisen, denn die politische Situation im Vorfeld der Bundestagswahl 2017 bietet, wie gezeigt, keine Anhaltspunkte für die Richtigkeit von Niedermayers These. Vor allem dafür, dass die »ganz klare Stigmatisierung von rechten Parteien aufgrund unserer nationalsozialistischen Vergangenheit« bei der AfD noch wirkt, gibt es bisher keine Belege. Als Parallele zu heute mag dagegen die Tatsache gelten, dass auch der Aufschwung der NPD seinerzeit in die Phase einer übermächtigen Koalition aus Union und SPD[78] fiel, und hinzu kam sogar eine Rezession, die erste der bundesdeutschen Nachkriegsgeschichte.[79] Aber die Unterschiede zur Situation fünfzig Jahre später sind zu groß, um daraus ernsthaft Prognosen über ein Ende der AfD ableiten zu können.

Erstens betrieb das Bündnis aus Union und SPD (1966 bis 1969) zur Bekämpfung der Wirtschaftskrise eine Politik, die dem Verhalten der heutigen Regierung in Deutschland und Europa diametral widersprach[80]: Statt den Turbulenzen mit einem Spardiktat zu begegnen, das die Konjunktur noch weiter abgewürgt hätte, setzte Schwarz-Rot mit den Ministern Franz Josef Strauß (CSU, Finanzen) und Karl Schiller (SPD, Wirtschaft) auf Investitionen: »Plisch und Plum«, wie die beiden bald frei nach Wilhelm Busch genannt wurden[81], konzipierten zwei große Konjunkturprogramme, mit denen unter anderem in Bahn, Post und Wohnungsbau investiert[82] und die zuvor gestiegene Arbeitslosigkeit von seinerzeit als alarmierend empfundenen 2,1 Prozent (1967) auf 0,8 Prozent (1969) gesenkt werden konnte.[83] Zwar ist auch unter linken Ökonomen umstritten, ob solche Programme allein als Mittel der Konjunktursteuerung geeignet sind. Aber einig sind sie sich darin, dass die Stärkung der Binnennachfrage ein angemessener und notwendiger Aspekt der Wirtschaftspolitik sein kann und muss.[84] Genau dies aber wird von der Regierung Merkel seit mehr als einem Jahrzehnt weitgehend verweigert.

Der zweite Unterschied zur aktuellen Situation: Der verbreitete kleinbürgerliche Konservatismus, das Schweigen über die Nazi-Vergangenheit, die repressive Innenpolitik (Notstandsgesetze[85]) und nicht zuletzt der vom Bündnispartner USA geführte Vietnamkrieg riefen damals eine wirkmächtige studentische Protestbewegung hervor, die ein Gegengewicht zum Rechtsextremismus bildete: die »68er«.

Und drittens konnte die SPD bei der Bundestagswahl 1969 einen charismatischen Kandidaten präsentieren, der – obwohl aus der Großen Koalition heraus – die SPD mit seinem Demokratisierungsversprechen (»Mehr Demokratie wagen«) und seinen Konzepten für eine neue Ostpolitik als echte Alternative zur seit 1949 währenden Kanzlerschaft der CDU-Politiker Konrad Adenauer, Ludwig Erhard und Kurt Georg Kiesinger verkörperte: Willy Brandt.

Ein halbes Jahrhundert später ist die politische Situation in Deutschland von geradezu gegenläufigen Tendenzen geprägt: Die beiden »Volksparteien« halten an der Ideologie des Neoliberalismus im Kern gemeinsam fest und widersetzen sich nach wie vor einer konsequenten Investitionspolitik für Deutschland und Europa, obwohl die konjunkturelle Lage zumindest aus europäischer Perspektive nicht besser ist als 1966/67 in Deutschland. Nur einmal, auf dem Höhepunkt der Finanzkrise 2008, machte die große Koalition eine Ausnahme und stützte die Konjunktur mit Maßnahmen wie der »Abwrackprämie« sowie einiger Verbesserungen beim Kurzarbeitergeld. Aber an der grundsätzlichen Verweigerung notwendiger und langfristiger Investitionen ändert das nichts. Hinzu kommt heute: Eine gesellschaftliche Bewegung von links, die die soziale Frage mit der Verteidigung individueller Freiheit nach innen und friedlicher Konfliktbewältigung nach außen verbinden würde, ist nicht in Sicht. Und der aktuelle SPD-Kanzlerkandidat Martin Schulz hat noch lange nicht bewiesen, dass er einer solchen Bewegung überzeugend Gesicht und Stimme geben könnte. Er genießt zwar durch sein persönliches Auftreten einige Sympathien – aber dass er das Format und das Charisma eines Willy Brandt besitzt, muss bezweifelt werden.

Auch die Funktionsweisen der öffentlichen Debatte haben sich inzwischen radikal verändert: Der lange Zeit halbwegs haltbare Konsens, im Bewusstsein der deutschen Geschichte seien Rechtsstaat und Freiheitsrechte mit besonderer Sorgfalt zu erhalten, löst sich in dem Maße auf, in dem nationalistische und revisionistische Positionen an Boden gewinnen. Befördert wird dies durch die Schattenseiten, die die radikale Demokratisierung der Öffentlichkeit im Internet mit sich bringt. Diese Demokratisierung ist zwar unbedingt zu begrüßen, aber sie verschafft eben auch solchen Positionen Geltung, die in der medialen Welt des analogen Zeitalters einem im Konsens der »öffentlichen Meinung« aufgestellten Tabu unterlagen – und zwar mit Recht.

Sicher sind rassistische Extrempositionen, Geschichtsfälschungen und Lügen bei einer Mehrheit auch heute noch tabu. Aber diese Mehrheit kann die Inhalte der öffentlichen Debatte über ihre politischen Repräsentanten und »ihre« Medien eben nicht mehr alleine steuern. Das ist, was die breite Partizipation bei der Meinungsbildung betrifft, ein Fortschritt, und niemand sollte sich zurücksehnen nach der Zeit, in der die »Eliten« die öffentliche Meinung allein bestimmten. Aber die demokratische Öffentlichkeit – und damit vor allem die Medien – wird sich mit nationalistischen und revisionistischen Positionen wesentlich stärker auseinandersetzen müssen als bisher. Dies umso mehr, als eine solche Auseinandersetzung von der CDU unter Führung von Angela Merkel nicht zu erwarten ist. Und von einer SPD, die sich in der Gefangenschaft der großen Koalition befindet, auch nicht. Jedenfalls nicht in der notwendigen Eindeutigkeit und Intensität.

Schließlich eine letzte Bemerkung mit Blick auf die NPD: Ganz sicher kommt man der in diesem Kapitel skizzierten Renaissance des Rassismus nicht bei, indem man den äußeren rechten Rand des politischen Spektrums durch Parteiverbote zu bekämpfen versucht. Das Bundesverfassungsgericht hat solchen Versuchen im Januar 2017 bereits zum zweiten Mal die Grenzen gezeigt. Sein Urteil, mit dem der Antrag des Bundesrates auf ein NPD-Verbot verworfen wurde, lässt sich durchaus als Hinweis an die Gesellschaft lesen: Zwar wolle die NPD die demokratische Grundordnung der Bundesrepublik beseitigen. »Es fehlt jedoch an konkreten Anhaltspunkten von Gewicht, die eine Durchsetzung der von ihr verfolgten verfassungsfeindlichen Ziele möglich erscheinen lassen.« Parlamentarisch sei der Partei kein »bestimmender Einfluss auf die politische Willensbildung« zuzuschreiben. Und auch einer »nachhaltigen Beeinflussung der außerparlamentarischen politischen Willensbildung durch die NPD« stünden »deren niedriger und tendenziell rückläufiger Organisationsgrad sowie ihre eingeschränkte Kampagnenfähigkeit und geringe Wirkkraft in die Gesellschaft entgegen«.[86]

Das heißt: Eine Partei mag man auch mal verbieten können, wenn ihre »Wirkkraft« sich zur Bedrohung entwickelt. Zunächst aber gilt es, diese »Wirkkraft« zu mindern, indem man sie politisch bekämpft. »Der von der NPD vertretene Volksbegriff verletzt die Menschenwürde«, urteilte das höchste deutsche Gericht.[87] Und dieser »Volksbegriff« findet, solange er in der Gesellschaft einen Resonanzboden besitzt, seinen Weg in die politische Arena – mit oder ohne NPD. Dass sich der rassistische Volksbegriff der AfD von demjenigen der NPD nicht grundlegend unterscheidet, ist oben beschrieben worden. Und umgekehrt haben die Anhänger dieser Ideologie in der AfD zum großen Teil ihre neue Heimat gefunden.

Das hat nicht zuletzt die Wahl vom 4. September 2016 in Mecklenburg-Vorpommern gezeigt. Viele Wähler der NPD, die bis dahin im Landtag vertreten war, hatten offensichtlich kein Problem damit, zu der neuen »Alternative« zu wechseln: Die »Nationaldemokraten« halbierten sich gegenüber 2011 von sechs auf drei Prozent, das war ein Verlust von etwa 16 000 Stimmen.[88] Die Wählerwanderung von der NPD zur AfD war sogar noch größer als dieser Gesamtverlust, sie lag bei etwa 20 000. (Dass die NPD insgesamt 4000 Stimmen weniger verlor, als sie an die AfD abgab, ergibt sich aus den bescheidenen Zuwächsen, die sie im Gegenzug aus anderen Quellen gewann, besonders bei ehemaligen Nichtwählerinnen und -wählern.)[89]

Der Versuch, bei der Bekämpfung von Rassismus und Rechtsextremismus an seinen Strukturen statt an seinen Ursachen anzusetzen, ist also von vornherein zum Scheitern verurteilt. Genauso wie der Versuch, den Neorassisten durch ideologische und rhetorische Anpassung das Wasser abzugraben. Genau das allerdings tut die von Angela Merkel geführte Regierung an vielen Stellen, wie ich im folgenden Kapitel zeige. Die Kanzlerin hat es offenbar versäumt, bei Didier Eribon nachzulesen: »Wenn man die Sprache des Feindes spricht, hat der Feind gewonnen.«[90]

Die Legende von der Flüchtlingskanzlerin

Mindestens ebenso sehr wie der Aufstieg der AfD – und mit ihm oft verbunden – bestimmte das Thema Flucht und Migration die Debatten in der dritten Amtszeit von Angela Merkel als Kanzlerin. Fast alles wurde plötzlich im Zusammenhang mit der Zuwanderung gesehen: Terror und Alltagskriminalität, Bedrohung des Sozialstaats, fehlende Wohnungen, verrottende Schulgebäude und ungleiche Bildungschancen, Billiglöhne und Finanzkrise, der Zerfall Europas und vieles mehr. Einem Besucher aus einer fremden Galaxie hätte es erscheinen müssen, als seien alle Fragen und Probleme in diesem Land nur deshalb entstanden, weil es 2015 und Anfang 2016 außerordentlich viele Einwanderer bis nach Deutschland schafften.

Mitte 2016 lag die Zahl aller Flüchtlinge in Deutschland bei 2,2 Prozent der Gesamtbevölkerung – Neuankömmlinge, bereits anerkannte oder auch abgelehnte und nicht ausgereiste Asylbewerber zusammengenommen. Der Außerirdische aber müsste den Eindruck gewinnen, dass diese gut zwei Prozent – beziehungsweise die neu Angekommenen unter ihnen – das Reich der Kanzlerin Angela Merkel schlagartig verändert hätten. Große Teile der stillen und zufriedenen Herde, die sich jahrelang widerstandslos von den fetten Weidegründen des reichen Landes fernhalten ließ, gerieten derart in Aufruhr, dass der Außerirdische hätte meinen müssen, die gut zwei Geflüchteten unter hundert Bewohnern fräßen den Eingesessenen auch noch die Haare vom Kopf. Nicht etwa das jahrzehntelange Versagen dieser Kanzlerin in vielen Politikbereichen sei die Ursache der verbreiteten Verunsicherung und Wut – denn von diesem Versagen war ja fast nie die Rede –, sondern ausschließlich die vorübergehende Öffnung der Grenze im Spätsommer 2015.

Das Dumme ist: Diese wahrhaft »außerirdische« Sichtweise bestimmt die öffentliche Debatte in der Bundesrepublik, als wäre sie die einzig mögliche. Aber ist das wirklich so? Genau darum wird es in diesem Kapitel gehen. Zwei Thesen möchte ich der Fixierung auf das Flüchtlingsthema und seiner verzerrten Wahrnehmung entgegensetzen. Erstens: Angela Merkel hat – anders als ihre Fans und ihre rechten Feinde glauben – keineswegs eine dauerhafte Wende weg von der restriktiven Zuwanderungspolitik der vergangenen Jahrzehnte eingeleitet. Und zweitens: Die zweifellos vorhandenen Probleme und Konflikte, die mit Zuwanderung in einem vergleichsweise großen Ausmaß verbunden sind, müssten den gesellschaftlichen Frieden nicht gefährden – wenn ihnen mit einer entschiedenen Politik der Humanität und des sozialen Ausgleichs begegnet würde.

Übertreibungen und Fakten

Wer in dieser Weise für Offenheit in der Flüchtlingspolitik plädiert, setzt sich leicht dem Vorwurf aus, die negativen und bedrohlichen Begleiterscheinungen der Einwanderung verharmlosen zu wollen. Es könnten, heißt es dann meistens, »nicht alle zu uns kommen«, wenn wir die Akzeptanz in der Bevölkerung und den gesellschaftlichen Frieden nicht endgültig gefährden wollten.

Dazu drei Antworten, die eine Einordnung erleichtern sollen.

Erstens: Ende 2015 befanden sich nach Angaben des UN-Flüchtlingshilfswerks UNHCR weltweit 65,3 Millionen Menschen auf der Flucht.[1] Aber wie viele stellten irgendwo auf der Welt einen Asylantrag? 3,2 Millionen, Folgeanträge eingeschlossen. Es stimmt, dass Deutschland bei der Zahl der Asylsuchenden (890 000) und der tatsächlich gestellten Asylanträge (476 649)[2] 2015 weltweit an der Spitze lag. Aber dafür, die mehr als 60 Millionen Flüchtenden als Bedrohungsszenario an die Wand zu malen, gibt es keinen Grund. Von den insgesamt 65,3 Millionen »displaced persons« des Jahres 2015 waren 40,8 Millionen Binnenflüchtlinge, hatten also ihre Heimatländer gar nicht verlassen. Weitere 21,3 Millionen befanden sich bereits in der Obhut des UN-Flüchtlingshilfswerks UNHCR oder seines Gegenstücks für Palästinenser, UNRWA. Die große Mehrheit aller geflohenen Menschen, 86 Prozent, leben in sogenannten Entwicklungsländern. Und während sich an all dem auch 2016 nichts änderte, gelang es dem reichen Deutschland, die Zahl der neu ankommenden Flüchtlinge durch eine »erfolgreiche« Abschottungspolitik erheblich zu senken, und zwar um mehr als zwei Drittel auf 280 000.[3] Mit zynischem Stolz verkündete Innenminister Thomas de Maizière (CDU), der Rückgang zeige, »dass die Maßnahmen der Bundesregierung und der Europäischen Union greifen. (…) Es ist gelungen, das Migrationsgeschehen zu ordnen, zu steuern.«[4]

Der Zynismus erschließt sich noch deutlicher aus folgenden Rechenbeispielen: Die Zahl der Asylsuchenden lag 2015 wie gesagt – weltweit! – bei 3,2 Millionen, das waren knapp fünf Prozent aller registrierten Flüchtlinge. Stellt man sich einmal vor, dass »alle zu uns kommen« würden, wovon keine Rede sein kann, wären das 2015 pro tausend Einwohner Deutschlands etwa vierzig Personen gewesen – Wegzüge, die es in jedem Jahr gibt, nicht eingerechnet. Zum Vergleich: Im Libanon kamen 2015 auf tausend Einwohner 183 Geflüchtete. In der Türkei waren es etwa 37, und in Deutschland? Hier gab es wie erwähnt Mitte 2016 – nach der großen »Flüchtlingswelle«! – 22 Geflüchtete pro tausend Einwohner, und zwar Anerkannte, Geduldete und Neuankömmlinge zusammengerechnet.[5] Und damit soll die Bundesrepublik schon jetzt überfordert sein?

Zweitens: Die Aufnahme und Integration geflohener Menschen kostet Geld, ohne Zweifel. Die Schätzungen schwanken zwischen sieben und 55 Milliarden Euro[6], die meistgenannten

Zahlen liegen bei etwa 20 Milliarden Euro. Finanzminister Wolf-gang Schäuble bezifferte die im Jahr 2016 erbrachten »asylbe-dingten Leistungen des Bundes« auf 21,7 Milliarden Euro, Fi-nanzhilfen an die Länder bereits eingeschlossen.[7] Allerdings wurde dieses Geld keineswegs vollständig für die in Deutschland Ankommenden ausgegeben: Ein Drittel, 7,1 Milliarden Euro, floss für die internationale »Fluchtursachenbekämpfung«. Das mag sinnvoll ausgegebenes Geld sein, dient aber in der Regel ge-rade nicht der Aufnahme von Geflüchteten in Deutschland. Blei-ben 14,6 Milliarden Euro – durchaus eine gewaltige Summe, aber sie macht gerade einmal 4,6 Prozent des Bundeshaushalts aus.[8] Setzt man Gesamtausgaben von 20 Milliarden Euro für die in Deutschland angekommenen Flüchtlinge an und vergleicht sie mit dem vollständigen Etat des Staates (Bund, Länder, Gemein-den, Sozialversicherungen), dann ergibt sich ein Prozentsatz von nur 1,4 Prozent, wie das Institut für Weltwirtschaft (IfW) in Kiel errechnet hat.[9] Zudem weisen die Kieler Forscher darauf hin, dass die Ausgaben für Geflüchtete »aus ökonomischer Sicht als konjktureller Impuls durch den Staat zu sehen (sind), da sie in Investitionen und Konsum fließen«. Diesen Impuls beziffert das Institut auf 15 Milliarden Euro.

Der Präsident des Deutschen Instituts für Wirtschaftsforschung, Marcel Fratzscher, errechnete ein zusätzliches Wirtschaftswachs-tum von 0,3 Prozentpunkten im Jahr 2016: »Die staatlichen Leis-tungen für Geflüchtete wirken wie ein kleines Konjunktur-programm, denn ultimativ kommen sie vor allem deutschen Unternehmen und Arbeitnehmern durch eine höhere Nachfrage zugute.«[10] »Noch machten die Geflüchteten erst knapp ein Prozent der Erwerbstätigen aus«, zitierte die *Rheinische Post* den DIW-Chef weiter. »Langfristig aber ›könnte die Integration der Geflüchteten die deutsche Wirtschaftsleistung um 0,7 Prozentpunkte oder mehr erhöhen‹. Zwar würden Zuwanderer auch langfristig häufiger als Einheimische Nettoempfänger von staatlichen Leistungen sein, ›aber diese zusätzliche Wirtschaftskraft kommt allen zugute‹.«

Die Kieler IfW-Forscher zweifeln im Gegensatz dazu zwar daran, dass es durch die Zuwanderung von Geflüchteten »zu positiven Wohlfahrtseffekten für die heimische Bevölkerung kommt«. Von einer Verschlechterung gehen sie aber ebenfalls nicht aus. Sie haben bereits Ende 2015 eine Prognose bis zum Jahr 2022 gewagt und dabei mehrere Szenarien durchgespielt. Das teuerste ging davon aus, dass bis dahin jährlich eine Million Geflüchtete nach Deutschland kämen. Dann wären die Kosten von gut 25 Milliarden im Jahr 2016 auf etwa 55 Milliarden Euro im Jahr 2022 gestiegen, doch selbst das seien nur zwei Prozent des Bruttoinlandsprodukts und damit finanzpolitisch »zwar die größte Herausforderung seit der Wiedervereinigung, (…) im Verhältnis zur Wirtschaftskraft aber beherrschbar«. Das »günstigste« Szenario (die Flüchtlingszahl verharrt von 2018 an bei 360 000 pro Jahr) ergibt jährliche Kosten von etwa 25 Milliarden Euro. Und noch eine Variante ist in der Studie enthalten: Erhöhte man die Ausgaben pro Flüchtling von 13 000 Euro pro Person und Jahr auf 14 000 Euro und verwendete das zusätzliche Geld für weitere Maßnahmen zur Integration in den Arbeitsmarkt, dann wären die Kosten zwar anfangs höher, verringerten sich aber bis 2022 (bei 360 000 Zuwanderern pro Jahr) von 25,5 auf 21,9 Milliarden Euro, weil mehr Geflüchtete ihren Lebensunterhalt selbst verdienen könnten.[11]

Diese Beispiele illustrieren: Dass sich ein Staat, der viele Milliarden für die Rettung von Banken übrig hatte, die Flüchtlinge finanziell nicht leisten könne, ist ein Märchen. Und eines kommt noch hinzu: Die Prognosen, nach denen Zuwanderung und Integration durchaus finanzierbar sind, basieren allesamt auf einer Fortsetzung der in der Ära Merkel betriebenen Finanzpolitik. Ergänzte man sie durch eine Variante, bei der der Staat die größten Vermögen und die höchsten Einkommen angemessen an der Finanzierung seiner Aufgaben beteiligte, dann hätten sich die Debatten über den angeblich so hohen Preis einer humanen Flüchtlingspolitik längst erledigt. Und allen echten oder aus politischem Kalkül genährten Befürchtungen, die Alteingesessenen müssten zugunsten der Geflüchteten auf etwas verzichten, wäre der Boden entzogen. Die Zuwanderung könnte zum Startsignal werden für eine Politik, die endlich wieder entschlossen investiert: in Bildung, Jobs, Sozialleistungen, Wohnungen, Bahnverbindungen, digitale Netze und vieles andere – und zwar für alle, ob alteingesessen oder neu hinzugekommen.

Ein Leichtes wäre es dann auch, einem Vorschlag aus der Linkspartei zu folgen. Unter anderem die Vorsitzende Katja Kipping hat gefordert, die Flüchtlingspolitik mit einer »Sozialgarantie« zu flankieren: »In Anbetracht der Bankenkrise gingen Angela Merkel und Peer Steinbrück gemeinsam an die Öffentlichkeit und sprachen eine Garantie für Bankeinlagen aus. Diese Garantie nahm der Verunsicherung über die Bankenkrise die Spitze. Nun ist es an der Zeit, dass Angela Merkel und ihr jetziger Vizekanzler Sigmar Gabriel zusammen an die Öffentlichkeit treten und belastbar Sozial- und Rentenkürzungen ausschließen. Solch eine Sozialgarantie kann helfen, Rassismus, Pegida, AfD und Co. das Wasser abzugraben. Natürlich wird eine Sozialgarantie nicht rassistische Überzeugungen über Nacht verschwinden lassen. Allerdings befördern soziale Garantien eine gesellschaftliche Stimmung, in der es Menschenfeinde schwerer haben.«[12]

So weit die beiden ersten Antworten auf die überdimensionierte Wahrnehmung der Probleme mit Zuwanderung: Weder ist der »Ansturm« so massiv, wie oft unterstellt wird, noch überfordern die Geflüchteten die materiellen Möglichkeiten der Bundesrepublik. Aber da ist noch ein dritter Punkt: Die Einwanderung von Menschen aus anderen Kulturen löst offensichtlich bei vielen Einheimischen etwas aus, das man »kulturelles Befremden« nennen könnte, verbunden mit der Angst um die eigene Art zu leben, bis hin zur Furcht vor Kriminalität und Terror. Und das nicht nur bei denjenigen, die über gefestigte rassistische oder sonstwie menschenfeindliche Weltbilder verfügen.

Auch hier gilt: Es wäre dumm, wollten die Fürsprecher einer großzügigen Flüchtlingspolitik die Konflikte und Risiken verschweigen. Der Terrorist, der am 19. Dezember 2016 auf dem Weihnachtsmarkt am Berliner Breitscheidplatz zwölf Menschen tötete, war ein tunesischer Emigrant, das ist schließlich keine Erfindung. Genauso wenig wie die Tatsache, dass es vorwiegend Männer nordafrikanischer Herkunft waren, die mit sexualisierter Belästigung bis hin zur Vergewaltigung die Kölner Silvesternacht 2015/2016 für viele Frauen zu einem schrecklichen, traumatischen Erlebnis machten.

Um die Debatten zur »inneren Sicherheit« und zur Vorbeugung gegen Gewalt soll es im nächsten Kapitel gehen.[13] Aber diese Debatten drehen sich längst nicht mehr nur um mehr Polizei und mehr Videoüberwachung, und um Prävention durch Bildung, Wohnungsversorgung und Sozialarbeit drehen sie sich leider schon gar nicht. Es geht vielmehr um jenes Gefühl der »gesellschaftlichen Obdachlosigkeit«, von dem Heinz Bude spricht.[14] Und dieses Gefühl macht sich eben nicht nur an materiellen Sorgen fest, sondern auch am vermeintlichen Verlust kultureller Gewissheiten und persönlicher Sicherheit.

Kulturelle Entfremdung und die Politik mit der Angst

Dass die Begegnung mit Menschen aus anderen Kulturen zu Irritationen führt, ist zunächst ein natürlicher Reflex: Männer, die Frauen den Handschlag verweigern; Frauen, die sich verschleiern; Eltern, die ihren Töchtern den Schwimmunterricht verbieten möchten – all das kann in der Tat zunächst zu einem Gefühl der Fremdheit und der Verunsicherung führen. Erst recht, wenn die Bedrohungsgefühle durch Nachrichten über Zwangsverheiratungen und Vergewaltigungen, über Kleinkriminalität, »Ehrenmorde« und Terroranschläge zusätzliche Nahrung erhalten.

So entstehen Zweifel, ob der gesellschaftliche Friede angesichts der Zuwanderung vieler Menschen aufrechtzuerhalten, ob die vielbeschworene Integration überhaupt möglich sei. Wenn die Zahlen des Instituts für Demoskopie Allensbach stimmen, schätzten 71 Prozent der Befragten ein Jahr nach der vorübergehenden Grenzöffnung von 2015 die Integrationschancen negativ ein: 50 Prozent sahen sie als »weniger gut« an und 21 Prozent als »gar nicht gut«. Nur insgesamt 21 Prozent antworteten mit »gut« (20) oder »sehr gut« (ein Prozent).[15] Und unter den AfD-Wählern hat die Furcht vor »Islamisierung« und Kriminalität eine überwältigende Mehrheit: 96 Prozent von ihnen sind der Meinung, »dass der Einfluss des Islam jetzt zunimmt«, und 91 Prozent glauben, »dass die Kriminalität wächst«.[16]

Nicht alles an solchen Ängsten ist automatisch schon »rechts« – das sollten diejenigen, die für eine großzügige Aufnahme plädieren, nicht vergessen. Zumindest ein Teil der Zweifelnden wäre wohl noch zu überzeugen, dass es andere Antworten gibt als die von Rassisten genährte Illusion, eine Rückkehr zu einer ethnisch und kulturell homogenen Gesellschaft sei möglich. Zum Beispiel dadurch, dass Behörden und Gerichte sich erkennbar um einen Ausgleich zwischen staatlichen und religiösen Regeln bemühen, wie das zum Beispiel der Europäische Gerichtshof für Menschenrechte Anfang 2017 tat: Er bestätigte die Entscheidung der Schweizer Behörden, dass ein muslimisches Mädchen am Schwimmunterricht teilnehmen muss, dabei aber einen »Burkini« tragen darf.[17] Ganz ähnlich hatte bereits 2013 das deutsche Bundesverwaltungsgericht entschieden.[18]

Weder Fakten, die die Befürchtungen zumindest relativieren könnten, noch die gelegentlich kluge Abwägung zwischen rechtsstaatlichen Ansprüchen und religiösen Überzeugungen werden allerdings ausreichen, um den Bedrohungs- und Entfremdungsgefühlen entgegenzuwirken – auch wenn sie manche Vorstellungen überzeugend widerlegen. Nicht einmal eine Sozialpolitik, die Abstiegsängsten vorbeugen und dem Gerechtigkeitsgefühl der Gesellschaft gerecht zu werden versuchte, würde das schaffen – so notwendig sie ist. Denn hier geht es um Gefühle, denen Fakten und Ideen eben manchmal nicht gewachsen sind. Wie groß die Diskrepanz zwischen Wirklichkeit und Wahrnehmung sein kann, zeigt sich zum Beispiel daran, dass die Deutschen im Schnitt den Anteil der Muslime an der Bevölkerung maßlos überschätzen: Auf 21 Prozent wurde er Ende 2016 in einer Umfrage im Schnitt taxiert – in Wahrheit liegt er bei fünf Prozent.[19]

Sicher kann man solchen Vorstellungen trotz allem mit Fakten und Analysen zu begegnen versuchen. Man kann erwähnen, dass für Dschihadisten wie für Rassisten gleichermaßen gelten dürfte, was der Soziologe Matthias Quent zum Zusammenhang zwischen sozialer Situation und Radikalisierung geschrieben hat: Er bestehe »im Kern aus dem Widerspruch zwischen der offiziellen Realität und der Alltagsrealität der Menschen. Erstere ist konstruiert durch unsere Werte, Politik und Medien, und zu ihr gehören Versprechen wie Freiheit, Gleichheit, Brüderlichkeit (…). Stattdessen erleben die Menschen Chancenungleichheit und soziale Ungerechtigkeit, Kränkungen und Diskriminierungen. Diese Widersprüche verlangen nach Rechtfertigung, nach Rationalisierung – zum Beispiel durch die Pseudolehre des Rassismus, der eine angeblich natürliche Ungleichwertigkeit von Menschen attestiert und somit versucht, den sozialen Problemen einen Sinn zu geben.«[20] Was ja nichts anderes als einen Appell an die politisch Verantwortlichen darstellt, »Werten wie Freiheit, Gleichheit, Brüderlichkeit« wieder spürbare Geltung zu verschaffen.

Man kann – ohne die Verbrechen der Kölner Silvesternacht zu beschönigen – darauf hinweisen, dass in Deutschland jedes Jahr siebentausend bis achttausend Frauen vergewaltigt werden. Und zwar in den meisten Fällen von Freunden, Bekannten und Verwandten.[21]

Man kann – auch das, ohne den Terror von Berlin oder Paris zu relativieren – an andere Opfer erinnern. Zum Beispiel an die die Rekordzahl von mehr als fünftausend Flüchtenden, die allein 2016 vor allem im zentralen Mittelmeer ertranken[22], während Angela Merkel sich, ohne diese Toten zu erwähnen, der segensreichen Wirkung des EU-Türkei-Abkommens auf die östliche Mittelmeeroute rühmte: »Es ist, seitdem wir dieses Abkommen haben, so gut wie niemand mehr in der Ägäis ertrunken.«[23]

Man kann auf die Verantwortung der herrschenden Politik verweisen: Lange Zeit mochte die Weltgemeinschaft nicht einmal das Geld aufbringen, um die Geflüchteten in Lagern außerhalb Europas mit ausreichend Nahrung zu versorgen. Deutschland gehört zwar hier zu den größten »Geberländern«, immerhin: Bei einer Syrien-Geberkonferenz sagte die Bundesregierung Anfang 2016 2,3 Milliarden Euro für die Jahre 2016 bis 2018 zu[24], und die Bundesrepublik übertraf bereits 2015 den »fairen Beitrag«, den die Hilfsorganisation Oxfam für jedes Land berechnet hatte, um gut 50 Prozent[25]. Aber die Hilfe kam spät, und sie kam erst, als die Zustände in den libanesischen und jordanischen Lagern oder in der Türkei längst viele Flüchtlinge zum erneuten Aufbruch getrieben hatten, weil die Weltgemeinschaft auch bei dieser humanitären Mindestaufgabe kläglich versagt und nicht mal das Geld für anständige Nahrungsmittelrationen aufgebracht hatte.[26]

Und schließlich kann man darauf hinweisen, dass Migration zum festen Bestandteil der Globalisierung geworden ist, von der ein Land wie Deutschland so stark profitiert wie kaum ein anderes auf der Welt. Die weitaus meisten Migranten machen sich auf den Weg, weil sie die negativen Folgen des globalen Neoliberalismus zu spüren bekommen: von der eklatant ungleichen Verteilung der Globalisierungsgewinne bis zu den Kriegen, die auf das Ende der globalen Nachkriegsordnung folgten. Für diese Fluchtursachen ist – nicht alleine, aber zu großen Teilen – eine Politik verantwortlich, die die Globalisierung nach dem neoliberalen Muster des totalen Wettbewerbs betreibt, Waffenlieferungen in Krisengebiete eingeschlossen. Und daraus entsteht die Verantwortung, wenigstens einen Teil der Konsequenzen zu tragen.

Dass also auch Deutschland für die wachsenden Migrationsbewegungen und deren Bewältigung eine politische, humanitäre sowie moralische Verantwortung trägt, und dass es nicht überfordert wäre, würde es dieser Verantwortung auch tatsächlich gerecht – das sollte eigentlich unumstritten sein. Aber die Angst vor Fundamentalismus, Kriminalität und Terror ist damit noch lange nicht aus der Welt, und niemand wird sie den Menschen in Deutschland und Europa einfach so ausreden können. Selbst viele derjenigen, die für eine offene Flüchtlingspolitik eintreten, sind davon sicher nicht frei. Die Konflikte, die mit Zuwanderung verbunden sind, werden wir aber nicht »abschieben« können. Wir müssen uns ihnen stellen, und das können wir auch.

Damit es nicht beim bloßen Appell bleibt, ist die Politik gefragt. Zunächst einmal mit einer entschiedenen und ausreichend finanzierten Integrationspolitik. Und dann könnte sie, statt mit immer neuen Gesetzen die Illusion von der totalen »inneren Sicherheit« zu nähren[27], die Risiken benennen, ohne Angst zu schüren. Natürlich kann sie auch mal Gesetzeslücken unter Wahrung rechtsstaatlicher Prinzipien schließen. Aber die Fixierung auf einen immer weiteren Ausbau repressiver Maßnahmen vernachlässigt nicht nur die Prävention, sondern der hektische Aktionismus in der »Sicherheitspolitik« ist geeignet, das Gefühl der allgegenwärtigen Bedrohung – das in dieser Form trotz allem übertrieben ist – noch zu steigern.

Eine Politik, die die Risiken und Konflikte benennt, ohne sie zu überzeichnen, begänne schon bei den Schwerpunkten, die die Verantwortlichen in der öffentlichen Debatte setzen. Dazu würde beispielsweise der Hinweis gehören, dass entschlossene Attentäter die letzten wären, die sich durch eine restriktive Asylpolitik an ihren Taten hindern ließen. Auch wenn Verbrecher wie Anis Amri, der Attentäter vom Breitscheidplatz in Berlin, oder die Gewalttäter von Köln als Flüchtlinge nach Europa gekommen sind: Der religiös verbrämte Terror hat viele Ursachen, aber von der Zahl der Flüchtenden hängt er sicher nicht ab. Amri zum Beispiel war längst in Italien, als die große Fluchtbewegung des Jahres 2015 über die Balkanroute begann. Wer Terroristen zuverlässig fernhalten wollte, müsste Europa noch radikaler einmauern, als die Politik das jetzt schon tut. Und eine Mauer an sämtlichen Stränden Südeuropas verlangt nicht einmal die AfD. Ganz abgesehen davon, dass der Terrorismus seinen Nachwuchs längst auch unter den Einwandererkindern in den vernachlässigten Problemvierteln europäischer Städte rekrutiert.

Das heißt nicht, dass die Herkunft von Tätern aus falsch verstandener Korrektheit verschwiegen werden sollte. Wenn sie für das Verständnis der Zusammenhänge eine Rolle spielt, kann und muss darauf hingewiesen werden. Etwas anderes ist es aber, etwa tausend Männer, die vorsorglich kontrolliert werden sollten, voreilig als »nordafrikanische Intensivtäter« zu verunglimpfen. Genau das nämlich geschah, als die Kölner Polizei eine eintreffende Gruppe in der Silvesternacht 2016/2017 pauschal als »Nafris« bezeichnete. Die Abkürzung steht offensichtlich im internen Jargon für »nordafrikanische Intensivtäter« oder zumindest »nordafrikanische Straftäter« (»Arbeitsprojekt NAFRI« nannte sich schon seit 2013 eine Arbeitsgruppe der Kölner Polizei, bei der es ausdrücklich um Straftäter ging[28]). Zwei Wochen waren nach dieser Kölner Nacht vergangen, als die Polizei zugeben musste: Nur bei einem kleinen Teil der Männer, denen pauschal das Etikett »Nafri« verpasst worden war, hatte es sich wirklich um Nordafrikaner gehandelt. Viele der Männer kamen offenbar aus Syrien, Afghanistan und dem Irak.[29]

Ein AfD-Politiker würde auf diese Kritik an voreiligen ethnischen Etikettierungen vielleicht antworten, es sei schließlich egal, ob »unsere Frauen« von Nordafrikanern bedroht werden oder von Flüchtlingen aus anderen Regionen. Darauf allerdings kann man nur antworten: Sehr richtig, es geht um (möglicherweise bevorstehende) Verstöße gegen das Recht und nicht um diese oder jene Nationalität. Aber gerade deshalb ist es so schäbig, eine Situation, aus der heraus nach Einschätzung der Polizei Straftaten drohen, frühzeitig einer bestimmten Menschengruppe zuzuschreiben. Denn das ist genau das Verhalten, das gruppenbezogene Vorurteile noch befördert.

So schrieb die Journalistin Teresa Bücker: »Wenn die Silvesternacht von Köln der Anlass ist, um über Kriminalität zu sprechen, dann haben wir jetzt die Chance auf eine breite Debatte über sexualisierte Gewalt, die sich als gesellschaftliches Problem durch alle Gruppen zieht. (...) Dass die Gesellschaft in Deutschland sich nun vermehrt mit Sexismus in migrantischen Milieus beschäftigen will, ist zudem gut, da am Ende einer konstruktiven Debatte nur eine bessere Integrationspolitik als Lösung stehen kann.

Dass insbesondere männliche Publizisten die Herkunft der Täter betonen, dient aber allzu oft auch der Rückversicherung, dass mit dem Frauenbild herkunftsdeutscher Männer alles zum Besten steht. Doch so ist es nicht. Nicht die Behauptungen von Feministinnen, sondern Studien, die von offiziellen deutschen und europäischen Stellen beauftragt wurden, belegen, dass sexualisierte Gewalt und Belästigung für Frauen zum Alltag gehören.«[30]

Die Publizistin Hilal Sezgin fasste die Verlogenheit der Diskussionen »nach Köln« zutreffend zusammen: »Es ging in der Debatte im Grunde nie um das Thema, das eigentlich hätte im Vordergrund stehen müssen: die sexuelle Gewalt. Reflexhaft wurden die Vorfälle mit der Asyldebatte, der Flüchtlingskrise und der Migrationspolitik insgesamt in Verbindung gebracht. (...) Die Debatte um die Vorfälle in der Silvesternacht ist durch und durch rassistisch.«[31]

Mit Rechtsstaat und auch mit konsequenter Strafverfolgung hat eine solche Debatte nichts zu tun. Wenn es Anzeichen für drohende Straftaten gibt, dann genügt das, um einzugreifen – ob blond oder braunhaarig, ob Nordafrika oder Nahost. Und wenn sich herausstellt, dass geplante oder vollendete Straftaten mit der Herkunft der Verdächtigen in Zusammenhang stehen, dann kann das auch in der Öffentlichkeit eine Rolle spielen. Aber erst dann. An den Möglichkeiten, Straftaten zu verhindern oder zu verfolgen, würde ein solches rechtsstaatliches Verhalten in der öffentlichen Kommunikation nichts ändern.

Der Kölner Polizeipräsident hat sich später von der pauschalen Stigmatisierung durch die Verwendung des Begriffs »Nafri« distanziert.[32] Aber es bleibt dabei, dass dieser Vorfall ein Schlaglicht geworfen hat auf die längst alltägliche, leichtfertige Verknüpfung von Herkunft mit Kriminalität.

Wie man eine solche Stimmung auf subtile Weise noch schürt, hat nach dem Berliner Terroranschlag vom 19. Dezember 2016 auch die deutsche Bundeskanzlerin persönlich vorexerziert. In ihrer Erklärung vom nächsten Tag – der Täter war noch nicht ermittelt – sagte Angela Merkel: »Ich weiß, dass es für uns alle besonders schwer zu ertragen wäre, wenn sich bestätigen würde, dass ein Mensch diese Tat begangen hat, der in Deutschland um Schutz und Asyl gebeten hat.«[33] Die Kanzlerin ergänzte diesen Satz zwar mit dem Hinweis, dass es gerade Geflüchtete träfe, wenn einer von ihnen der Mörder gewesen wäre: »Dies wäre besonders widerwärtig gegenüber den vielen, vielen Deutschen, die tagtäglich in der Flüchtlingshilfe engagiert sind, und gegenüber den vielen Menschen, die unseren Schutz tatsächlich brauchen und die sich um Integration in unser Land bemühen.«[34] Aber dass der Tod von zwölf Menschen »für uns alle besonders schwer zu ertragen wäre«, weil der Mörder keiner von »uns« gewesen ist – das stellt eine geradezu perfide Anleihe bei denjenigen dar, die eine offene Flüchtlingspolitik mit Hinweis auf ihre teils schrecklichen Begleiterscheinungen voll und ganz delegitimieren wollen, indem sie die Schwere von Straftaten nach der Herkunft der Täter sortieren.

Nicht weniger problematisch ist es übrigens, wenn mehr oder weniger linke Politikerinnen oder Politiker glauben, der abweisenden Stimmung ebenfalls Tribut zollen zu müssen – auch wenn sie das tun, um potenzielle AfD-Wähler »abzuholen« und für eine demokratische, linke Politik zu interessieren. Zu ihnen zählt SPD-Kanzlerkandidat Martin Schulz, der im Zusammenhang mit den Taten von Köln die Formulierung »unsere Frauen« gebrauchte und später ausdrücklich verteidigte: »Wenn eine gut organisierte Gruppe von jungen Männern Frauen angreift, muss man das beim Namen nennen.«[35] »Unsere Frauen«: Das ist genau der Jargon, den die Neorassisten verwenden, um so zu tun, als spielte die Herkunft des Opfers irgendeine Rolle, wenn man das Verbrechen angemessen »beim Namen nennen« will.

Zu denjenigen, die mit Anleihen bei der Sprache der Rechten arbeiten, zählt vor allem auch Sahra Wagenknecht. Die Fraktionsvorsitzende der Linkspartei im Bundestag hat sich mehrmals in einer Weise geäußert, die jedenfalls den Anspruch verfehlte, den von den Neorassisten geschürten und zugleich ausgenutzten Abwehrreflexen eine Kultur der Offenheit entgegenzusetzen. »Wer Gastrecht missbraucht, der hat Gastrecht eben auch verwirkt«, sagte Wagenknecht kurz nach der Kölner Silvesternacht 2015/2016[36] – wohl wissend, dass ausländische Straftäter in einem Rechtsstaat zwar bestraft, nicht aber einfach abgeschoben werden können; zum Beispiel dann nicht, wenn ihnen im Herkunftsland akute Gefahr für Leib und Leben droht. Dieses Prinzip sollten fortschrittliche Parteien verteidigen und nicht durch vage Formulierungen in ein »Gastrecht« umdefinieren, das der Willkür des »Gastgebers« unterliegt. Wenig später kam eine vorsichtige Distanzierung, wenn auch nicht vom Inhalt: Der Satz sei manchen »furchtbar aufgestoßen«, sagte Wagenknecht, deshalb werde sie ihn nicht wiederholen.[37]

Nach dem Berliner Anschlag vom 19. Dezember 2016 folgten allerdings weitere Aussagen der Fraktionsvorsitzenden, die auch in der eigenen Partei auf massiven Widerspruch stießen. In einem Interview mit dem *Stern* hielten die Fragesteller Wagenknecht vor: »Sie haben Merkels Satz ›Wir schaffen das‹ als ›leichtfertig‹ bezeichnet und der Kanzlerin vorgeworfen, viele Flüchtlinge erst ins Land gelockt zu haben. Das ist populistisch.« Antwort: »Nein, das ist die Wahrheit. Natürlich waren die unkontrolliert offenen Grenzen damals ein Anreiz.«[38]

Warum ist das zu kritisieren? Sehen wir einmal davon ab, dass die politische Konkurrenz die Gelegenheit für maßlose Hetzparolen nutzte: CDU-Generalsekretär Peter Tauber, in dieser Hinsicht immer weit an der Spitze, bezeichnete gleich die ganze Linkspartei als »rote AfD«[39]. Das ist so unsinnig, wie es unfair ist, denn Wagenknecht hatte – im klaren Gegensatz zu den Neurechten – die eigentlichen Fehler des Merkelismus klar und differenziert benannt: »Wenn unter demokratischem Vorzeichen lange Zeit Politik nur für Reiche und gegen die sozialen Interessen der Mehrheit gemacht wird, wenden die Menschen sich ab«, sagte sie in dem *Stern*-Interview, oder auch: »Merkel hatte keinen Plan und kein Konzept, das war letztlich schlimmer als nur leichtfertig. Ihre Politik hat viel Unsicherheit und Ängste erzeugt und die AfD groß gemacht.«

Dennoch trifft es zu, dass Wagenknecht sich immer wieder in gefährliche Nähe zu bestimmten Denkmustern der Rechten begibt. In diesem Fall mit dem Vorwurf, einen »Anreiz« zur Flucht geschaffen zu haben: Er entspricht der rechten Logik, die so tut, als entstünde Flucht nach Europa dadurch, dass die Menschen von uns angelockt werden.

Die Strategie der Linken-Fraktionsvorsitzenden besteht offensichtlich darin, potenzielle Rechtswähler von linker Politik zu überzeugen. Das zeigt sich auch in ihren Antworten auf den Vorwurf des »Populismus«: »Bedeutet Populismus einfach nur, dass man verständlich argumentiert, dass man die Menschen tatsächlich auch ernst nimmt in ihren Interessen, in ihren Bedürfnissen, auch in ihren Ängsten, in ihrer Verunsicherung und dass man versucht, ihnen deutlich zu machen, was sich ändern muss, damit sie ein besseres Leben haben, dann ist das für mich nicht Populismus, sondern das ist eigentlich der Anspruch demokratischer Politik.«[40] Dem ist nicht zu widersprechen. Aber es entkräftet nicht die Kritik, dass Sahra Wagenknecht den Ansatz zu weit treibt, wenn sie – wie mit der Parole vom »Anreiz« – der Denk- und Sprechweise der Neurechten derart entgegenkommt, dass diese sich am Ende bestätigt fühlen müssen. Für eine andere, weltoffene Politik gewinnen wird man sie auf diese Weise sicher nicht. Schon deshalb sollten linke Politiker jede Anleihe bei der rechten Propaganda vermeiden und die Warnung des bereits zitierten Didier Eribon befolgen: »Wenn man die Sprache des Feindes spricht, hat der Feind gewonnen.«[41]

Die negativen, teils gefährlichen Begleiterscheinungen der Zuwanderung sind nicht zu relativieren. Aber bei nüchterner Betrachtung und dem entsprechenden politischen Willen könnte die Regierung Merkel die Migration als Signal verstehen für eine andere, bessere Politik. Statt des Versuchs, sich die Menschen vom Leib zu halten, ginge es darum, die »Botschaft« zu begreifen, die die Geflohenen aus den Armuts- und Kriegsregionen dieser Welt zu uns transportieren. Sie lautet: Wir müssen uns den Krisen endlich stellen – und zwar sowohl dort, wo sie die Menschen in den Aufbruch treiben, als auch hier, wo ein kleiner Teil der Flüchtenden Zuflucht sucht. Wir müssen sie nicht alle mögen. Wir müssen es auch nicht dulden, wenn eine Minderheit unter ihnen gegen humane Werte verstößt oder gar Verbrechen begeht. Wir müssen uns nicht freuen über die materiellen wie immateriellen Kosten, die durch die Aufnahme von Flüchtlingen zunächst einmal entstehen. Aber dennoch müssen wir uns dieser Aufgabe stellen, statt so zu tun, als ließe sich die Wirklichkeit verdrängen, indem wir den Geflohenen die Tür zu weisen versuchen.

Von der Abschottung zur Öffnung – und zurück

Genau das allerdings tut Angela Merkel. Sie war und ist eine führende Vertreterin der unrealistischen und inhumanen Abschottungspolitik, die Deutschland und Europa inzwischen seit Jahrzehnten betreiben. Daran hat ihr einmaliger Beschluss, die Grenze vorübergehend zu öffnen, nichts geändert – entgegen einer weit verbreiteten Legende. Um das zu verstehen, ist ein Rückblick auf den Herbst des Willkommens, seine Vorgeschichte und sein bitteres Ende vonnöten.

Am Freitag, den 4. September 2015, entschied die deutsche Bundeskanzlerin spätabends gemeinsam mit ihrem österreichischen Kollegen Peter Faymann, die Grenzen für Flüchtlinge zu öffnen, die in Ungarn gestrandet waren. Das klingt nicht übermäßig spektakulär, und doch hat sich längst die Lesart durchgesetzt, dass dieser Tag der wichtigste in der dritten Kanzlerschaft der Angela Merkel, ja vielleicht in ihrer ganzen Amtszeit seit 2005 gewesen sei. So konnte zum Beispiel die *Zeit*, die die Ereignisse knapp ein Jahr später in einem insgesamt informativen Dossier rekonstruierte, mit großen Worten kaum an sich halten: »Es ist eine historische Entscheidung, weil sie die Geschichte teilt, in ein Vorher und ein Nachher. Jene drei Tage Anfang September 2015, die man schon kurze Zeit später als ›Merkels Grenzöffnung‹ bezeichnen wird, als ›zweiten Mauerfall‹ gar, markieren eine Zäsur in ihrer Kanzlerschaft.«[42]

Richtig daran ist: Es hat sich etwas verändert. Aber das ist nicht die Politik der Kanzlerin Merkel, sondern eine öffentliche Wahrnehmung, die zu dieser Politik in einem erstaunlichen Widerspruch steht. Merkel hat ihren Status als unangefochtene Mutter der Nation ausgerechnet dadurch eingebüßt, dass sie dieses eine Mal eine humanitäre Geste wagte – aus welchen Gründen auch immer. Weder die längst vollzogene Rückkehr zur Abschottungspolitik, noch ihre blamable Politik auf anderen Feldern, auf die in den folgenden Kapiteln noch einzugehen sein wird, hat für Bewegung in der bundesdeutschen Gesellschaft gesorgt. Eine mächtige Bewegung für mehr Gerechtigkeit und gesellschaftliche Integration, die die gewesene »Mutti« in Bedrängnis bringen könnte, ist nicht in Sicht. Im Gegenteil: Merkels Versagen auf den Feldern der Wirtschafts- und Sozialpolitik spielt in den öffentlichen Debatten heute eine fast noch geringere Rolle als vor der Wahl von 2013 oder vor der Grenzöffnung von 2015. Die Auseinandersetzung mit den eigentlichen Fehlern dieser Kanzlerin wurde durch das alles beherrschende Flüchtlingsthema noch weiter in den Hintergrund gedrängt. Dabei muss gerade dieses langfristige Versagen als tiefere Ursache für die Vergiftung des gesellschaftlichen Klimas gesehen werden, und nicht die Zuwanderung.

Dass die Flüchtlinge zur Projektionsfläche für alles und jedes geworden sind, hat zu einer vorher ungekannten Polarisierung geführt, auch was die Person der Bundeskanzlerin betrifft: Die einen sehen die Migrantinnen und Migranten als die Schuldigen für alles Elend, die anderen erheben Merkel wegen der Grenzöffnung zur Ikone der Freiheit und der Humanität. Und beide gemeinsam ignorieren dabei nicht nur die weitgehend verfehlte Wirtschafts-, Sozial-, Gesellschafts- und Außenpolitik der Ära Merkel, sondern sie nehmen nicht einmal zur Kenntnis, dass die Regierungschefin und mit ihr die ganze deutsche Politik längst zurückgekehrt ist zur zynischen Abschottungsstrategie der früheren Jahre. Und dass sie die Aufregung nutzte, um die Asylregeln in vielfacher Weise noch zu verschärfen. Die einen zetern, die anderen jubeln, aber am Kern des Merkelismus – sowohl in der Flüchtlingspolitik als auch sonst – zetern und jubeln sie vorbei.

Noch einmal: Das heißt selbstverständlich nicht, dass das Flüchtlingsthema zu vernachlässigen wäre. Natürlich ist nicht zu bestreiten, dass Zuwanderung in einer bestimmten Größenordnung Politik und Gesellschaft vor erhebliche Aufgaben stellt. Natürlich funktioniert die Ankunft vieler Menschen aus anderen Kulturen nicht ohne Konflikte. Und natürlich befinden sich unter diesen Menschen nicht ausschließlich arme Kriegsopfer, die zwar traumatisiert sind, aber umstandslos und gesetzestreu ans Werk gehen, um sich hier ein neues Leben aufzubauen – sondern auch religiöse Eiferer, Kriminelle und sogar Terroristen.

All das erfordert eine Menge Arbeit und Geld, zweifellos, und gerade wer sich für eine offene Zuwanderungspolitik einsetzt, sollte das nicht verschweigen. Insoweit ist übrigens der Bundeskanzlerin kein Vorwurf zu machen: Sie sprach unter anderem bei der »Sommerpressekonferenz« am 31. August 2015, als ihr

Satz »Wir schaffen das« das Licht der Welt erblickte, von einer »riesigen Herausforderung«[43]. Und sie bettete die inzwischen berühmt gewordene Parole sogar in ein politisches Versprechen ein: »Deutschland ist ein starkes Land. Das Motiv, mit dem wir an diese Dinge herangehen, muss sein: Wir haben so vieles geschafft – wir schaffen das! Wir schaffen das, und dort, wo uns etwas im Wege steht, muss es überwunden werden, muss daran gearbeitet werden. Der Bund wird alles in seiner Macht Stehende tun – zusammen mit den Ländern, zusammen mit den Kommunen –, um genau das durchzusetzen.«[44] Das Problem ist nur: Merkels Regierung hat dieses Versprechen nicht gehalten. »Wir schaffen das« ist zur weitgehend hohlen Parole geworden, weil der deutsche Staat gerade nicht »alles in seiner Macht Stehende« getan hat – jedenfalls nicht im Sinne einer liberalen Asylpolitik, im Gegenteil.

Ja, es handelt sich um eine große, vielleicht auch eine »riesige Herausforderung«. Und dennoch ist die Rolle, die das Flüchtlingsthema – vor allem mit seinen negativen Begleiterscheinungen – in der öffentlichen Debatte spielt, maßlos überdimensioniert. Warum ist das so?

Jene Septembernacht, in der die Bundesregierung beschloss, die über Ungarn ankommenden Flüchtlinge nach Deutschland einreisen zu lassen, hat eine lange Vorgeschichte. Und ohne sie ist der Druck, der damals entstanden war, nicht zu erklären. Sie besteht vor allem darin, dass erst Deutschland und dann – nach deutschem Muster – Europa zu einer Festung ausgebaut wurde. Jahrelang glaubten erst Helmut Kohl und später Angela Merkel sowie ihre zahlreichen Gesinnungsgenossen in den Hauptstädten der EU, sich die Konflikte dieser Welt vom Leibe halten zu können – zumindest die Menschen, die diesen Konflikten zu entfliehen versuchen. Entsprechend sah die Politik aus, die vor allem Deutschland seit Anfang der neunziger Jahre betrieb. Und, wie sich inzwischen gezeigt hat, längst wieder betreibt: Merkels Herbst der Offenheit war keine Wende. Er war nicht mehr als ein kurzes Zwischenspiel, und längst ist es beendet, weil alle Welt glaubt, den neuen Rechten das Wasser abgraben zu können, indem man ihre Politik betreibt.

Von »Asylkompromiss« bis »Dublin III«: 25 Jahre Flüchtlingsbekämpfung

»Die Grenze der Belastbarkeit ist überschritten. Die Situation hat sich dramatisch zugespitzt. Wenn jetzt nicht gehandelt wird, stehen wir vor der Gefahr einer tiefgehenden Vertrauenskrise gegenüber unserem demokratischen Staat, ja – ich sage es mit Bedacht –, eines Staatsnotstandes. Die Menschen erwarten von uns schnell Lösungen, und zwar Lösungen, die greifen, die dem Missbrauch des Asylrechts wirksam einen Riegel vorschieben.«[45]

Dieses Zitat stammt nicht aus dem Jahr 2015 und auch nicht von dem CSU-Politiker Alexander Dobrindt, obwohl man das annehmen könnte (Dobrindt 2015: »Die Grenzen der Belastbarkeit sind erreicht, dieses Signal muss unmissverständlich ausgesendet werden. (...) Jetzt sind wirksame Maßnahmen nötig, um den Zustrom zu stoppen.«[46]). Es war vielmehr Helmut Kohl, Bundeskanzler und CDU-Vorsitzender, der bei einer Parteitagsrede am 26. Oktober 1992 wegen des »massenhaften Zustroms« von Flüchtlingen den »Staatsnotstand« an die Wand zu malen beliebte. Kohl tat das übrigens schon damals mit Blick auf die künftige Vorreiterrolle der Bundesrepublik bei der Abschottung Europas: »Liebe Freunde, wiederum muss man sich die Zahlen klarmachen: Innerhalb der Europäischen Gemeinschaft kommen rund 60 Prozent aller Asylbewerber nach Deutschland. Das Problem des massenhaften Zustroms kann nur im Rahmen gemeinsamer europäischer Anstrengungen auf der Grundlage der Genfer Flüchtlingskonvention gelöst werden.«[47]

Die Zahl der Asylbewerber, schon 1991 mit etwa 256 000 auf einem Rekordhoch, war im Jahr 1992 noch einmal deutlich gestiegen und lag am Ende bei 438 191.[48] Der Fall der Mauer und die Öffnung der europäischen Grenzen hatten bereits für einen Anstieg gesorgt, und ab 1991 kam der Krieg im zerfallenden Jugoslawien hinzu. Von dort kamen 1992 26,3 Prozent der Geflüchteten, aus Rumänien noch einmal 23,7 Prozent, vor allem Roma.[49] Wie heute begegnete ein Teil der alteingesessenen Bevölkerung den Zugewanderten mit Hass und Gewalt – die Bilder aus Rostock-Lichtenhagen, wo unter dem Applaus der Menge ein Asylbewerberheim brannte, waren zwei Monate vor Kohls Parteitagsrede um die Welt gegangen. Und wie heute fiel den Regierenden nichts Besseres ein, als Rassisten und Randalierern entgegenzukommen und den Zugang nach Deutschland zu erschweren.

So entstand der »Asylkompromiss«, der am 26. Mai 1993 verabschiedet wurde – mit Zustimmung der SPD-Führung und der Mehrheit ihrer Abgeordneten, ohne die die Grundgesetzänderung zur beinahe vollständigen Abschaffung des Asylrechts nicht möglich gewesen wäre.[50]

Genau darum nämlich handelte es sich: um die weitgehende Abschaffung des Rechts auf Asyl. Seit ihrem Inkrafttreten 1949 hatte die Verfassung der Bundesrepublik, entstanden aus den Erfahrungen der Nazi-Diktatur, in schnörkelloser Schönheit ein eindeutiges Versprechen gegeben: »Politisch Verfolgte genießen Asylrecht«, lautete Artikel 16, Absatz 2, Satz 2 des Grundgesetzes.[51] Dieser Satz wurde mit dem Asylkompromiss zwar nicht gestrichen, sondern als erster Absatz in den neuen Artikel 16a aufgenommen – allerdings nur, um gleich anschließend durch massive Einschränkungen entwertet zu werden.

Die erste Einschränkung findet sich in Absatz 2: »Auf Absatz 1 kann sich nicht berufen, wer aus einem Mitgliedstaat der Europäischen Gemeinschaften oder aus einem anderen Drittstaat einreist, in dem die Anwendung des Abkommens über die Rechtsstellung der Flüchtlinge und der Konvention zum Schutze der Menschenrechte und Grundfreiheiten sichergestellt ist. Die Staaten außerhalb der Europäischen Gemeinschaften, auf die die Voraussetzungen des Satzes 1 zutreffen, werden durch Gesetz, das der Zustimmung des Bundesrates bedarf, bestimmt.«[52] Damit war das System der »sicheren Drittstaaten« eingeführt. Faktisch bedeutet es: Wer die letzte Etappe seiner Flucht auf dem Landweg bewältigt hat, ist ohne Chance. Denn die Bundesrepublik ist ausschließlich von solchen Ländern umgeben, die offiziell als »sichere Drittstaaten« gelten.

Die zweite Einschränkung formuliert der dritte Absatz des neuen Artikels 16a: »Durch Gesetz, das der Zustimmung des Bundesrates bedarf, können Staaten bestimmt werden, bei denen auf Grund der Rechtslage, der Rechtsanwendung und der allgemeinen politischen Verhältnisse gewährleistet erscheint, dass dort weder politische Verfolgung noch unmenschliche oder erniedrigende Bestrafung oder Behandlung stattfindet. Es wird vermutet, dass ein Ausländer aus einem solchen Staat nicht verfolgt wird, solange er nicht Tatsachen vorträgt, die die Annahme begründen, dass er entgegen dieser Vermutung politisch verfolgt wird.« Auf Deutsch: Wer aus einem Land flieht, das sicher »erscheint« beziehungsweise bei dem die Regierung das »vermutet«, wird von vornherein dem Verdacht ausgesetzt, entgegen seinen Angaben nicht verfolgt zu sein. Seine Chancen auf ein angemessenes Asylverfahren sinken gegen Null. Das ist das Prinzip der »sicheren Herkunftsländer«, zu denen die Regierung Merkel immer mehr Staaten rechnet; so zum Beispiel in Nordafrika – obwohl es erhebliche Zweifel an der Sicherheit vor Verfolgung in Ländern wie Marokko gibt.[53]

Entgegen einem verbreiteten Missverständnis ging es auch vor 1993 nach dem alten Asylrecht nicht darum, jeden Flüchtling in Deutschland aufzunehmen. Sondern um die Frage, ob sie das Recht auf eine ordentliche Prüfung ihres Asylanspruchs haben oder nicht. Genau dieses Recht ist durch den Asylkompromiss von 1993 bis zur Unkenntlichkeit ausgehöhlt. Konrad Weiß, Abgeordneter für Bündnis 90/Die Grünen, fasste die Grundgesetzänderung damals treffend zusammen: »Politisch Verfolgte genießen Asylrecht, aber nicht in Deutschland.«[54]

Gut vier Jahre später folgte dann die von Kanzler Kohl bereits angemahnte Übertragung des deutschen Musters auf die Europäische Gemeinschaft, heute Europäische Union. Am 1. September 1997 trat das kurz zuvor in der irischen Hauptstadt vereinbarte »Dubliner Übereinkommen« in Kraft, dessen wichtigste Regel bis heute gilt: »Wird auf der Grundlage von Beweismitteln oder Indizien (…) festgestellt, dass ein Antragsteller aus einem Drittstaat kommend die Land-, See- oder Luftgrenze eines Mitgliedstaats illegal überschritten hat, so ist dieser Mitgliedstaat für die Prüfung des Antrags auf internationalen Schutz zuständig.« So steht es auch in der 2013 verabschiedeten Neufassung der Verordnung (»Dublin III«), die seit Anfang 2014 Gültigkeit hat[55], und das heißt im Klartext: In die Bundesrepublik »illegal« einzureisen – also ohne ein Visum, das sich viele Flüchtende ohnehin nicht besorgen können –, ist auch nach europäischem Recht so gut wie unmöglich, denn Deutschland ist ausschließlich von Dublin-Staaten umgeben (die Schweiz, obwohl nicht EU-Mitglied, hat sich dem Abkommen angeschlossen).

Zwei Jahrzehnte lang sorgte dieses System dafür, dass Deutschland sich weitgehend abschotten konnte. Das ging allerdings auf Kosten der Staaten, die über das Mittelmeer oder auch über die östlichen Landgrenzen der EU zu erreichen sind. Sie sind nach den Dublin-Regeln verpflichtet, die Asylverfahren durchzuführen – und die Geflüchteten zurückzunehmen, wenn sie nach Deutschland weitergereist sein sollten. Und als Begleitmusik herrschte in Deutschland der hohe Ton der Flüchtlingsabwehr, längst bevor die Syrer in großer Zahl vor dem Krieg in ihrer Heimat flohen. Zuletzt richtete er sich – wieder einmal – gegen die Menschen aus dem ehemaligen Jugoslawien, zum Beispiel aus Serbien und Mazedonien: »Wir können es nicht dulden, dass die Visafreiheit für diese Länder zu verstärktem Asylmissbrauch führt«, verkündete die CSU im Jahr 2012.[56] Sie forderte deshalb eine Beschleunigung der Verfahren (sprich: der Ablehnungen). Mit den eiskalt technokratischen Worten des damaligen Innenministers Hans-Peter Friedrich (CSU): »Abwicklung innerhalb kürzest möglicher Zeit bleibt das Ziel.« Die erwünschten Schlagzeilen kamen prompt: »Friedrich will Roma-Zustrom aufhalten«. Und die Kanzlerin widersprach ihrem Minister nicht. Der »Zustrom« aus beiden Ländern bestand übrigens aus genau 13 023 Asylanträgen für das ganze Jahr 2012 – bei 80 Millionen Einwohnern in Deutschland.

Tatsächlich handelt es sich bei den Roma aus dem ehemaligen Jugoslawien um »Wirtschaftsflüchtlinge« – wenn man denn unter einem »Wirtschaftsflüchtling« jemanden versteht, der unter Ächtung durch seine Umwelt und praktisch ohne Chance, seinen Lebensunterhalt zu verdienen, in einem ghettoartigen Lager lebt[57] und diesen Zuständen zu entkommen sucht. Wenigstens einen Winter lang, bis das reiche Deutschland ihn wieder nach Hause schickt. Aber im herrschenden Diskurs steht »Wirtschaftsflüchtling« für etwas anderes, nämlich für »keine Chance«: Zwar werden die Roma zum Beispiel in Serbien »wie eine minderwertige Rasse betrachtet und behandelt«, so der Soziologe Dario Hajri.[58] Aber das reicht für Asyl in Deutschland noch lange nicht. Mit viel Glück wird ein »Wirtschaftsflüchtling« zumindest vorübergehend nicht abgeschoben, weil die Genfer Flüchtlingskonvention auch bei Verfolgung wegen »Zugehörigkeit zu einer bestimmten sozialen Gruppe« einen gewissen Schutz vorsieht. Auf die Sicherheit, als Asylberechtigter auf Dauer bleiben zu dürfen, können sogenannte »Wirtschaftsflüchtlinge« allerdings nicht hoffen. Deshalb verwenden deutsche Innenpolitiker diesen Begriff so gern, und es sind genau diese von konservativen Politikern geschürten Ressentiments, die dann zur Legitimation einer geradezu menschenverachtenden Politik genutzt werden können.

Zurück zu »Dublin«: Selbst dieses System verbietet es keinem Land, seine humanitäre Verantwortung aus eigenem Antrieb zu übernehmen. Laut »Dublin III« kann »jeder Mitgliedstaat beschließen, einen bei ihm von einem Drittstaatsangehörigen oder Staatenlosen gestellten Antrag auf internationalen Schutz zu prüfen, auch wenn er nach den in dieser Verordnung festgelegten Kriterien nicht für die Prüfung zuständig ist«[59]. Genau das hat Angela Merkel für diesen einen, kurzen Moment im September 2015 getan.[60] Inzwischen allerdings ist die Kanzlerin längst zurückgekehrt zu der menschenverachtenden Politik der Abschottung, die sie auch vorher bereits betrieben hat. Und das Erstaunliche ist: Die Debatten in Deutschland verlaufen überwiegend so, als hätte es Merkels Rückkehr zur »Flüchtlingsbekämpfung« nie gegeben.

Das gilt einerseits für die Neorassisten und ihre Anhänger, die so tun, als seien Europas Grenzen sperrangelweit offen: »Eine Völkerwanderung historischen Ausmaßes fordert Europa heraus. (…) Die überkommene Politik der großzügigen Asylgewährung im Wissen um massenhaften Missbrauch führt (…) zu einer rasanten, unaufhaltsamen Besiedelung Europas, insbesondere Deutschlands, durch Menschen aus anderen Kulturen und Weltteilen«, heißt es im AfD-Programm.[61] Und auf der liberalen Seite der Gesellschaft dominiert erstaunlicherweise die gleiche Ansicht, nur mit umgekehrten Vorzeichen: Selbst Ban Ki-moon, bis Ende 2016 Generalsekretär der Vereinten Nationen, bescheinigte Merkel einen »super Job«: »Ich möchte ihre großzügige Reaktion auf die Flüchtlingskrise, ihre humane politische Führung sowie die Solidarität Deutschlands und seiner Bürger mit den Flüchtlingen in diesem und im letzten Jahr loben«, sagte er im März 2016.[62] Da war die Wende rückwärts längst im Gange: Es war exakt der Tag, an dem der Europäische Rat den Weg frei machte für den »Flüchtlingsdeal« mit der Türkei, auf den gleich noch näher einzugehen sein wird.[63]

Warum aber gab es bei der deutschen Kanzlerin diesen einen Moment der Umkehr? War es einfach Mitleid mit den Menschen, die sich bis Ungarn durchgeschlagen hatten? Oder gab es andere Motive? Die Frage würde sich verbieten, hätte Merkel den Anfang September 2015 eingeschlagenen Kurs der Offenheit beibehalten, getragen von der großartigen Hilfsbereitschaft in großen Teilen der Bevölkerung. Aber das hat sie eben nicht. Der humanitäre Impuls währte nur kurz, und deshalb ist es legitim, die Motive genauer zu hinterfragen.

Die vorübergehende Wende erfolgte unter dem massiven Druck der Ereignisse, den die angebliche »Flüchtlingskanzlerin« zuvor jahrelang kaltblütig ignoriert hatte. Noch im April 2015, als mindestens fünfhundert Flüchtende bei einem einzigen Schiffsunglück im Mittelmeer ertrunken waren[64], gab es nicht das geringste Signal der Öffnung. Dabei wäre es zu diesem Zeitpunkt vielleicht noch möglich gewesen, eine geordnete Aufnahme zustande zu bringen, die der späteren Verunsicherung und Empörung über das chaotische Geschehen von vornherein den Boden entzogen hätte – und damit auch den Neorassisten, die die ungeordnete Einreise im Herbst 2015 bis heute für ihre Propaganda nutzen.

In einem Leitartikel der *Frankfurter Rundschau* habe ich in jenen Apriltagen 2015 skizziert, wie Angela Merkel sich an die Spitze einer humanitären Wende hätte stellen können: »Der Dimension, die das Verrecken im Mittelmeer angenommen hat, würde nichts anderes gerecht als die radikale Abkehr von einer Politik, die sich – in Worten und in Taten – der tausendfach unterlassenen Hilfeleistung mit Todesfolge schuldig macht. Wer den Zynismus spüren möchte, muss sich auf ›bundesregierung.de‹ ansehen, wie Merkel sich im Februar zum Sterben im Mittelmeer äußerte. Schock? Trauer? Anteilnahme? Ach was: ›In der Tat ist die Situation auf dem Mittelmeer auch sehr unbefriedigend.‹ Ja, das wird relativ unbefriedigend sein, kläglich zu ersaufen, weil Europa das Geld nicht ausgeben wollte, das die inzwischen eingestellte Rettungsaktion ›Mare Nostrum‹ gekostet hat: neun Millionen Euro im Monat. Die deutsche Politik aber zackert über das Geld, das Flüchtlinge ja in der Tat kosten, wenn man sie nicht lieber verrecken lässt. Sie ergeht sich in Überlegungen, wer ›wirklich‹ Aufnahme braucht und wen man – schneller! – abschieben sollte. Sie versteckt sich hinter Ressentiments der Bürger, die sie selbst schürt mit ihrer Abwehrpolitik. Hört damit endlich auf, wenn Humanität irgendetwas gilt!«

Dieser Kommentar vom April 2015 enthielt über den allgemeinen Appell hinaus auch einen Vorschlag: »Deutschland legt ein Programm zur Aufnahme von einer Million Flüchtlingen bis Ende 2016 auf. Die Bundesregierung schwärmt aus in Städte und Kreise, um bei Politikern und Bürgern dafür zu werben, und sie bringt das nötige Geld gleich mit. Alle Parteien verpflichten sich, nicht weiter den Asylverfahren vorzugreifen, indem sie ständig zwischen ›guten‹ und ›schlechten‹ Flüchtlingen unterscheiden. Mare Nostrum wird sofort wieder aufgenommen, Berlin schießt das Geld dafür vor. Die Bundesregierung schafft wo möglich in den Herkunftsländern die Voraussetzungen, vor Ort Asylanträge zu stellen. Länder, in denen das unmöglich ist – etwa Syrien –, werden (im Gegensatz zum Abwehrkonzept der ›sicheren Drittstaaten‹) zu besonders relevanten Herkunftsländern erklärt. Unrealistisch? Zu groß? Zu teuer? Das alles würde einen Bruchteil der Bankenrettung oder der Bundeswehr kosten. Es zu unterlassen, das wäre die eigentliche ›humanitäre Katastrophe‹. Es wäre, es ist ein Verbrechen gegen die Menschlichkeit.«[65]

Tatsächlich waren es am Ende nicht eine Million, sondern knapp 1,2 Millionen Flüchtlinge, die 2015 und 2016 in Deutschland aufgenommen wurden. Aber wie viel Chaos und Unruhe hätte man sich ersparen können, hätte man diese Aufnahme rechtzeitig aktiv und geordnet betrieben!

Stattdessen hielt Merkels Regierung so lange am Dubliner Abschottungsmechanismus fest, bis es gar nicht mehr anders ging. Noch am Vormittag des 4. September 2015 verkündete ihr Sprecher Steffen Seibert ganz im Sinne dieser Abwehrpolitik, Ungarn habe »die rechtlich verbindliche Pflicht«, die Flüchtlinge »ordnungsgemäß zu registrieren, zu versorgen und die Asylverfahren unter Beachtung der europäischen Standards in Ungarn selbst durchzuführen«[66]. Das war der Hinweis auf Dublin – ein sehr fragwürdiger allerdings, denn Ungarn war offensichtlich nicht der EU-Staat, den die über das Mittelmeer Geflüchteten als ersten betreten hatten. Die brutale Logik der Dublin-Verordnung hätte es erfordert, sie alle – zumindest für das eigentliche Asyl-verfahren – ins ohnehin überlastete Griechenland oder nach Italien zurückzuschicken.

Das heißt: Noch ziemlich genau zwölf Stunden vor der Grenzöffnung versuchte die Bundesregierung, sich der Flüchtlingsaufnahme unter Hinweis auf Dublin zu entziehen, und das auch noch mit einer zumindest fragwürdigen Interpretation der europäischen Regeln. Selbst die Aussage der CDU-Vorsitzenden am frühen Freitagabend lässt sich noch als Hinweis auf Dublin verstehen und nicht unbedingt als Aufnahmeangebot. Denn es sind die Verantwortlichen in Ungarn, denen ihre Ermahnung gilt: »Es ist schwierig zu sehen, dass diejenigen, die vor 24 Jahren für uns die Grenze aufgemacht haben, nun sehr hart sind zu denen, die erkennbar vor Not geflohen sind.«[67]

Heute besteht kaum ein Zweifel daran, dass die in den Stunden danach gefällte Entscheidung, die Grenze vorübergehend zu öffnen, zu einem erheblichen Teil dem Druck aus Budapest geschuldet war. Dort hatte Ministerpräsident Viktor Orbán entschieden, die über eine Autobahn marschierenden Flüchtlinge und die an einem Bahnhof in Budapest Wartenden mit Bussen in Richtung Österreich zu bringen. Erst danach, am späten Abend des 4. September 2015, einigte sich die deutsche Kanzlerin mit ihrem österreichischen Amtskollegen Peter Faymann darauf, die Grenzen für diese Flüchtenden vorübergehend zu öffnen. Treffend fasste die *Zeit* ein Jahr später zusammen: »Man kann die Marschierer nur mit Gewalt aufhalten, davon sind Merkel und ihre Leute überzeugt, mit Wasserwerfern, Schlagstöcken, Reizgas. Es käme zu Tumulten und zu schrecklichen Bildern. Merkel fürchtet solche Bilder. Deren politische Wucht. Sie ist überzeugt, Deutschland halte solche Bilder nicht aus.«[68]

Wenn das stimmt – wogegen nichts spricht –, dann ist der humanitäre Akt der Angela Merkel nicht ihr, sondern zwei ganz anderen Akteuren zu verdanken: erstens dem ungarischen Ministerpräsidenten, der Deutschland in seinem Bestreben, die eigenen Grenzen für Flüchtende dichtzumachen, noch übertrifft; und zweitens denjenigen Kräften in der deutschen Gesellschaft, deren Protest die Kanzlerin für den Fall einer gewaltsamen Zurückweisung fürchtete. Hinzu kommt: Längst war zu diesem Zeitpunkt klar, dass die Abschottung Europas zumindest für den Moment gescheitert war. Die Fluchtbewegung über die etwa dreitausend Kilometer lange Balkanroute hatte natürlich lange begonnen, bevor die Menschen in Mitteleuropa ankamen. Und die Ursachen – das wird in den hitzigen Debatten oft vergessen – haben mit der Lebenswirklichkeit dieser Menschen zu tun, nicht mit den freundlichen Worten einer deutschen Regierungschefin: Der Krieg in Syrien war im Sommer 2015 eskaliert; in den Flüchtlingslagern jenseits der europäischen Grenzen waren die Lebensmittelrationen gekürzt worden, weil die Weltgemeinschaft das notwendige Geld nicht aufgebracht hatte; und in Afghanistan wurden 2015 so viele Zivilisten getötet wie seit 2009 nicht mehr.[69] Es bedurfte keiner »Einladung«, um Millionen zur Flucht zu bewegen.

Europa und Deutschland hatten dieser Entwicklung (und dem Sterben Tausender im Mittelmeer) viel zu lange eiskalt zugesehen. Nun erkannte die Kanzlerin immerhin, dass die Geflüchteten irgendwo unterkommen mussten, nachdem sie in Europa angekommen waren. Und sie dürfte nebenbei auch spekuliert haben, dass deren Aufnahme in Deutschland wenigstens einen Teil der EU-Partner bewegen würde, einer nachträglichen Verteilung zuzustimmen. Das allerdings war eine Fehlspekulation. Die Partner ließen das Land, das sich immer gegen Flüchtlingsquoten gewehrt hatte, solange es selbst kaum betroffen war, nun genüsslich im Regen stehen.

Den Fehler, sich gegen eine faire Verteilung gewehrt zu haben, hat die Kanzlerin sogar höchstpersönlich eingeräumt: »Auch wir Deutschen haben das Problem zu lange ignoriert und die Notwendigkeit einer gesamteuropäischen Lösung verdrängt. Schon 2004 und 2005 kamen ja viele Flüchtlinge, und wir haben es Spanien und anderen an den Außengrenzen überlassen, damit umzuge-hen. Und ja, auch wir haben uns damals gegen eine proportionale Verteilung der Flüchtlinge gewehrt. Deutschland war nach den vielen Flüchtlingen, die wir während der Jugoslawienkriege auf-genommen hatten, ganz froh, dass jetzt vorrangig andere das Thema zu bewältigen hatten. Das kann ich nicht leugnen.«[70]

Hut ab, könnte man sagen, trotz des rechtfertigenden Hinwei-ses auf die Balkanflüchtlinge der neunziger Jahre. Man könnte – wenn denn Angela Merkel diese Selbsterkenntnis genutzt hätte für eine echte politische Umkehr. Stattdessen war sie zum Zeit-punkt dieser Aussage, Ende August 2016, längst zu der alten Stra-tegie zurückgekehrt. Wieder wird es in der Flüchtlingspolitik »anderen an den Außengrenzen überlassen, damit umzugehen«.

So verkündete der deutsche Innenminister Thomas de Mai-zière im Januar 2017, die Dublin-Regeln sollten schon bald wie-der angewendet werden, und zwar auch für Griechenland. Dort-hin wurden bereits seit 2011 keine Geflohenen zurückgeschickt: Der Europäische Gerichtshof hatte eine Abschiebung für den Fall verboten, dass durch »systemische Mängel des Asylverfahrens und der Bedingungen für die Aufnahme von Asylbewerbern« ein Flüchtling »tatsächlich Gefahr läuft, einer unmenschlichen oder erniedrigenden Behandlung (…) ausgesetzt zu werden«[71]. Ein über Griechenland eingereister Iraner durfte deshalb in Deutsch-land bleiben.[72] Nun aber gab Merkels Parteifreund de Maizière bekannt, der Abschiebestopp nach Griechenland werde am 15. März 2017 enden, entsprechend einer Empfehlung der EU-Kom-mission.[73] De Maizière traf diese Entscheidung genau zu dem Zeitpunkt, als sich die Berichte über die katastrophale Unterbrin-gung im überforderten EU-Grenzstaat Griechenland wieder ein-mal häuften.[74]

Angela Merkel allerdings mochte es auch bei der Rückkehr zu »Dublin« nicht belassen. Das Prinzip, den Umgang mit der Mi-gration auf andere abzuwälzen, musste angesichts der unterent-wickelten Aufnahmebereitschaft der EU-Staaten (die Deutschland an Unwillen ja oft noch übertrafen) auf das Gebiet jenseits der europäischen Außengrenzen ausgedehnt werden. So entstand das berühmt-berüchtigte Flüchtlingsabkommen mit der Türkei. Ein inhumanes Konstrukt, das die Kanzlerin nichtsdestoweniger zum Vorbild für die endgültige »Abschiebung« des Flüchtlingsthemas aus Europa nutzen will. Mit Blick auf die kommenden Aufgaben sagte sie im Dezember 2016: »Auf der einen Seite geht es um die Verstetigung unserer Migrationspolitik, hier insbesondere um die Migrationspartnerschaften mit Ländern Afrikas, und natürlich auch um die Weiterentwicklung des europäischen Asylsystems. Wir wollen Druck machen, damit es zu schnellen Abschlüssen kommen kann. Denn wir leben immer noch in einer sehr fragilen Situation, insbesondere was die Situation auf dem Mittelmeer anbelangt. Hierfür haben wir noch kein Abkommen, das dem EU-Türkei-Abkommen ähnlich sähe. Wir stehen natürlich zu dem EU-Türkei-Abkommen und wollen Griechenland in verschiedener Art und Weise unterstützen, um die Umsetzung des Rücksendungsmechanismus noch einmal zu beschleunigen.«[75]

Wie also sieht der Mechanismus aus, den die Bundeskanzlerin mit »Druck« auch afrikanischen Ländern aufzwingen möchte (womit sie zu diesem Zeitpunkt längst begonnen hatte)? Die wichtigsten Punkte in der »Erklärung EU-Türkei«[76] vom 16. März 2016 lauten:

- »Alle neuen irregulären Migranten, die ab dem 20. März 2016 von der Türkei auf die griechischen Inseln gelangen, werden in die Türkei rückgeführt.« Zur Klarstellung: »Alle irregulären Migranten«, das heißt nichts anderes als »alle Migranten«. Sich auf ein Boot zu setzen und die Fahrt über die Ägäis zu riskieren, das ist »irregulär«, weil Europa alle regulären Eingangstüren verrammelt hat.
- »Für jeden von den griechischen Inseln in die Türkei rückgeführten Syrer wird ein anderer Syrer aus der Türkei in der EU

neu angesiedelt.« Diese Willkommenen – wohlgemerkt: ausschließlich Syrer – sucht sich die EU mit Unterstützung des UNHCR aus, und zwar erstens nach den internationalen »Kriterien der Schutzbedürftigkeit«, und zweitens: »Vorrang erhalten Migranten, die vorher noch nicht irregulär in die EU eingereist sind und dies auch nicht versucht haben.« Das heißt: Wer es einmal gewagt hat, sich auf den Weg nach Europa zu machen, wird mit Asylverweigerung bestraft.

■ Zu diesem Punkt gibt es eine Ergänzung, die in der Öffentlichkeit leider nur selten wahrgenommen wird: Zunächst sollen die in die EU aufgenommenen Flüchtlinge auf 18 000 Plätze verteilt werden, die nach einer früheren Vereinbarung bereits zur Verfügung standen. »Weiterer Neuansiedlungsbedarf wird mit einer ähnlichen freiwilligen Vereinbarung bis zu einer Grenze von 54 000 zusätzlichen Personen gedeckt werden.« Und weiter: »Sollte die Anzahl der Rückführungen die oben vorgesehenen Zahlen übersteigen, wird dieser Mechanismus eingestellt.« Im Klartext: Der Teil des EU-Türkei-Deals, der die Türen einen Spalt breit wieder öffnet, begrenzt die Aufnahme auf insgesamt 72 000 Geflohene – in der gesamten EU! Im Volksmund nennt man eine solche Regel »Obergrenze«. Und beschlossen wurde sie unter Federführung der mächtigsten EU-Politikern: Angela Merkel. Derselben Angela Merkel, die sich vom liberalen Teil Deutschlands für die Ablehnung einer nationalen Obergrenze rühmen lässt.

■ Lediglich ein vager Hinweis auf die Zukunft ist in der Vereinbarung enthalten, den man mit viel gutem Willen als positive Geste deuten könnte – allerdings erst für den Zeitpunkt, zu dem es gelungen ist, Europa dichtzumachen: »Sobald die irregulären Grenzüberquerungen zwischen der Türkei und der EU enden oder zumindest ihre Zahl erheblich und nachhaltig zurückgegangen ist, wird eine Regelung für die freiwillige Aufnahme aus humanitären Gründen aktiviert. Die EU-Mitgliedstaaten werden einen freiwilligen Beitrag zu dieser Regelung leisten.« Selbst wenn diese vage Andeutung je Folgen haben sollte, so gilt doch auf absehbare Zeit: Die Obergrenze, die niemand so nennt, liegt bei 72 000 Menschen.

■ Mit folgenden Gegenleistungen kauft sich die EU gemäß der Vereinbarung mit der Türkei von ihrer Verantwortung für Flüchtende frei: Der »Fahrplan für die Visaliberalisierung« soll »beschleunigt vollzogen« werden, »damit die Visumpflicht für türkische Staatsangehörige spätestens Ende Juni 2016 aufgehoben werden kann, sofern alle Benchmarks erfüllt wurden« (mit »Benchmarks« sind die seit Jahren diskutierten Vorgaben der EU gemeint, zum Beispiel bei der Korruptionsbekämpfung oder auch bei der Zusammenarbeit mit der EU-Polizeibehörde Europol[77]); die EU verspricht, die Auszahlung von drei Milliarden Euro für Flüchtlingshilfe, die bereits bereitgestellt waren, »weiter zu beschleunigen« und bei Bedarf um weitere drei Milliarden Euro bis Ende 2018 aufzustocken; und schließlich »bekräftigen« beide Seiten »ihre Entschlossenheit zur Neubelebung des Beitrittsprozesses«.

Betrachtet man die Folgen dieses Abkommens aus der Perspektive des Jahres 2017, dann zeigt sich: Weder funktioniert der »Mechanismus« des Menschenverschiebens (die einen von Griechenland in die Türkei, die anderen von der Türkei in die EU), noch haben die Absprachen zu Visafreiheit und EU-Beitritt irgendetwas mit der Wirklichkeit in der Türkei und ihrem Verhältnis zu Europa zu tun. Weder für die Visafreiheit noch für den EU-Beitritt war eine realistische Perspektive auch nur absehbar.

Der *taz*-Autor Ali Celikkan bilanzierte die Umsetzung des Flüchtlingsdeals im Dezember 2016: »Den Informationen des türkischen Amtes für Migration zufolge wurden seit dem Inkrafttreten des Abkommens 721 Menschen, die von der Türkei aus die griechische Küste erreichen konnten, von der EU zurückgeschickt. Die meisten von ihnen stammen aus Pakistan (354), gefolgt von Syrien (82), Afghanistan (72) und Algerien (68).« Hinzu kamen

1139 Menschen, die im Rahmen eines bilateralen Abkommens zwischen Griechenland und der Türkei zurückgeschickt wurden. Celikkan weiter: »Die Europäische Kommission gibt an, dass bis Ende September im Rahmen des Eins-zu-eins-Abkommens 1614 Syrer aus der Türkei von Europa übernommen wurden.«[78] 1614 aufgenommene Syrer in den vier Monaten vom vollständigen Inkrafttreten des Abkommens am 1. Juni 2016 bis zum 30. September desselben Jahres: In diesem Tempo wären etwa vierzehn Jahre und zehn Monate vergangen, bis die EU auch nur die lächerliche Quote von 72 000 Syrern ausgeschöpft hätte.

Aber sein eigentliches Ziel hat der »EU-Türkei-Deal« erreicht: Er schreckt die meisten Flüchtenden davon ab, es überhaupt noch auf dem Weg über die Ägäis zu versuchen. Die Zahl derjenigen, die es mangels legaler Zugangswege nach Europa dennoch wagten, lag 2016 bei 173 561 Flüchtenden – im Jahr 2015 waren es 853 650 gewesen.[79]

Und so bleibt die Situation der mehr als zwei Millionen[80] Flüchtlinge in der Türkei unverändert. Die Publizistin Mely Kiyak beschrieb sie 2016 mit Blick auf die vergangenen Jahre so: »Die Geflohenen waren, wenn sie nicht bei Verwandten in der Türkei unterkamen, in einer desolaten Situation. Entweder landeten sie in Lagern oder lebten auf der Straße. (…) Es gab Flüchtlingsballungsräume in der Türkei, vor allem im Osten und im Süden des Landes, wo man über Flüchtlinge steigen musste, wenn man über eine Straße ging. Wer das einmal im Leben gesehen hat, wird das – sofern er nicht über ein robustes Gemüt verfügt – niemals vergessen können.«[81]

Karl Kopp, Europareferent von Pro Asyl, gab im Sommer 2016 die treffende Antwort auf das Trugbild von der flüchtlingsfreundlichen Kanzlerin und ihren Freunden: »Im europäischen Klub der Unwilligen bei der Flüchtlingsaufnahme tobt ein Kampf zweier Linien: Die zeitweise Willigen, wie die Merkel-Regierung, die EU-Kommission und ein paar andere, setzen alles auf den Flüchtlingsdeal mit der Türkei. Ankara soll die Ägäis weiterhin abriegeln und möglichst alle Flüchtlinge wieder zurücknehmen. Die schon immer Unwilligen, die Viktor Orbans in Europa mit ihrem jung-dynamischen Wortführer, dem österreichischen Außenminister Sebastian Kurz, wollen die Abwehr alleine organisieren. Kurz veranlasste die Schließung der Balkanroute und nimmt die Destabilisierung Griechenlands billigend in Kauf. (…) Beide Flüchtlingsbekämpfungsstrategien verfolgen dasselbe Ziel: Fluchtwege versperren und unter dem Motto ›Aus den Augen, aus dem Sinn‹ Fliehende in Transitstaaten vor den Toren Europas zwangsweise halten oder zurückschaffen. Menschenrechte und Flüchtlingsschutz spielen dabei keine Rolle.«[82]

Der von Kopp erwähnte Sebastian Kurz gehört der Österreichischen Volkspartei an, dem dortigen Pendant zur deutschen CDU/CSU. Er fasste das Ziel der Europäer in einem Gespräch mit dem *Focus* so zusammen:»Wer illegal nach Europa reist, muss auf Inseln an der Außengrenze versorgt und dann in Zentren sicherer Drittstaaten zurückgeschickt werden.«[83] Das klingt allerdings wie ein Plagiat aus dem Programm der deutschen AfD, in dem es heißt:»In der Herkunftsregion von Flüchtlingsbewegungen, wie z.B. in Nordafrika, werden Schutz- und Asylzentren in sicheren Staaten eingerichtet. (…) Antragsteller in Deutschland und Europa sind ausnahmslos zur Rückkehr in diese Zentren zu verpflichten.«[84]

Dass Kurz sich ausdrücklich nur auf illegal Einreisende bezieht, während die AfD »ausnahmslos« alle »Antragsteller« benennt, verweist nur scheinbar auf grundsätzlich unterschiedliche Positionen: Alle Flüchtenden, denen es nicht gelingt, zu Hause ein Visum für Deutschland oder Österreich zu bekommen, können diese Länder nur auf illegalen Wegen erreichen. Zu eben diesem Zweck haben sich die Mitteleuropäer ja so lange hinter dem »Dublin-System« verschanzt, das einen Asylantrag ausschließlich im Land der Einreise in die EU gestattete – also meistens an den Küsten Italiens, Griechenlands oder auch Spaniens, sofern die Flüchtlinge die Bootsfahrt überlebten. Jeder, der es von dort auch nur über eine europäische Binnengrenze schafft, ist bei seiner Ankunft nach dem Buchstaben der EU-Gesetze illegal eingereist. Und selbst an den Außengrenzen gilt offiziell als »illegal«, wer keinen gültigen Ausweis vorlegen kann – ob schuldhaft oder nicht.

Wer die fast gleichlautende Rhetorik des österreichischen ÖVP-Politikers und der deutschen AfD zur Kenntnis genommen hat, könnte sich bei oberflächlichem Hinsehen fast schon beruhigen, was Angela Merkel betrifft: Außenminister Kurz stellte sich ja mit seinem Interview und auch sonst immer wieder als Gegenspieler der deutschen Kanzlerin dar. Aber es wäre ein Missverständnis zu glauben, hier gehe es um einen Gegensatz zwischen liberaler Aufnahme- und rechter Abschottungspolitik. Nein, der Unterschied bezieht sich ausschließlich auf die Frage, *wie* die Flüchtenden von Europa ferngehalten werden sollen, und keineswegs auf das *Ob*. Kurz selbst machte das in dem *Focus*-Interview deutlich: »Europa ist stark und selbstständig genug, seine Außengrenzen zu schützen. Wenn wir die notwendigen Maßnahmen einleiten, braucht es dazu keinen Plan B, also keinen Deal mit der Türkei.«[85]

So oder so: Die internationalen Migrationsbewegungen werden vom europäischen Kontinent zum größten Teil ferngehalten. Das Recht, in Deutschland oder der EU politisches Asyl zu beantragen – in der Bundesrepublik trotz der beschriebenen Einschränkungen immer noch grundgesetzlich verankert –, wird damit zu einem leeren Versprechen: Wer es nicht schafft, den Boden eines Aufnahmelandes zu betreten, kann nicht einmal versuchen, dieses Recht in Anspruch zu nehmen. Genau das ist das Ziel – bei Merkel wie bei Kurz und bei Kurz wie bei der AfD.

Angesichts dieser Strategie muss es nicht verwundern, dass administrative Abschottungsmaßnahmen wie das EU-Türkei-Abkommen durch technische Vorkehrungen ergänzt worden sind und werden. Die Europäische Union arbeitet seit vielen Jahren an einer Vielzahl von Programmen, mit denen die gewünschte

Abschottung realisiert werden soll. »Kaum bemerkt von ihren Bürgern betreiben die Regierungen der Europäischen Union ein folgenschweres Langzeitprojekt: die großtechnische Aufrüstung zur Kontrolle der Außengrenzen.« So fassen Harald Schumann und Elisa Simantke eine brillante Recherche zusammen, die sie gemeinsam mit Kolleginnen und Kollegen des europäischen Netzwerks »Investigate Europe« durchgeführt haben.[86] Weiter schreiben Schumann und Simantke: »Für Europas neues Grenzregime

- sollen in den Jahren bis 2020 mehr als sechs Milliarden Euro aus EU-Mitteln sowie eine Summe gleicher Größenordnung aus den nationalen Budgets für neue Überwachungstechnologien und Operationen fließen, die keinen nachweislichen Nutzen bringen;
- wollen die EU-Kommission und die nationalen Regierungen grundlegende Prinzipien des Datenschutzes aufheben und im großen Stil persönliche Daten aller Bürger ohne richterliche Kontrolle speichern;
- hat die EU-Kommission ihre Politik fast ausschließlich an den Interessen der Sicherheits- und Rüstungsindustrie ausgerichtet und lässt deren Vertreter trotz massiver Interessenkonflikte in den Beratungsgremien mitbestimmen, was gefördert und gesetzlich vorgeschrieben wird.«[87]

So wurde die EU-Agentur »Frontex« inzwischen zur »Europäischen Grenz- und Küstenwache« (EBCG) ausgebaut. »Die neue Agentur ist leistungsfähiger und besser ausgerüstet, um den migrations- und sicherheitspolitischen Herausforderungen an Europas Außengrenzen zu begegnen«, jubelte ihr Chef Fabrice Leggeri zum offiziellen Start des neuen Überwachungsregimes im Oktober 2016.[88] Dass er die »migrations- und sicherheitspolitischen Herausforderungen« in einem Atemzug nannte, fiel kaum noch auf. Denn längst ist es in der öffentlichen Debatte gang und gäbe, die Zuwanderung nicht als humanitäre Aufgabe, sondern als Sicherheitsproblem zu betrachten. Genau so, wie das auch die deutsche Bundeskanzlerin tut. Beim EU-Gipfel in Bratislava im September 2016 sagte Angela Merkel:»Wir haben verschiedene Themen. Das eine sind Themen der Sicherheit, der Migration und des Schutzes der Außengrenzen. Hier haben wir das Ziel, dass die illegale Migration wenn möglich gestoppt oder reduziert werden soll.«[89]

Die Aufrüstung an den Grenzen der EU ist keineswegs neu, sondern sie geht bereits auf die Zeit nach den Anschlägen vom 11. September 2001 in den USA zurück. Schumann und Simantke beschreiben, wie die europäische Sicherheitsindustrie, die natürlich ein Eigeninteresse an möglichst umfassender technischer Überwachung hat, von Anfang an in die Entwicklung einbezogen war. Und sie zeichnen den milliardenteuren Ausbau zu einem totalen Kontrollsystem nach, vom Datenaustausch bis zur Drohne.[90] Ein Ziel besteht zum Beispiel darin, die Grenzen zu»Smart Borders« auszubauen. Mit einem»Entry-Exit-System« (EES)»sollen die Ein- und Ausreisebewegungen von Personen an den Außengrenzen des Schengen-Raums aufgezeichnet und die biometrischen Identitätskontrollen auf alle Nicht-EU-Bürgerinnen und -Bürger ausgeweitet werden (auch auf diejenigen, die derzeit kein Visum für die Einreise in die EU benötigen)«, fasste die Heinrich-Böll-Stiftung schon 2012 in einer Analyse zusammen.[91] Im AfD-Programm heißt es zu dem Thema:»An allen deutschen Grenzübergängen, an denen eine ungeregelte Einwanderung stattfindet, sind strenge Personenkontrollen einzuführen, um illegale Grenzübertritte zu verhindern.«[92] Europa braucht für das Dichtmachen von Grenzen schon lange keine AfD mehr.

Mely Kiyak fasste knapp ein Jahr nach Merkels Entscheidung zur Grenzöffnung treffend zusammen:»Vergangenes Jahr wurden 1,5 Millionen Asylanträge innerhalb der EU gestellt. Ein Drittel davon in Deutschland. Schaut man sich diese Zahlen an, so kommt man zu dem Schluss, dass Europa alle möglichen Probleme hat. Aber ein Flüchtlingsproblem hat es *wirklich* nicht. Nur zur Erinnerung. 750 Millionen Menschen leben in Europa. (…) Dieses Europa hat sich wegen einer Handvoll Flüchtlinge in eine Situation katapultiert, die so peinlich und entwürdigend, so armselig und beschämend ist, dass sie sich ihr Recht auf moralische Überlegenheit, egal welchem Regime gegenüber, verwirkt hat.«[93]

Wenige rein, viele raus: Asylgesetze in Deutschland

Was Mely Kiyak für Europa bilanzierte, gilt auch für die nationale deutsche Asylpolitik. Sie besteht aus einer Reihe stetig verschärfter Regeln für die Behandlung – besser gesagt: für die Abschreckung – von Flüchtlingen. Über allem steht der generelle Verdacht, dass ein Leben, das den ökonomischen Verhältnissen in Deutschland auch nur halbwegs entspricht, einen unerwünschten »Anreiz« für weitere Zuwanderung darstellen würde.

Die Begründung, die die Regierungsparteien CDU/CSU und SPD Ende September 2015 für eines ihrer »Asylpakete« ablieferten, klang in Teilen wie ein Echo dieser AfD-Propaganda: »Deutschland ist seit Monaten Ziel einer präzedenzlosen Zahl von Asylbewerbern, die Sicherheit vor Krieg, Verfolgung und Not suchen. Im Vergleich mit den meisten anderen Mitgliedstaaten der Europäischen Union wird Deutschland hierbei weit überproportional belastet. Allein für das laufende Jahr 2015 wird mit ca. 800 000 Asylsuchenden gerechnet. Zur Bewältigung der damit verbundenen Herausforderungen ist es notwendig, das Asylverfahren zu beschleunigen. Die Rückführungen vollziehbar Ausreisepflichtiger sollen vereinfacht und Fehlanreize, die zu einem weiteren Anstieg ungerechtfertigter Asylanträge führen können, beseitigt werden.«[94]

Das klingt, als hätte die AfD der Merkel-Regierung die Hand geführt, denn in ihrem Programm liest es sich so: »Der wichtigste (Fehl-)Anreiz, über das Asylrecht in das deutsche Sozialsystem einzuwandern, ist bereits seit Jahrzehnten die fehlende Durchsetzung der Ausreisepflicht.« Und: »Vollziehbar ausreisepflichtigen Ausländern dürfen nicht gleichzeitig Anreize zum Bleiben gegeben werden.«[95]

Um Missverständnisse zu vermeiden: Das Problem liegt nicht in der Forderung, dass die Ausreisepflicht für abgelehnte Asylbewerber auch durchgesetzt werden muss, wenn ihr keine humanitären Gründe entgegenstehen. Perfide ist vielmehr die pauschale Behauptung, dass Flüchtende ihre Heimat massenweise wegen übertriebener »Anreize« im Zielland verlassen.

Das genannte Asylpaket vom Herbst 2015 sah unter anderem vor, Asylbewerber aus sogenannten »sicheren Herkunftsländern« bis zum Abschluss ihres Verfahrens in Erstaufnahmeeinrichtungen festzuhalten und Geldleistungen in Sachleistungen zu verwandeln. Aber das war natürlich nicht die einzige Verschärfung in der dritten Amtszeit der Kanzlerin Merkel. Im Frühjahr 2016 zum Beispiel trat das »Asylpaket II« in Kraft. Danach wurden unter anderem Menschen, die ohne Pass einreisen, einem verkürzten Verfahren ausgesetzt, wozu die Menschenrechtsorganisation »Pro Asyl« treffend bemerkte: »Der überwiegende Teil der Asylsuchenden ist gezwungen, ohne Pässe nach Deutschland zu kommen, weil sie von den Staaten, die sie verfolgt haben, gar keine Dokumente erhalten können. Die geplante Regelung ermöglicht es daher, das ›beschleunigte Asylverfahren‹ zum Standardverfahren zu machen.« Außerdem wurden Flüchtende, die kein volles Asyl, sondern (wie zum Beispiel Kriegsflüchtlinge) nur vorübergehenden Schutz genießen, für zwei Jahre vom Familiennachzug ausgeschlossen – das Gegenteil einer auf Integration ausgerichteten Politik. Und die Möglichkeit, auf eine Abschiebung aufgrund eines psychologischen Gutachtens zu verzichten, wurde gestrichen. Das heißt: Selbst schwer Traumatisierten wurde der Schutz vor Abschiebung entzogen.[96] Bereits das »Asylpaket I«, das damals gerade mal ein halbes Jahr alt war, hatte (neben kleinen Verbesserungen etwa bei den Arbeitsmöglichkeiten) unter anderem Leistungskürzungen für Geflüchtete ohne Pass vorgesehen.[97] Und all das geschah keineswegs gegen den Willen von Angela Merkel, der »Flüchtlingskanzlerin«. Schon Ende 2015 brüstete sich die CDU – und nicht etwa die CSU – unter Federführung ihrer Vorsitzenden in einem Parteitagsbeschluss: »Wir haben in den vergangenen Wochen und Monaten viel durchgesetzt. Angefangen bei der Erhöhung der Abschiebungszahlen bis hin zur größten Verschärfung des Asylrechts seit 20 Jahren.«[98] Und das war, wie erwähnt, noch nicht das Ende.

Die neuen Gesetze wurden in der Praxis auch postwendend umgesetzt. Ein vorläufiger Höhepunkt war die Abschiebung von 34 Afghanen im Dezember 2016. Fast alle Experten, darunter das UN-Flüchtlingshilfswerk UNHCR, widersprachen der amtlichen Einschätzung, es gebe in Afghanistan »sichere Gebiete«[99]. Aber das interessierte den Bundesinnenminister nicht. Und es war die Kanzlerin selbst, die nicht etwa die Integration zum Schwerpunkt künftiger Bemühungen erklärte, sondern das, was sie statt »Abschiebung« lieber beschönigend »Rückführung« nennt: »Für die nächsten Monate ist das Wichtigste Rückführung, Rückführung und nochmals Rückführung«, sagte sie im September 2016.[100]

Nicht einmal ein halbes Jahr später war denn auch die nächste Verschärfungsrunde eingeleitet: Bund und Länder einigten sich auf einen Abschiebeplan, der unter anderem ein »Zentrum zur Unterstützung der Rückkehr«[101] vorsah – George Orwell hätte sich keine zynischere Bezeichnung ausdenken können. Übrigens: Das »Problem«, das nach Merkels Meinung diese »nationale Kraftanstrengung« erfordert, besteht aus insgesamt 208 000 ausreisepflichtigen Menschen.[102] Das entspricht etwa 0,25 Prozent der deutschen Bevölkerung. Und fast erscheint schon der Hinweis notwendig, dass es sich bei ihnen keineswegs durchweg um Terroristen handelt.

Deutsche Asylpolitik unter der Führung von Angela Merkel steht also unter dem unausgesprochenen Motto »Flüchtlingsbekämpfung durch Schikane«. Aber nicht nur das: Die rigorose Strategie der Abschreckung führt auch zu geradezu absurden bürokratischen Verrenkungen – auf Kosten der eingesessenen Bevölkerung, die ja mit all dem angeblich geschützt werden soll. Dazu ein Beispiel.

Die illegale Einreise nach Deutschland ist strafbar, auch wenn es für die meisten Flüchtenden keine legale Alternative gibt. Deshalb mussten sich die Ermittlungsbehörden über das Jahr 2015 und das erste Quartal 2016 mit einer Flut von 672 561 weitgehend sinnlosen Strafverfahren beschäftigen. Sie endeten zwar in den meisten Fällen mit Einstellung oder geringen Geldbußen.[103] Aber das änderte nichts daran, dass Polizisten den Papierkram abarbeiten mussten, was wiederum auf manchen Straßen Berlins zu »polizeifreien Zonen« führte – also zur Einschränkung genau der Sicherheit, um die es angeblich immer geht. Die Gewerkschaft der Polizei (GdP) in Berlin fasste die Sinnlosigkeit des zeitraubenden Verfahrens in einer »exemplarischen Betrachtung« wie folgt zusammen: »Schon mal von der Verurteilung eines syrischen Asylbewerbers wegen illegaler Einreise gehört? Nein? Ist auch kaum vorstellbar. Denn jedem Menschen steht das Recht zu, in Deutschland Asyl zu beantragen. Doch das kann er weder online von zu Hause noch an den Botschaften. Dafür muss er in Deutschland sein. Aber die Einreise ist strafbewehrt. Deutsche Bürokratie hat Methode. Grundsätzlich werden alle Strafverfahren gegen asylsuchende Flüchtlinge wegen unerlaubter Einreise oder illegalen Aufenthalts eingestellt. Ausnahmen sind allenfalls dann denkbar, wenn abgeschobene Asylsuchende innerhalb der geltenden Frist erneut einreisen. Aber auch von denen dürften die wenigsten eine Verurteilung erwarten. Was sollte die auch bringen? Sowohl die Geldstrafe für einen mittellosen als auch die Haftstrafe für einen abzuschiebenden Flüchtling scheinen irgendwie widersinnig.« Was nichts daran ändert, dass ein Beamter nach GdP-Angaben »zwei bis drei Stunden« mit den Schreibarbeiten zu einem einzigen Asylbewerber beschäftigt ist.[104]

Und wer verteidigt diesen bürokratischen Irrsinn? Dieselben Politiker, die von sich behaupten, Deutschlands Straßen sicherer machen zu wollen. Zum Beispiel der bayerische Justizminister Winfried Bausback (CSU), der sich allen Initiativen, der geltenden Praxis ein Ende zu machen, widersetzt. »Das wäre das völlig falsche Signal«, zitierte ihn *Zeit online*, denn »jeder Staat müsse sein Territorium schützen können.«[105] Und zwar offenbar, indem Polizisten überflüssige Akten anlegen.

Der Liedermacher Wolf Biermann, links-grüner Anwandlungen sonst eher nicht verdächtig, brachte die blamable Flüchtlingspolitik in Merkel-Deutschland kurz und bündig auf den Punkt: »Die hysterische Existenzangst ist besonders obszön in einem Land, das so reich ist wie Deutschland. Wir könnten zehn Mal so viele Flüchtlinge durchfüttern.«[106]

Kaum jemand wagt es noch, in der Öffentlichkeit so etwas zu sagen. Und genau daran kann man erkennen: Vom humanitären Anspruch des Rechts auf Asyl ist dieses Land inzwischen Lichtjahre entfernt. Und die Verantwortung für diese Politik trägt seit mehr als einem Jahrzehnt die Kanzlerin der »Flüchtlingsbekämpfung«, wie sie es in einem versehentlichen Anflug von Ehrlichkeit selbst einmal nannte[107]: Angela Merkel.

Mit Sicherheit gegen die Freiheit

Im Januar 2017 veröffentlichte Amnesty International einen Bericht zum Umgang europäischer Staaten mit dem Terror. »Dass es dringend notwendig ist, die Menschen vor derart krimineller Gewalt zu schützen, liegt auf der Hand«, schrieben die Autoren. »Das Recht auf Leben zu schützen und den Menschen ein Leben in Freiheit (...) zu ermöglichen, gehört zu den grundlegenden Zielen jeder Regierung. Aber sie dürfen nicht mit allen Mitteln verfolgt werden.«[1] Damit ist der Grundkonflikt jeder Sicherheitspolitik benannt: Der Zweck, die Freiheit zu verteidigen, heiligt nicht alle Mittel. Zumal dann, wenn die Mittel selbst die Freiheit bedrohen, die mit ihnen verteidigt werden soll.

Nun ist es nicht so, dass Angela Merkel solchen grundsätzlichen Erwägungen widersprechen würde. Im Gegenteil: Wenn sie allgemeine Erklärungen zur Sicherheitslage abgibt, steht auch bei ihr die Balance zwischen Sicherheit und Freiheit im Mittelpunkt. So sagte sie wenige Wochen nach dem Attentat auf einen Berliner Weihnachtsmarkt am 19. Dezember 2016: »Der schreckliche Terroranschlag auf dem Breitscheidplatz in Berlin kurz vor Weihnachten mahnt uns, schnell zu handeln, richtig zu handeln, nicht nur in Ankündigungen stecken zu bleiben, sondern auch wirklich Flagge zu zeigen. (...) Was muss uns dabei leiten? Dabei muss uns leiten, dass wir als Staat Sicherheit garantieren wollen, dass wir alles dafür tun müssen, um Sicherheit in Freiheit zu garantieren. Wir wollen einen freiheitlichen Staat, einen offenen Staat.«[2]

Rhetorisch weniger unbeholfen brachte es Bundestagspräsident Norbert Lammert (CDU) auf den Punkt: »Freiheit braucht Sicherheit, wenn sie verlässlich sein soll, und Sicherheit braucht Freiheit, wenn sie nicht zur Repression verkommen soll.« Er fügte einen wichtigen Hinweis dazu, nämlich denjenigen, dass die Wirksamkeit immer neuer repressiver Gesetze bezweifelt werden muss: »Deshalb sollten wir den Staat mit unseren Ansprüchen auch nicht überfordern – und schon gar nicht dürfen wir vortäuschen, einem unkalkulierbaren Gegner mit scheinbar einfachen Mitteln begegnen zu können.« Und schließlich: »Auch Länder, die keine Freiheit haben oder diese im Namen der Sicherheit stark einschränken, bieten keineswegs besseren Schutz. Die erschreckende Serie der Attentate in der Türkei in den vergangenen Monaten zeigt, dass auch da, wo im Ausnahmezustand regiert und die exekutive Autorität im Staat auf Kosten freiheitlicher und rechtsstaatlicher Prinzipien immer weiter ausgeweitet wird, keine Sicherheit garantiert werden kann. Autoritäre Systeme sind nachweislich nicht sicherer. Sie erkaufen die Illusion größeren Schutzes vor Terror und Gewalt mit der Verweigerung unverzichtbarer Freiheitsrechte.«[3]

Gut gesprochen! So gut, dass das Kapitel zur bundesdeutschen Sicherheitspolitik hier enden könnte – wenn die Regierung, angeführt von Lammerts Parteifreundin Angela Merkel, den Erwägungen des Bundestagspräsidenten auch nur ansatzweise folgen würde. Aber die Wirklichkeit bleibt hinter den schönen Worten mehr denn je zurück. Weder die Warnung vor der Einschränkung von Bürger- und Freiheitsrechten findet im politischen Handeln dieser Kanzlerin irgendeinen Niederschlag, noch beachtet sie den Hinweis, dass damit oft nur die »Illusion« von Sicherheit produziert wird. Die praktische Politik der Angela Merkel spricht ihren schönen Worten von der Balance zwischen Sicherheit und Freiheit Hohn.

Überwachen, Ausspähen, Verbieten

Einen »tiefgreifenden Paradigmenwechsel« haben die Amnesty-Autoren festgestellt, seit der internationale Terrorismus sich auch in Europa ausgebreitet hat. Aber nicht etwa insofern, als die Serie immer neuer Eingriffe in die Persönlichkeitsrechte der Bürger endlich beendet worden wäre. Im Gegenteil: Die Ergebnisse der Studie, die sich auf die Jahre 2015 und 2016 bezieht, fassen die Amnesty-Autoren eindrücklich so zusammen: »Die Entwicklung geht von der Überzeugung, dass Regierungen Sicherheit zu gewährleisten hätten, damit die Menschen ihre Rechte genießen können, zu der Sichtweise, dass Regierungen diese Rechte einschränken müssten, um Sicherheit zu garantieren.«[4] Und Deutschland ist ausdrücklich nicht ausgenommen. Im Gegenteil: Der Paradigmenwechsel hat hier lange vor dem Jahr 2015 begonnen.

Schon auf den Terrorangriff vom 11. September 2001 in den USA, der ja tatsächlich alle Dimensionen des bisher Bekannten übertraf, hatten Politik und Behörden in vielen Ländern mit immer weiteren »Sicherheitsgesetzen« reagiert. Und schon damals geriet der Grundsatz, dass den angegriffenen Rechtsstaat selbst gefährdet, wer ihn mit nicht-rechtsstaatlichen Mitteln zu verteidigen versucht, immer mehr in den Hintergrund. Und bis heute bleibt die Tatsache, dass diese innere Aufrüstung dem Terrorismus auch eineinhalb Jahrzehnte später offensichtlich nicht Einhalt geboten hat, unberücksichtigt. Stattdessen wurde und wird der Gewalt mit immer höheren Dosen der gleichen, untauglichen Medizin begegnet.

In Deutschland begann es unter Otto Schily, dem sozialdemokratischen Innenminister der rot-grünen Regierung, dessen sicherheitspolitische Verschärfungen bis heute unter dem Namen »Otto-Kataloge« bekannt sind. Bereits in seiner Amtszeit (1998 bis 2005) wurde das Recht von Polizei und Nachrichtendiensten zum Datensammeln und -speichern erheblich ausgeweitet. Das Gebot, geheimdienstliche Praktiken und Polizeiarbeit möglichst strikt voneinander zu trennen, wurde durch die Einrichtung eines gemeinsamen Terrorabwehrzentrums aufgeweicht. Es folgten – seit 2005 dann unter der Kanzlerschaft von Angela Merkel – immer neue Gesetze und »Pakete«, jedes Mal nach dem Motto: Lieber Unschuldige ausspähen, als einen Schuldigen durch die Lappen gehen zu lassen.

Amnesty International resümierte Anfang 2017: »Viele EU-Länder unterscheiden sich kaum noch von ›Überwachungsstaaten‹, indem sie Sicherheitsbehörden und Geheimdiensten weitreichende Befugnisse zur anlasslosen Massenüberwachung ohne die notwendige rechtsstaatliche richterliche Kontrolle einräumen. So sind beispielsweise in Großbritannien, Frankreich, Deutschland, Polen, Ungarn, Österreich, Belgien und den Niederlanden Befugnisse zur Massenüberwachung erteilt beziehungsweise erweitert worden, die das anlasslose Abgreifen und den Zugang zu den Daten von Millionen von Menschen erlauben.«[5]

Zu den schlagendsten Beispielen aus der Zeit nach Schily – also der Ära Merkel – gehört das »Gesetz zur Abwehr von Gefahren des internationalen Terrorismus durch das Bundeskriminalamt«. Wolfgang Janisch charakterisierte es im April 2016, als das Bundesverfassungsgericht über die Rechtmäßigkeit zu urteilen hatte, in der *Süddeutschen Zeitung* wie folgt: »In den anderthalb Jahrzehnten seit dem 11. September 2001 ist das Ringen um eine rechtsstaatliche Balance zwischen Sicherheit und Freiheit zum Epochenthema geworden. Die Anfang 2009 in Kraft getretene Novelle des BKA-Gesetzes ist ein zentrales Element dieser Zeitenwende, die sich unter dem Sicherheitsparadigma vollzogen hat. In bisher nicht da gewesener Weise wurde das BKA zur zentralen, schlagkräftigen Terrorabwehrbehörde aufgerüstet.«[6]

Janisch weiter: »Die lange Liste der neuen präventiven Befugnisse, mit deren Hilfe die auch personell gut ausgestattete Institution Terrorgefahren bereits im Vorfeld abwehren soll, klingt schon ziemlich nach Geheimdienst: Der Lausch- und Spähangriff in Wohnungen ist erlaubt, das Einschleusen von Trojanern auf die Festplatte, dazu Rasterfahndung, Telefonüberwachung, Observation.« Wohlgemerkt: Wenn der Karlsruher Korrespondent hier von »präventiven Befugnissen« spricht, dann geht es um die polizeilichen Eingriffsrechte zur Gefahrenabwehr. Mit einer vorbeugenden Gesellschaftspolitik, um die es weiter unten in diesem Kapitel noch gehen wird, hat das nichts zu tun.

Mit dem expliziten Verweis auf geheimdienstliche Arbeit macht der *SZ*-Autor auf folgenden Umstand aufmerksam: Nach dem in Deutschland geltenden »Trennungsgebot« sind es die Geheimdienste, die im »Vorfeld« möglicher Straftaten ermitteln (also zum Beispiel bei der Beobachtung extremistischer Gruppen), aber bei der Verhinderung und Aufklärung konkreter Gesetzesverletzungen haben sie keine exekutiven Befugnisse. Umgekehrt hat sich die Polizei auf die Abwehr konkreter Gefahren und die Aufklärung von Straftaten zu beschränken – eine Tradition, die sich bei der Gründung der Bundesrepublik aus der Erfahrung mit der »Geheimen Staatspolizei« im Nationalsozialismus (Gestapo) und deren unbegrenzten Befugnissen ergab.[7]

Im April 2016, sieben Jahre nach Inkrafttreten, fiel das Urteil des Bundesverfassungsgerichts zum BKA-Gesetz, das der Ignoranz der Regierenden gegenüber Bürgerrechten und rechtsstaatlichen Grundsätzen besonders deutlich Ausdruck verliehen hatte. Vizepräsident Ferdinand Kirchhof fasste die Gesamtbewertung der Richterinnen und Richter bei der Urteilsverkündung so zusammen: »Bei der Prüfung hat der Senat in etlichen Einzelvorschriften unverhältnismäßige Eingriffe festgestellt.«[8] Das Gesetz wurde zwar nicht vollständig verworfen, aber viele Regelungen – vor allem zum Abhören per Peilsender oder in Privatwohnungen – stellte das Gericht unter den Vorbehalt, dass der konkrete Verdacht einer Straftat vorliegen muss. Auch die Weitergabe von Daten an andere deutsche Behörden oder ins Ausland schränkten die Richter ein. Dem Gesetzgeber wurde bis Mitte 2018 Zeit gegeben, um aus dem Dokument des Kontroll- und Überwachungswahns ein Gesetz zu machen, das die Grenzen des »freiheitlichen, offenen Staates«, den Angela Merkel so selbstverständlich im Munde führt, entgegen den ursprünglichen Absichten der Kanzlerin wahrt.[9]

Aber die Wahrscheinlichkeit, dass auch die nächste Bundesregierung die vom Verfassungsgericht gesetzten Grenzen der kollektiven »Freiheitsberaubung« wieder austesten wird, ist hoch. Denn schon bei der ursprünglichen Fassung des BKA-Gesetzes von 2009 zeigte sich ein bestimmtes, häufiges Muster: Immer wieder versuchen die Sicherheitspolitiker, allen Einwänden kritischer Verfassungsrechtler zum Trotz, ihren Handlungsspielraum für Einschränkungen der Bürgerrechte auszudehnen. Sie tun das offensichtlich in der Hoffnung, dass das Bundesverfassungsgericht am Ende dem Druck zumindest teilweise nachgibt und die Verschiebung der verfassungsmäßigen Grenzen zumindest in Teilen durchgehen lässt. Leider geht dieses Kalkül in vielen Fällen auf. Der Rechtsstaat feiert, wenn überhaupt, allenfalls noch Etappensiege.

Nicht viel anders sieht es bei der Vorratsdatenspeicherung aus, die die Telekommunikations-Unternehmen dazu zwingt, Verbindungsdaten zu Telefonie und Internet über einen bestimmten Zeitraum für den Zugriff der Sicherheitsbehörden bereitzuhalten. Dieses Thema ist zugleich ein trauriger Beleg dafür, dass auch die größte Oppositionspartei als Verteidigerin der Bürgerrechte praktisch ausfällt, und zwar heute genauso wie zu Otto Schilys Zeiten. Das ursprüngliche Gesetz, 2006 verabschiedet, war im Jahr 2010 vom Bundesverfassungsgericht für ungültig erklärt worden. 2014 hatte dann der Europäische Gerichtshof auch die EU-Richtlinie gekippt, die mit dem verfassungswidrigen deutschen Gesetz hatte umgesetzt werden sollen.

Obwohl dieser Angriff auf die Vertraulichkeit der Kommunikation mit beiden Urteilen erledigt schien, bestand die CDU/CSU, auch Angela Merkel selbst, immer auf einer Wiedereinführung der Vorratsdatenspeicherung – gegen den Widerstand vieler Sozialdemokraten, vor allem des Justizministers Heiko Maas.[10]

Dann aber fuhr Wirtschaftsminister Sigmar Gabriel, dummerweise auch Vorsitzender der SPD, seinem Kollegen Maas per Interview in die Parade und knickte ein. »Ich bin der Überzeugung, wir brauchen das«[11], verkündete er und berief sich auf einen Parteitagsbeschluss, der allerdings schon 2011 gefasst worden war – drei Jahre vor dem negativen Urteil des Europäischen Gerichtshofs, das ja die Notwendigkeit einer deutschen Regelung eigentlich obsolet gemacht hatte.

Nun also »durfte« der Justizminister, der genau das immer abgelehnt hatte, ein neues Gesetz zur Vorratsdatenspeicherung erarbeiten. Und was sagte Maas, nachdem seine Niederlage im Kabinett besiegelt worden war? Er berief sich auf ein paar Beschränkungen, die er durchgesetzt hatte, und redete sich den Vorgang schön: »Die Speicherfristen sind weit kürzer, der Zugriff auf die Daten deutlich schwerer als zuvor.« Und, ganz im Stil der Sonntagsreden von Merkel und Co.: »Die Balance zwischen Freiheit und Sicherheit werde gewahrt«, zitierte *Spiegel online* den Minister.[12]

In Wahrheit hatte der Sozialdemokrat sich gebeugt, entgegen seiner eigenen Meinung. Und seine Behauptung, die Balance sei gewahrt, darf bezweifelt werden, auch wenn die Daten jetzt in der Tat »nur« noch für zehn Wochen gespeichert werden sollen, also für zweieinhalb Monate statt wie früher vorgesehen für ein halbes Jahr. Denn im Dezember 2016 definierte der Europäische Gerichtshof in einem Urteil zu britischen und schwedischen Fällen erneut enge Grenzen für eine Vorratsdatenspeicherung. Unter anderem führten die Richter grundsätzlich aus: »Der Umstand, dass die Vorratsspeicherung der Daten vorgenommen wird, ohne dass die Nutzer elektronischer Kommunikationsdienste darüber informiert werden, ist geeignet, bei den Betroffenen das Gefühl zu erzeugen, dass ihr Privatleben Gegenstand einer ständigen Überwachung ist. Deshalb vermag allein die Bekämpfung schwerer Straftaten einen solchen Grundrechtseingriff zu rechtfertigen.«[13]

Kritiker äußerten daraufhin erneut Zweifel, ob die neue deutsche Regelung, die unter anderem den Begriff der »schweren Straftaten« relativ großzügig definiert[14], diesen Kriterien genügt.[15] Nicht ausgeschlossen also, dass die Vorratsdatenspeicherung auch hierzulande wieder gekippt wird; dem Verfassungsgericht liegt das neue Gesetz seit Herbst 2016 vor.[16] Auf jeden Fall zeigt dieser Vorgang, wie schon beim BKA-Gesetz: Die »Sicherheitspolitiker« setzen offensichtlich wieder darauf, die Grenzen der Verfassung so weit wie möglich auszudehnen – notfalls um den Preis, dass ihnen das Verfassungsgericht einen Teil der Instrumente wieder aus der Hand nimmt. Ihrem Ziel der möglichst umfassenden Ausspähung und Überwachung kommen sie auch so Schritt für Schritt immer näher.

Die Liste der Beispiele lässt sich mühelos in die Gegenwart verlängern: So verkündete Angela Merkel im Juli 2016, nachdem eine Messerattacke in einem Zug bei Würzburg, ein Sprengstoffanschlag in Ansbach und ein Amoklauf in München[17] für Aufsehen gesorgt hatten, sie plane ein neues »Anti-Terror-Paket«. Zuvor allerdings zog sie noch einmal – keineswegs selbstkritisch, sondern voller Stolz – die Bilanz des bereits erfolgten Rechtsstaatsabbaus: »Sie wissen, dass vieles schon in Gang gekommen ist (…), was zum Beispiel Ausreisen aus terroristischen Gründen anbelangt, den Entzug des Passes, die verbesserte Zusammenarbeit von Bund und Ländern im Zusammenhang mit dem Verfassungsschutz, die Einführung der Vorratsdatenspeicherung, den besseren Informationsaustausch zwischen den einzelnen Sicherheitsbehörden oder die Beendigung des völlig sorglosen Umgangs mit Prepaid-Handys.«[18]

Um nur an zwei Beispielen kurz klarzustellen, was hinter den scheinbar harmlosen Veränderungen steckt: Mit der »Beendigung des völlig sorglosen Umgangs mit Prepaid-Handys« meinte die Kanzlerin die Einführung des Ausweis-Zwangs beim Kauf solcher Telefone oder Karten. Das Internetportal *Netzpolitik.org* merkte dazu an: »Smartphones generieren tagein, tagaus immens aussagekräftige Bewegungs- und Persönlichkeitsprofile (...). Und wie immer geht es nur vordergründig gegen Terror – tatsächlich fragen staatliche Stellen alle fünf Sekunden ab, wem eine Telefonnummer gehört.«[19] Besondere Pointe: Noch 2008 hatte selbst das Bundesamt für Sicherheit in der Informationstechnik (BSI) den Bürgern empfohlen, die eigene Kommunikation durch die Verwendung anonymer Prepaid-Handys vor Ausforschung zu schützen. Unter möglichen »Gefährdungen« tauchte in einer Broschüre unter anderem das Stichwort »Vorratsdatenspeicherung« (!) auf, unter dem es hieß: »Die Erstellung von Benutzer- und Bewegungsprofilen sowie eine Rekonstruktion von sozialen Netzwerken auf Grundlage der Vorratsdatenspeicherung sind möglich.«[20] Aber die amtlichen Experten wussten Rat. Unter dem Titel »Mögliche Schutzmaßnahmen« notierten sie: »Ein Kartentausch, der Erwerb von bereits registrierten SIM-Karten oder der Erwerb von Prepaid-SIM-Karten ohne Ausweisprüfung können zur Vermeidung der Identifikation beim Mobilfunkbetreiber genutzt werden. Diese Maßnahme verschleiert wirksam die Identität eines Mobilfunkteilnehmers. Im Geschäftsumfeld kann diese Maßnahme ergänzend für Mobilfunkteilnehmer mit erhöhtem Schutzbedarf durchgeführt werden.«[21] Auf diese Schutzmaßnahme müssen die Bürgerinnen und Bürger – vor allem »im Geschäftsumfeld« – nun leider verzichten. Der »Sicherheitspolitik« sei Dank.

Zweites Beispiel: Was Merkel so harmlos als »besseren Informationsaustauch zwischen den einzelnen Sicherheitsbehörden« bezeichnete, war Teil des in der ersten Jahreshälfte 2016 verabschiedeten »Anti-Terror-Pakets«, das wenige Tage später, nämlich am 1. August 2016, in Kraft treten sollte. In den Worten des Grünen-Netzpolitikers Konstantin von Notz klang die Sache weniger harmlos: »Insbesondere werfen die geplanten gemeinsamen Dateien mit Drittstaaten gravierendste Grundrechts- und Datenschutzfragen auf und stellen zweifellos einen Paradigmenwechsel dar. Bislang war der Informationsaustausch auf kontrollierte Einzelfälle beschränkt. Durch die Einführung gemeinsamer Dateien wird zunehmend unkontrollierbar, wer in diesen Dateien der Geheimdienste landet und was die beteiligten Staaten mit diesen Informationen konkret machen. Zudem beschränken sich die Dateien keineswegs auf die Terrorbekämpfung, sondern ermöglichen Datenweitergaben zu vielen weiteren Zwecken. (...) Insgesamt wachsen die Risiken für unbescholtene Bürgerinnen und Bürger, zunehmend umfassend erfasst und überwacht zu werden, ohne dass damit relevante Sicherheitsgewinne erzielt werden.«[22]

Aber auf derselben Pressekonferenz, bei der sie sich des bereits erfolgten Abbaus von Bürgerrechten rühmte, tat die Kanzlerin schon einen weiteren Schritt: Die Taten von Würzburg, Ansbach und sogar München (wo der Amoklauf eines jungen Mannes mit islamistischem Terror nichts zu tun hatte) nutzte sie, um gleich die nächste Runde einzuläuten: Diesmal ging es unter anderem um »eine schnellstmögliche Vernetzung aller bestehenden Dateien auf dem europäischen Gebiet« und um ein Lieblingsthema der CDU/CSU: den Einsatz der Bundeswehr im Inneren. »Es ist jetzt an der Zeit, Übungen für terroristische Großlagen durchzuführen, die wir nach der geltenden Verfassungsrechtsprechung auch durchführen können, bei denen unter der Führung der jeweiligen Polizei dann auch die Bundeswehr mit eingebunden werden kann.«[23]

Und noch ein Aspekt trat nun wesentlich deutlicher hervor als in früheren Jahren: Die Kanzlerin nutzte die Gelegenheit, den Terrorismus als Begründung für den zunehmend repressiven Umgang mit Flüchtlingen zu nutzen, den sie sich ja längst wieder auf die Fahnen geschrieben hatte. So wurden die Gewalttaten, die von einem siebzehnjährigen Flüchtling aus Afghanistan oder Pakistan, einem zeitweise psychiatrisch behandelten Syrer und einem in Deutschland aufgewachsenen Deutsch-Iraner mit offensichtlich rechtsextremen Neigungen begangen worden waren, zum Argument für eine verschärfte Abschiebepraxis: »Wir müssen zum Beispiel auch weiter mit Afghanistan zusammenarbeiten, um innerstaatliche Fluchtalternativen zu finden und um auch Rückführungen möglich zu machen.«[24] Selbst für den selbsternannten jungen Afghanen, dessen eigene Herkunftsangabe die Behörden allerdings bezweifelten, wäre eine Abschiebung sicher nicht infrage gekommen. Aber keine fünf Monate später, im Dezember 2016, war es so weit: Die ersten Afghanen wurden aus Deutschland abgeschoben. Den Verdacht, dass sie irgendetwas mit Terrorismus zu tun gehabt hätten, hat nie jemand geäußert.

Zum Schaden für die Bürger

Niemand behauptet, der Staat solle sich gegen Terror und Gewalt nicht wehren – auch die Gegner einer rechtsstaatsfeindlichen »Sicherheitspolitik« lehnen angemessene Befugnisse zur Aufklärung und Verfolgung von Straftaten natürlich nicht ab. Und dennoch sehen sich Kritiker des überbordenden Ausbaus von Kontroll- und Verfolgungsapparaten leicht dem Vorwurf ausgesetzt, die Gefahren von Kriminalität und Terrorismus auf die leichte Schulter zu nehmen. Das ist sogar bis zu einem gewissen Punkt verständlich: In der Tat liegt der Wunsch, sich mit möglichst allen zur Verfügung stehenden Mitteln vom Staat beschützen zu lassen, auf den ersten Blick nahe. Die Furcht, auf einem Flughafen, an einem Bahnhof oder auf einem Weihnachtsmarkt von einer Bombe getötet oder von einem Mörder im Lkw überfahren zu werden, ist natürlich zunächst konkreter als die Vorstellung, man könnte selber zum Opfer des Abbaus von Bürgerrechten werden. Dass man von der Datensammelwut des Staates oder gar von einem der stetig verschärften »Antiterrorgesetze« einmal selbst betroffen sein könnte, das ist ein sehr abstrakter Gedanke. Man hat sich ja nichts zuschulden kommen lassen, und wer gerät schon zu Unrecht ins Visier der Verfolger?

Das ist allerdings zu kurz gedacht. Denn längst ist erwiesen: »Überwachungsstaaten« oder auch deren Vorformen verändern die Gesellschaft, die sie zu schützen vorgeben, eindeutig negativ. Je lückenloser die Überwachung und je umfassender die Verfolgungsmöglichkeiten des Staates, desto größer wird auch das Risiko für jeden Einzelnen, einmal unschuldig in die Mühlen der Ermittlungsbehörden zu geraten. Aber nicht nur das: Schon das mehr oder weniger allgegenwärtige, aber weitgehend unsichtbare Ausspähen an sich löst etwas aus, das die Menschen unfreier macht, zum Teil ohne dass wir es sofort bemerken. Datenschützer nennen es den »Chilling-Effekt«.

Das Bundesverfassungsgericht hat diesen Effekt – und seine schädlichen Auswirkungen auf eine demokratische Gesellschaft insgesamt – bereits 1983 in wegweisender Form beschrieben. In seinem berühmten Volkszählungsurteil, mit dem das Recht auf informationelle Selbstbestimmung begründet wurde, heißt es: »Mit dem Recht auf informationelle Selbstbestimmung wären eine Gesellschaftsordnung und eine diese ermöglichende Rechtsordnung nicht vereinbar, in der Bürger nicht mehr wissen können, wer was wann und bei welcher Gelegenheit über sie weiß. Wer unsicher ist, ob abweichende Verhaltensweisen jederzeit notiert und als Information dauerhaft gespeichert, verwendet oder weitergegeben werden, wird versuchen, nicht durch solche Verhaltensweisen aufzufallen. Wer damit rechnet, dass etwa die Teilnahme an einer Versammlung oder einer Bürgerinitiative behördlich registriert wird und dass ihm dadurch Risiken entstehen können, wird möglicherweise auf eine Ausübung seiner entsprechenden Grundrechte (Art. 8, 9 GG) verzichten.«[25]

Das gilt noch mehr in Zeiten der digitalisierten Kommunikation, die dem Staat Aufschluss gibt über politische und andere Vorlieben seiner Bürger und der werbetreibenden Wirtschaft über bevorzugte Waren. Nur dass wir es bei der Wirtschaft an den personalisierten Anzeigen auf unserer Facebook-Seite wenigstens manchmal noch merken – und beim Staat eben nicht. Beziehungsweise erst dann, wenn wir einmal in seine Mühlen geraten sollten.

Die Folgen, so die Verfassungsrichter, betreffen die politische Kultur und damit die Gesellschaft insgesamt: »Dies würde nicht nur die individuellen Entfaltungschancen des Einzelnen beeinträchtigen, sondern auch das Gemeinwohl, weil Selbstbestimmung eine elementare Funktionsbedingung eines auf Handlungsfähigkeit und Mitwirkungsfähigkeit seiner Bürger begründeten freiheitlichen demokratischen Gemeinwesens ist.«[26]

Dieser Effekt, den das Verfassungsgericht 1983 nur vermuten konnte, lässt sich inzwischen auch empirisch belegen. Im Jahr 2016 untersuchte eine Studie der Oxford University die Abrufzahlen von 48 Stichwörtern, die mit Terrorismus zusammenhängen, bei Wikipedia. Das Ergebnis: Nachdem bekannt geworden war, dass die US-Behörden diese Begriffe beim Ausspähen der »sozialen Medien« benutzten, wurden sie wesentlich seltener abgefragt. Zu den untersuchten Wikipedia-Artikeln gehörte zum Beispiel »schmutzige Bombe«, aber auch der Eintrag über den Fachausdruck »nukleare Anreicherung«[27], der ganz sicher nicht nur im Zusammenhang mit Terrorismus verwendet wird.

Das heißt: Sobald die Nutzer ausnahmsweise erfahren, aufgrund welcher Internetrecherche sie ohne ihr Wissen ausgespäht werden könnten, zensieren sie sich selbst. Und nichts spricht dagegen, dass diese Vorsicht auch dann um sich greift, wenn die konkreten Suchbegriffe der Geheimdienste unbekannt bleiben und das Wissen sich darauf beschränkt, dass irgendwo irgendwelche Maschinen stehen, die uns beim Googeln lückenlos über die Schulter schauen. Auf *Heise online* fasste Ute Roos die Kernbotschaft der Untersuchung treffend zusammen: »Die empirische Studie belegt damit die These von Datenschützern und Chilling-Effekt-Forschern, wonach Überwachung das individuelle und kollektive Verhalten von Menschen deutlich verändert, indem sie Furcht, Selbstzensur und Konformität fördert.«[28] Von der Gefahr, unschuldig zum Opfer von Verfolgung zu werden – zumal, wenn man zum Beispiel als Zugewanderter in bestimmte Raster passt – ganz zu schweigen.

An Gründen, sich von der Spähpraxis der Geheimdienste betroffen zu fühlen, fehlt es also nicht. Überwachung ist zum Alltag geworden, auch in Deutschland: Der Verein »Digitalcourage« zählt allein für die Zeit von 2010 bis 2016 insgesamt 29 »staatliche Überwachungsmaßnahmen« auf, die hierzulande neu eingeführt wurden.[29] Darunter befinden sich auch solche Gesetze, die isoliert betrachtet sinnvoll erscheinen, zum Beispiel das 2012 beschlossene »Nationale Waffenregister«. Die Autoren von »Digitalcourage« weisen allerdings mit Recht darauf hin, dass es um den Gesamtumfang staatlicher Spähpraxis geht: »Einige Überwachungsmaßnahmen mögen einzeln betrachtet gerechtfertigt erscheinen und einem nützlichen Zweck dienen. In ihrer Summe sind aber auch sie ein Teil der stetig zunehmenden staatlichen Überwachung.« Und weiter: »Um das für eine Demokratie verträgliche Maß nicht zu überschreiten, muss der Gesetzgeber Prioritäten setzen.«[30]

Das tut er – aber nicht in dem Sinne, den die Datenschützer von »Digitalcourage« meinen. Statt durch immer neue Kontrollbefugnisse eine totale Sicherheit zu versprechen, wäre endlich eine Praxis vonnöten, die mit den Bürgerrechten so schonend umgeht wie nur möglich. Das könnte und müsste im Zweifel auch bedeuten, dass die Gesellschaft sich entscheidet, mit bestimmten Risiken bewusst zu leben, aber dafür die Freiheitsrechte der Bürgerinnen und Bürger aktiv zu schützen. Dafür spricht neben grundsätzlichen rechtsstaatlichen Erwägungen und neben den schädlichen Auswirkungen auf die Freiheit noch ein weiterer Grund: Das Sicherheitsversprechen, das sich mit den immer neuen Befugnissen der Behörden verbindet, trügt öfter, als man denkt. Der Terrorismus hat ja in den Jahren zunehmender Überwachung keineswegs nachgelassen, sondern – genährt nicht zuletzt durch ungelöste internationale Konflikte – eher zugenommen.

Es trügt selbst dort, wo der Gewinn an Sicherheit zunächst auf der Hand zu liegen scheint: bei der Videoüberwachung im öffentlichen Raum. Regelmäßig nach Terrorattacken oder anderen schweren Straftaten taucht die Forderung auf, noch mehr Kameras zu installieren. So zum Beispiel im Sommer 2016 nach den bereits erwähnten Gewalttaten von Würzburg, Ansbach und München. Innenminister Thomas de Maizière (CDU) beeilte sich, wieder einmal den »Einsatz intelligenter Videotechnik« zu fordern – verbunden mit der offenen Aufforderung an die Bundesländer, den Datenschutz zugunsten der Überwachung noch weiter zurückzudrängen: »Öffentlich zugängliche Räume – zu denen etwa auch Einkaufszentren gehören – sind auch ›weiche Angriffsziele‹ für Täter, die auf Öffentlichkeit zielen. München hat dies mit einem Amokhintergrund gezeigt – Terroristen haben solche Ziele auch schon ausgewählt. Die Sicherung dieser Räume durch Videoüberwachung liegt bei den Betreibern solcher Zentren, die durch die Datenschutzaufsichtsbehörden der Länder überprüft werden. Bei solchen Überprüfungsentscheidungen der Datenschützer müssen aus meiner Sicht Sicherheitsbelange stärker aufgenommen (werden) und gewichtiger in die durchzuführende Abwägungsentscheidung eingehen.«[31]

De Maizière bezog sich auch darauf, dass Videokameras das »Sicherheitsgefühl« erhöhten. Das mag sogar vorkommen, auch wenn es Ängste nicht gerade abbaut, wenn man öffentliche Orte wie Einkaufszentren als »weiche Ziele« bezeichnet. Aber selbst wenn sich Menschen, die gefilmt werden, sicher fühlen sollten: Mit einem Gewinn an realer Sicherheit hat das wenig zu tun. Bereits 2006 kam eine erste Auswertung zur Überwachung in Berliner U-Bahnen nämlich zu folgendem Ergebnis: »Eine Veränderung der Kriminalitätsrate zeichnet sich aufgrund der Einführung der Videoaufzeichnung bisher nicht ab.«[32] Gut ein Jahr nach diesem Befund berichtete das Online-Portal Telepolis, dass der Evaluationsauftrag von den Verkehrsbetrieben gekündigt worden war.[33]

Für London, die vielleicht meistüberwachte Stadt der Welt, folgte im Jahr 2009 ein ähnliches Ergebnis: Auf je tausend Videokameras entfiel die Aufklärung eines einzigen Verbrechens.[34] Immerhin, ließe sich argumentieren. Aber der konservative Innenpolitiker David Davis setzte dieser Sichtweise die zwei entscheidenden Argumente entgegen: Die Vielzahl an Überwachungskameras stelle einen »großen Eingriff in die Privatsphäre« dar, und die Mittel für diese Geräte – in London wurden sie auf etwa 570 Millionen Euro für eine Million Kameras geschätzt – könnten anderswo unter Umständen besser und wirkungsvoller eingesetzt werden. Das Ergebnis der Studie, so Davis damals, »sollte zu einer längst überfälligen Überlegung führen, wie man das Budget für Kriminalitätsverhütung verwendet«[35] – zum Beispiel für ein paar mehr leibhaftige Polizisten statt für technische Totalüberwachung. Die Regierenden haben nicht darauf gehört – auch in Deutschland nicht.

Im Jahr 2016 schließlich wurden die Ergebnisse einer weiteren Studie bekannt, in der die Universität Neuenburg (Schweiz) die Videoüberwachung eines Genfer Stadtviertels auswertete. Das Ergebnis fasste die *Neue Zürcher Zeitung* so zusammen: »Obwohl die Videoüberwachung weder die Kriminalitäts- noch die Aufklärungsrate beeinflusst, fühlt sich ein Drittel der befragten Personen dank den Kameras nachts im überwachten Gebiet sicherer.« Der Kommentator des Blattes brachte es präzise auf den Punkt: »Videokameras in den Straßen und auf Plätzen führen dazu, dass sich Menschen beschützt fühlen – auch wenn sie es nicht sind.«[36] Ist es das, was die Gesellschaft von der Sicherheitspolitik erwartet: ein Gefühl von Sicherheit, dem die Wirklichkeit nicht standhält?

Der gezielte Einsatz von Kameras an bestimmten Brennpunkten, etwa Flughäfen, ist inzwischen weitgehend unumstritten – in Deutschland selbst bei den traditionell datenschutzfreundlicheren Grünen.[37] Aber die stetige Ausweitung dieser Ausspähpraxis auf alle möglichen Bereiche hat mit einer tatsächlichen Erhöhung der Sicherheit so gut wie nichts zu tun. Das Beispiel der Videoüberwachung zeigt vielmehr beispielhaft, was für die Innenpolitik insgesamt gilt: Auch in Angela Merkels Deutschland wird der Schutz der Bürgerrechte einem Sicherheitsversprechen geopfert, das sich im Zweifel als trügerisch erweist.

Der Grüne Konstantin von Notz hat das Verhältnis von Sicherheit und Freiheit einmal treffend auf den Punkt gebracht: »Grundgesetz und Gewaltenteilung holt man nicht aus der Schublade, wenn der Faschismus wieder da ist. Sie sind existentielle Teile einer Mechanik, die undemokratische Entwicklungen verhindern soll. Denn die Freiheit stirbt scheibchenweise. Aus der deutschen Geschichte wissen wir leidvoll, dass man Demokratie eben auch wieder verlieren kann. Der Aufstieg der AfD, die Einschränkungen der Pressefreiheit in vielen Ländern, die Angriffe auf Verfassungsgerichte in Polen und Ungarn – all das zeigt: Unsere Demokratie ist auch heute in Gefahr. Wir brauchen die Schutzmechanismen unserer Verfassung dringender denn je.«[38]

Das gilt umso mehr, als der Blick auf die Bedrohungen durch Terror in bestimmten Fällen getrübt zu sein scheint: Diejenigen, die die Freiheit von rechts bedrohen, sorgen für wesentlich weniger kollektive Aufregung als der dschihadistische Terror. Jahrelang zog eine Bande namens »Nationalsozialistischer Untergrund« mordend durch Deutschland, während die Ermittler vor allem das direkte Umfeld der getöteten Migranten verdächtigten. Ein erster Untersuchungsausschuss des Bundestages, der sich bis 2013 mit der Mordserie befasste, fällte parteiübergreifend ein vernichtendes Urteil über die deutschen Geheimdienste: »Die Analyse der Verfassungsschutzbehörden in Bund und Ländern zur rechtsterroristischen Gefahr war falsch und verharmlosend«, hieß es da. Die Dienste seien »auf dem rechten Auge betriebsblind« gewesen.[39] Der zweite Ausschuss tagte die gesamte Legislaturperiode von 2013 bis 2017, und auch er bemühte sich in vorbildlicher Weise, den wenig aufklärungswilligen Behördenvertretern weitere Beiträge zur Aufklärung zu entlocken. Aber die Blockade der Verantwortlichen war nie ganz zu überwinden: Selbst fünf Jahre nach dem Auffliegen des NSU im November 2011 war noch immer nicht geklärt, ob die Terrorgruppe wirklich nur aus drei Personen bestand – und erst recht nicht herrschte Klarheit über die Frage, welche Rolle V-Leute im Zusammenhang mit dem NSU spielten.[40]

Der Vorsitzende des zweiten Ausschusses, Clemens Binninger (CDU), zog im September 2016 zu beiden Fragen eine verheerende Bilanz. Zum Täterkreis: »Wenn ich die Fakten und Indizien aus Akten und Vernehmungen betrachte, bin ich zutiefst davon überzeugt, dass der NSU nicht nur aus drei Leuten bestand und dass es neben den Helfern und Unterstützern, die angeklagt sind, weil sie Wohnungen, Handys, Waffen beschafft haben, auch Mittäter gab. Ich weiß auch nicht, wie es war, aber ich teile die Auffassung des Generalbundesanwalts nicht, dass alle 27 Straftaten – zehn Morde, zwei Sprengstoffanschläge, 15 Banküberfälle – nur von den beiden Männern begangen wurden. (…) Meine Sorge ist, dass man sich sehr früh auf eine Hypothese festgelegt hat – nämlich dass das drei Leute waren. Wenn man sich davon nicht mehr abbringen lässt, ist man nicht mehr offen für andere Spuren. Das war der Fehler, der schon gemacht worden war, bevor der NSU aufflog, als man bei dessen Mordserie von Organisierter Kriminalität ausging. Ich habe Sorge, dass sich das jetzt mit der Trio-These wiederholt.«[41] Und zu den V-Leuten: »Es ist ein Mysterium bis heute, warum kein V-Mann seinem V-Mann-Führer etwas mitgeteilt haben will. (…) Ich kann mir nicht vorstellen, dass es keinen einzigen V-Mann geben soll, der nicht zumindest gewusst hat, wo das Trio sich aufhält.«[42]

Angela Merkel hat sich bereits 2012 bei den Angehörigen der NSU-Opfer für das Versagen der Behörden entschuldigt, immerhin. Sie hat ihnen versprochen, sie werde »nicht hinnehmen, dass Menschen Hass, Verachtung und Gewalt ausgesetzt werden«. Man werde, so hat sie gesagt, »entschieden gegen jene vorgehen, die andere wegen ihrer Herkunft, Hautfarbe, Religion verfolgen«.[43] Der Beweis steht noch aus. Und an der Mitverantwortung dieser Kanzlerin für das eklatante Versagen des Rechtsstaats ändert auch dieses Bekenntnis nichts: Im November 2011, als der NSU und damit das Versagen der Sicherheitsbehörden aufflog, war sie bereits seit sechs Jahren im Amt.

Man mag sich nicht vorstellen, welche Forderungen nach schärferen Gesetzen ein Staatsversagen wie beim NSU-Terror ausgelöst hätte, wäre es um Taten von Zuwanderern gegangen. Eine Ahnung davon bekommt man allerdings, wenn man sieht, wie Politiker nach dem Weihnachtsmarktanschlag von Berlin nach schärferen Regeln riefen[44], obwohl der Täter Anis Amri offensichtlich nicht wegen zu lascher Gesetze, sondern wegen eklatanter Behördenfehler bis zu seinem Anschlag auf freiem Fuß bleiben konnte.[45] Es wirkte, als betrachte deutsche Politik unter Angela Merkel »Sicherheitspolitik« nicht mehr nur als Abbruchunternehmen für Bürgerrechte, sondern auch als Mittel zur Durchsetzung einer rigiden Ausländerpolitik.

Vorbeugen? Nebensache!

Immerhin eine Konsequenz hat sich aus dem Versagen in Sachen NSU ergeben: Gleich nach der Entdeckung der Terrorgruppe versprach die Bundesregierung, sich künftig intensiver um Prävention zu bemühen. Dafür war es auch höchste Zeit, denn in der Sicherheitsdebatte hierzulande war der Gedanke einer umfassenden Vorbeugung gegen Kriminalität und Terror immer stärker in den Hintergrund geraten. Doch was steht hinter dem Versprechen, die Vorbeugung zu verbessern? Einiges ist zwar in die Wege geleitet, aber insgesamt gilt ähnlich wie bei der Wahrung der Bürgerrechte: Das Handeln der Regierung Merkel hält ihren schönen Worten nicht stand.

Im Sommer 2016 sagte die Bundeskanzlerin: »Wir müssen alle Forschungsvorhaben, die es bereits gibt, zum islamistischen Terror und zu den Hintergründen dessen, wie Menschen radikalisiert werden, fortsetzen und gegebenenfalls noch erweitern.

Dann müssen wir die entsprechenden Schlussfolgerungen im präventiven Bereich ziehen. Der Bundesinnenminister und die Bundesfamilienministerin haben jüngst über ihre Präventionsmaßnahmen berichtet. Aber wo immer notwendig und erkennbar, muss das erweitert werden.«[46]

Mit den »Maßnahmen« meinte Angela Merkel wahrscheinlich die »Strategie der Bundesregierung zur Extremismusprävention und Demokratieförderung«[47], die Innenminister de Maizière und Familienministerin Manuela Schwesig (SPD) wenige Tage zuvor öffentlich gemacht hatten. In der verklausulierten Sprache der Selbstrechtfertigung las sich die Bilanz des bisherigen Versagens dort so: »Die Bundesregierung fördert bereits seit 1992 Programme und Maßnahmen zur Extremismusprävention. Seit 2001 wird verstärkt auch die Demokratieförderung in den Blick genommen. Durch die Arbeit des NSU-Untersuchungsausschusses des Deutschen Bundestages sowie der Landtage wurde jedoch deutlich, dass eine noch intensivere und wirkungsvollere Auseinandersetzung mit Rassismus und Rechtsextremismus notwendig ist, nicht zuletzt, um den lange unterschätzten Gefahren des Rechtsterrorismus entgegentreten zu können.«[48]

»Noch intensiver« – so lautete die beschönigende Bezeichnung der Regierung für ihr Versprechen, der jahrelangen finanziellen Aushungerung zivilgesellschaftlicher Initiativen gegen Extremismus ein Ende zu machen. Was dann allerdings unter dem Namen »Strategie« angepriesen wurde, stellte »bestenfalls einen Überblick zu aktuellen Programmen in diesem Bereich« dar, wie die Grünen-Politikerin Irene Mihalic bemerkte.[49] Akribisch wurde dort aufgezählt, dass der Bund in »Phänomenbereichen« wie Rechtsextremismus, »islamistische Radikalisierung«, »Islam- bzw. Muslimfeindlichkeit«, Antisemitismus oder auch Linksextremismus mit etwa 700 zivilgesellschaftlichen Partnern kooperiert. Und es fehlte nicht der Hinweis, dass die Mittel für all diese Projekte erhöht worden waren. Tatsächlich hatte die Regierung das größte Bundesprogramm »Demokratie leben!«, das einen

Großteil der 700 »Zuwendungsempfänger« betreut, für das Jahr 2016 um 10 Millionen auf 50,5 Millionen Euro aufgestockt. Auch die Bundeszentrale für politische Bildung bekam nun mehr Geld (etwa 35 statt knapp 30 Millionen Euro), ebenso wie die vom Innenministerium finanzierte Initiative »Zusammenarbeit durch Teilhabe«, deren Etat auf 12 Millionen Euro verdoppelt wurde.[50]

Das sind beeindruckende Zahlen, die sich allerdings erheblich relativieren, wenn man sie mit den sonstigen Ausgaben für die »innere Sicherheit« vergleicht: Die nicht ganz 100 Millionen Euro, die sich – für das Innen- und das Familienministerium zusammen – in der Summe ergeben, machen gerade zwei Prozent der etwa 5 Milliarden Euro aus, die dem Innenministerium 2016 für die »innere Sicherheit« zur Verfügung standen. Selbst für die Förderung des Spitzensports gab das Haus de Maizière annähernd doppelt so viel aus wie Innen- und Familienministerium zusammen für die Vorbeugung gegen Extremismus: 178 Millionen Euro.[51]

Die Amadeu-Antonio-Stiftung, die sich gegen Rechtsextremismus, Rassismus und Antisemitismus engagiert, begrüßte zwar »außerordentlich, dass die Bundesregierung endlich eine Strategie zur Demokratieförderung vorlegt«. Sie wies aber zugleich auf die erheblichen »Leerstellen« hin. »Auffällig« sei zum Beispiel, »dass die Umsetzung der Strategie zu großen Teilen bei der Zivilgesellschaft verortet wird, aber wenig eigene Maßnahmen der unterschiedlichen Ministerien aufgelistet werden. So bleibt es vollkommen unklar, warum im Kontext des Versagens beim NSU-Komplex nicht stärker die Auseinandersetzung mit Rassismus bei den nachgeordneten Sicherheitsbehörden im Dienstbereich des Innenministeriums beleuchtet wird. Ebenso fehlen vollständig Maßnahmen und die Perspektive des Justizministeriums, insbesondere vor der Notwendigkeit eines stärkeren Opferschutzes oder der geringen Aufklärungsquote bei schweren Straftaten gegen Asylsuchende und deren Unterkünfte.« Zudem sei für viele Projektträger »vollkommen unklar«, wie sie die geforderten 20 Prozent Eigenanteil an der Finanzierung aufbringen sollen.[52]

Und noch eine »Leerstelle« fiel auf: »Die bestehenden Programme werden (…) auf bundesgesetzlicher Grundlage, soweit Gesetzgebungskompetenz vorliegt, weiterentwickelt«, hatten CDU/CSU und SPD 2013 in ihren Koalitionsvertrag geschrieben.[53] Ein Gesetz, das die Aktivitäten gesichert und verstetigt hätte, war also versprochen. Dazu hieß es fast drei Jahre später im »Strategiepapier«: »Im Bereich der Extremismusprävention und Demokratieförderung prüft die Bundesregierung eine weitere Verstetigung der Maßnahmen und die Überführung in Regelstrukturen. Die Bundesregierung prüft darüber hinaus die Möglichkeiten einer verbesserten rechtlichen Basis für die Arbeit der Zivilgesellschaft. Basis dafür ist die Feststellung im NSU-Untersuchungsausschuss, der ›Verlässlichkeit (…) und Planungssicherheit‹ gefordert und eine bundesgesetzliche Regelung empfohlen hat. Der Koalitionsvertrag der jetzigen Bundesregierung sieht daher eine Sicherstellung der Förderung ›auf bundesgesetzlicher Grundlage, soweit Gesetzgebungskompetenz vorliegt‹, vor.«[54]

Im Klartext: Eine weitere Legislaturperiode war zum großen Teil verstrichen – und die Regierung »prüfte« immer noch. Dieselbe Regierung, die serienweise neue »Sicherheitsgesetze« erfindet, hatte für eine gesetzliche Regelung zur Prävention offenbar keine Zeit. Auch das: eine Blamage.

Das gilt erst recht für den Bereich, in dem sich der Gewalt frühzeitig und wahrscheinlich am wirksamsten vorbeugen ließe: die Sozialpolitik, hier verstanden als umfassende Strategie der gesellschaftlichen Integration, von Sozialleistungen über Bildung bis zu Stadtplanung und bezahlbarem Wohnraum. In diesem Bereich aber gibt Angela Merkel nicht einmal Lippenbekenntnisse ab. Und das, obwohl noch immer gilt, was der Soziologe Matthias Quent zum Zusammenhang zwischen sozialer Lage und Radikalisierung sagt: Er bestehe »im Kern aus dem Widerspruch zwischen der offiziellen Realität und der Alltagsrealität der Menschen. Erstere ist konstruiert durch unsere Werte, Politik und Medien, und zu ihr gehören Versprechen wie Freiheit, Gleichheit, Brüderlichkeit oder ganz konkret ›blühende Landschaften‹. Stattdessen erleben die Menschen Chancenungleichheit und soziale Ungerechtigkeit, Kränkungen und Diskriminierungen. Diese Widersprüche verlangen nach Rechtfertigung, nach Rationalisierung – zum Beispiel durch die Pseudolehre des Rassismus, der eine angeblich natürliche Ungleichwertigkeit von Menschen attestiert und somit versucht, den sozialen Problemen einen Sinn zu geben.«[55]

Diese Diagnose hat mit Verständnis für Gewalttäter nichts zu tun, mit Vorbeugung allerdings sehr viel. Nur wer »Chancenungleichheit und soziale Ungerechtigkeit, Kränkungen und Diskriminierungen« bekämpft, hat eine Chance, Terror und Gewalt an der Wurzel zu packen. Und das gilt nicht nur für den Rassismus der Rechtsextremisten. Quents Befund lässt sich ebenso gut auf den islamischen Fundamentalismus anwenden, der ja nicht weniger als der Rassismus auf der Idee der »Ungleichwertigkeit von Menschen« (Gläubige hier, Ungläubige dort) basiert.

Dagegen helfen weder mehr Gesetze zur Ausspähung der Bürger noch mehr Videokameras oder mehr Polizisten. Es war kein Multikulti-Fantast, sondern der Polizeiwissenschaftler Rafael Behr von der Akademie der Polizei in Hamburg, der im Sommer 2016 die Schieflage der Sicherheitsdebatte zu korrigieren versuchte: »Der Seeheimer Kreis der SPD fordert 20 000 neue Polizisten. Kein Mensch fordert aber 20 000 Sozialarbeiter, Psychologen oder Integrationsspezialisten. Wenn wir die einstellen würden, hätten wir wohl bessere Erfolge. Polizisten sind ja nur für die Symptombekämpfung zuständig. (…) Wo junge, perspektivlose Männer in großer Zahl aufwachsen, gibt es ein erhöhtes Gewaltpotenzial. Es sind ja keine Familienväter, Frauen und Kinder, die Amok laufen.«[56]

Aber gerade hier, bei der Bekämpfung der tieferen Ursachen, versagt die »Sicherheitspolitik« der Kanzlerin nahezu total. Nach mehr als einem Jahrzehnt Merkel schneiden in Deutschland zum Beispiel Menschen mit Migrationshintergrund bei wichtigen sozialen Indikatoren wie Bildung, Einkommen und Armutsrisiko immer noch deutlich schlechter ab als die alteingesessene Bevölkerung.[57]

Thomas Gebauer, Geschäftsführer der Hilfs- und Menschenrechtsorganisation medico international, hat den Zusammenhang zwischen politischem Versagen und Gewalt überzeugend beschrieben: »Zum bedauerlichen Zustand der herrschenden Politik gehört, dass sie immer wieder erstaunt auf Missstände reagiert, die sie zuvor selbst befördert hat. (…) Der Klimawandel, der Hunger, die Finanzkrise, die sogenannte Flüchtlingskrise, die vielen kriegerischen Konflikte, die heute allerorten für Verheerungen sorgen, aber auch die Enthemmung der Gewalt, die hierzulande zu beklagen ist, sind nicht plötzlich vom Himmel gefallen, sondern Ergebnis einer Politik, die sich mehr und mehr den Vorgaben einer auf Wachstum und Rendite ausgerichteten Ökonomie unterworfen hat. Dabei hat sie sich auch ihrer politischen Handlungsoptionen beraubt. Zu den schwerwiegenden Folgen dieser von dem französischen Soziologen Pierre Bourdieu so treffend beschriebenen ›Politik der Entpolitisierung‹ zählt eine dramatisch angewachsene soziale Ungleichheit, die sowohl zwischen den Ländern als auch innerhalb der Gesellschaften festzustellen ist.«[58]

Gebauer umreißt auch den wohl einzig globalen Ansatz, der präventiv wirken könnte: »Solange sich Politik auf bloßes Krisenmanagement beschränkt, muss sie scheitern. Die Lösung der in der Welt herrschenden Probleme liegt nicht in einer Fortsetzung des sozialpolitischen Amoklaufs, mit dem der Neoliberalismus die Welt in den zurückliegenden Jahrzehnten verunsichert hat, sondern in einer Politik, die endlich auf sozialen Ausgleich setzt. Aber Vorsicht: Die Forderung, der Aushöhlung von Sozialstaatlichkeit endlich Einhalt zu gebieten, ist schnell formuliert und liest sich selbst in so manchem Parteiprogramm. Nimmt man sie aber ernst, verlangt sie nach tiefgreifenden Eingriffen in die bestehenden Verhältnisse. (…) Gewaltprävention verlangt nach Umverteilungsmechanismen, die auch vor den privaten Vermögen und den Gewinnen transnationaler Konzerne nicht Halt machen dürfen.«[59]

In den folgenden Kapiteln wird sich zeigen: Auf diesem Auge ist die deutsche Kanzlerin so gut wie blind.

Das deutsche Europa

Für das Versagen der Regierung Merkel und für die Dringlichkeit eines Politikwechsels in Deutschland gibt es ein weiteres Beispiel, das zwar derzeit angesichts der hysterischen Debatten über Flucht und Terror weniger Beachtung findet, aber an Sprengkraft keineswegs verloren hat: die Krise des Euro. Der von der Kanzlerin sorgfältig vermittelte Eindruck, sie tue als Krisenmanagerin entschlossen und nervenstark das jeweils Notwendige, (be)trügt. In Wahrheit ist hier nicht die angeblich pragmatische Krisenmanagerin am Werk, sondern die begnadete Machttechnikerin. Das ganze Gerede von »Hilfe« und »Rettung«, verbunden mit arroganten Zurechtweisungen, adressiert an die Länder des europäischen Südens – das alles hat mit dem realen Handeln der Kanzlerin sehr wenig zu tun. Es ist nichts anderes als populistische Rhetorik, die dem Wahlvolk suggerieren soll, hier werde im Sinne des allgemeinen Wohlstands gehandelt.

Hinter der beschönigenden Propaganda verbirgt sich auch bei diesem Thema mehr als der von konservativen Kritikern beklagte Superpragmatismus. Merkels konkretes Handeln ist – anders als ihr Reden – gerade in der Eurokrise keineswegs allein oder vorrangig von der öffentlichen Stimmungslage und ihren Wahlaussichten bestimmt. Vielmehr verfügt sie sehr wohl über einen klaren ideologischen Kompass: Sie denkt und handelt erstens marktfundamentalistisch statt solidarisch und zweitens national statt europäisch. Nach wie vor steht für sie nicht die Stärkung Europas an erster Stelle, sondern das, was sie schon immer »gerne wollte« und bereits 2012 als Erfolg für sich reklamierte:

»Es ist gelungen, was wir gerne wollten: dass Deutschland stärker aus der Krise herauskommt, als es hineingegangen ist.«[1] Im Zweifel auf Kosten der europäischen Partner.

Was immer Deutschland in dieser Krise tut, dient der Rettung einer ganz bestimmten Idee von Einheitswährung, die man den »deutschen Euro« nennen könnte. Eine Währung, die – wie in diesem Kapitel zu zeigen sein wird – von Anfang an ganz auf die Interessen der Exportnation Deutschland zugeschnitten war. Die »Rettungspakete« und erst recht der »Fiskalpakt«, den Deutschland ganz Europa aufoktroyierte, folgen dem Prinzip, das Deutschland dem Euro schon bei seiner Einführung aufzwang: Alle Länder, egal mit welcher ökonomischen Struktur, wurden einer Geldpolitik nach deutschem Muster unterworfen. Wie einst die Deutsche Bundesbank wurde nun auch die Europäische Zentralbank EZB einseitig darauf verpflichtet, möglichst wenig Geld in Umlauf zu bringen und die investitionsfeindliche Austeritätspolitik zu stützen. Das beugte zwar der Inflationsgefahr vor, nahm aber den schwächeren Volkswirtschaften ihre wichtigsten Instrumente aus der Hand: Weder können sie über den Wechselkurs einer eigenen Währung die Importe verteuern und damit ihre Binnenwirtschaft stärken, noch ist es ihnen möglich, durch »Gelddrucken« ihre Staatsausgaben zu finanzieren und ihre nationale Konjunktur in Gang zu bringen. Stattdessen importierten sie jahrelang, was das Zeug hielt – in Euro, meistens auf Pump und zum Wohle der deutschen Exportindustrie. Die Risiken der Verschuldung dagegen trugen sie allein. Und einer gemeinsamen europäischen Wirtschafts- und Finanzpolitik, etwa Mechanismen nach Art des deutschen Länderfinanzausgleichs, verweigert sich Merkels Deutschland bis heute. Lieber duldet die Kanzlerin stillschweigend, dass die EZB das Dogma der Inflationsbekämpfung verletzt und mit einer Strategie des billigen Geldes das Versagen der Politik einigermaßen auszugleichen versucht.

Aus dem Gleichgewicht: Politik des Schwindels

Das Handeln Deutschlands ist nicht nur auf blamable Weise national-egoistisch, sondern kurzsichtig ist es auch. Selbst ein Zyniker, der damit einverstanden wäre, dass Deutschland auf Kosten desselben Europa, von dem es so lange profitiert hat, nur den eigenen Vorteil sucht, kann sich leicht ausrechnen: Es muss bezweifelt werden, dass unser Land auf diese Art »stärker aus der Krise herauskommt«. Auf Dauer werden nicht nur die Bevölkerungsmehrheiten Griechenlands, Spaniens oder Portugals für die von Berlin und Brüssel diktierten »Anpassungsprogramme« bezahlen. Dort haben die sozialen Sicherungssysteme unter den oktroyierten Sparzwängen schon jetzt einen Schaden erlitten, von dem sie sich so schnell nicht erholen werden. Aber auch Deutschland wird sich auf den ökonomischen Ungleichgewichten, von denen es lange Zeit profitiert hat, nicht ewig ausruhen können. Schon jetzt bezahlen hierzulande Millionen Menschen für die »Wettbewerbsfähigkeit« der Wirtschaft mit erzwungenem Lohnverzicht oder bekommen die staatliche Sparpolitik zum Beispiel als Hartz-IV-Empfänger zu spüren. Zu Merkels Deutschland, das »stärker aus der Krise herausgekommen« ist, zählen sie offenbar nicht. Und die deutsche Politik ist entscheidend an der Herstellung und Festigung eines gefährlichen ökonomischen Ungleichgewichts in Europa beteiligt, dessen Folgen auch wir zu spüren bekommen könnten.

Das Hauptproblem besteht in der Exportlastigkeit der hiesigen Wirtschaft – und in der Weigerung der Kanzlerin, etwas dagegen zu tun. Aus ideologischen Gründen verzichtet sie auf die Entwicklung einer neuen europäischen Wirtschaftsarchitektur, die das Ungleichgewicht zwischen deutscher Export- und südeuropäischer Importabhängigkeit überwinden würde. Es ist schon erstaunlich, wie hingebungsvoll man sich in der Bundesrepublik mit den Schulden und der wirtschaftlichen Schwäche anderer EU-Länder beschäftigt[2], während die andere Seite weitgehend unbeachtet bleibt: Den Defiziten der einen stehen die Überschüsse der anderen, vor allem Deutschlands, gegenüber.

Ablesen lässt sich das an den Leistungsbilanzen, die die Import- oder Exportorientierung einer Volkswirtschaft widerspiegeln und die durchaus in einem Zusammenhang mit der europäischen »Schuldenkrise« stehen: »Ein Leistungsbilanzdefizit deutet darauf hin, dass das betreffende Land mehr verbraucht als produziert, also Auslandsvermögen abbaut bzw. sich im Ausland verschuldet. Weist die Leistungsbilanz einen Überschuss aus, so bedeutet dies, dass das Land mehr produziert hat, als es selbst an eigenen und fremden Gütern nachfragt. Dieses Land wird Geldvermögen (Auslandsvermögen) bilden und mehr Deviseneinnahmen als -ausgaben erzielen.«[3] Vereinfacht gesagt: Das deutsche Auto, das ein griechischer Staatsangestellter von seinem Gehalt erwirbt, trägt sowohl zum Überschuss der deutschen als auch zum Defizit der griechischen Leistungsbilanz bei, da Griechenland nicht genauso viel nach Deutschland exportiert wie umgekehrt. Zugleich wird der griechische Autokäufer mit Geld bezahlt, das seine Regierung sich geliehen hat – und für das sie übrigens Zinsen bezahlt, nicht zuletzt an Deutschland.

Dieses Ungleichgewicht innerhalb eines Währungsgebietes schadet im Endeffekt allen – auch den »Starken«, weil ihnen irgendwann die Kundschaft für ihre teuren Exporte verloren geht. Das Gegenmittel der Wahl wäre auf nationaler Ebene eine konsequente Minderung der Exportabhängigkeit durch Stärkung der Binnennachfrage, also etwa staatliche Investitionen und bessere Leistungen für diejenigen, die das zusätzliche Geld sofort für ihren Lebensunterhalt ausgeben würden, vor allem Hartz-IV-Empfänger. Auf europäischer Ebene ginge es ebenfalls um Investitionen, mit denen in Ländern wie Griechenland die Binnenwirtschaft gestärkt und damit die Abhängigkeit von Importen verringert werden könnte.

Aber genau das passt nicht in die Ideologie, der Angela Merkel folgt: Weder ist sie bereit, Mehrausgaben für Investitionen durch höhere Steuern auf Spitzeneinkommen und -vermögen zu finanzieren, noch rückt sie vom Dogma der »schwarzen Null« auch nur einen Zentimeter ab. Und nennenswerte europäische Investitionsprogramme wie der vom Deutschen Gewerkschaftsbund vorgeschlagene »Marshallplan für Europa«[4], die etwa durch gemeinsame europäische Anleihen finanziert werden könnten, sind für diese Kanzlerin erst recht tabu – obwohl sie wohl die einzige Chance darstellen würden, den Euro auf eine ökonomisch tragfähige Basis zu stellen und die Attraktivität der europäischen Idee wieder zu erhöhen.

In Deutschland hat sich die Binnennachfrage zwar durch die gute Konjunktur (die wir, wie gezeigt, unter anderem den Schulden der anderen verdanken) verbessert. Aber nichts spricht dafür, dass es ohne politisches Eingreifen dabei bleibt. So sagte das Deutsche Institut für Wirtschaftsforschung (DIW) für das Jahr 2017 voraus: »Der private Verbrauch verliert allmählich an Schwung: Der Beschäftigungsaufbau hat sich seit Mitte des Jahres abgeschwächt, und eine höhere Teuerung wird die Kaufkraft künftig stärker dämpfen als zuletzt.«[5] Die hiesige Wirtschaft bleibt demzufolge so stark auf den Export fixiert, dass in der Gesamtbilanz ungesunde Überschüsse erwirtschaftet werden.

Wie riskant diese fehlende Balance zwischen den Volkswirtschaften der Mitgliedsstaaten ist, hat eigentlich sogar die EU erkannt. Eine nach der Bankenkrise eingeführte Regel besagt, dass der Überschuss in der Leistungsbilanz eines Landes (die außer dem Warenaustausch auch Einkommen und Dienstleistungen einbezieht) nicht über einem Limit von sieben Prozent des Bruttoinlandsprodukts liegen darf. Diese Grenze überschreitet Deutschland regelmäßig[6], was allerdings in der breiten Öffentlichkeit kaum Beachtung findet – anders als die Defizitgrenze von drei Prozent, an die sich Deutschland mit seiner investitionsfeindlichen Politik hält.

So kommen nicht etwa nur Gewerkschafter oder linke Ökonomen, sondern die Beamten der EU-Kommission zur folgenden

Einschätzung: »Insgesamt deutet die wirtschaftliche Auslegung auf Probleme im Zusammenhang mit dem sehr hohen und weiter wachsenden Leistungsbilanzüberschuss und der starken Abhängigkeit von der Auslandsnachfrage hin, die Wachstumsrisiken darstellen und die Notwendigkeit einer anhaltenden Neuausrichtung hin zu inländischen Quellen deutlich machen.«[7] In Deutschland stößt dieses vernichtende Urteil allerdings regelmäßig auf taube Ohren. Die Politik der Kanzlerin stellt eine Wette auf die Importabhängigkeit – und damit nicht zuletzt die Schulden – der europäischen Partner und anderer Importländer dar.

Das heißt auch: Europa soll weiter vor allem den deutschen Interessen dienen, den kurzfristigen jedenfalls. Und wer sich fragt, warum Angela Merkel so engagiert für Notkredite an Staaten wie Griechenland eintritt, sollte den Zweck der Übung nicht vergessen: die Aufrechterhaltung genau dieses national-egoistischen und zudem störungsanfälligen Systems.

Die nicht ausgestandene Krise in vielen EU-Ländern, die konjunkturellen Schwierigkeiten in China, eine protektionistische Politik des US-Präsidenten Donald Trump: All das könnte sich angesichts der Abhängigkeit vom Export sehr schnell auch auf die deutsche Wirtschaft auswirken. Das würde dann auch bei uns zu geringerem Wachstum und zu »Anpassungsmaßnahmen« führen, und die treffen in der Regel die öffentlichen Investitionen und die Leistungen des Sozialstaats, von der Armutsvorsorge bis zur Bildung. Wir sollen es nur noch nicht merken, und dieses Kalkül der Kanzlerin geht auf erschreckende Weise auf.

Gerade in der Eurokrise schien es lange so, als habe sich ein großer Teil der Bevölkerung mehr oder weniger unbewusst auf ein Verdrängungsabkommen mit der Regierung eingelassen: Angela Merkel tut und handelt so, als könne in Deutschland im Prinzip alles so weitergehen wie bisher, während um uns herum der massenhafte Staatsbankrott droht. Sie nimmt es in Kauf, dass sich durch dieses Regierungshandeln die strukturellen Probleme noch verschärfen. Und nun, da die Unzufriedenheit mit Europa wächst, richet sie sich nicht etwa gegen diesen offensichtlichen Schwindel, sondern entlädt sich im von Merkel selbst mit geschürten Hass auf die »faulen Griechen« und im Zulauf ausgerechnet für diejenigen Kräfte, die dem nationalen Egoismus durch eine Absage an den Euro noch die Krone aufsetzen möchten. Und die Verantwortlichen in Deutschland schauen zu, weil sie solidarische europäische Lösungen aus ideologischen Gründen verweigern.

Die »Europäerin« Angela handelt zwar vielleicht zum kurzfristigen Nutzen der deutschen Exportindustrie, nicht aber im langfristigen deutschen Interesse. Sie hat Europa dem Modell Deutschland unterworfen, obwohl dieses Modell nicht mehr trägt. Sie hat dabei die wichtigste Erkenntnis überzeugter Europäer missachtet: Ohne Europa ist auch die stärkste europäische Macht sehr schwach.

Hier regiert der Markt

Merkels zweiter innerer Wegweiser – neben dem nationalen Egoismus – ist der Marktfundamentalismus. Was die deutsche Regierung in dieser Krise bislang getan hat, diente nämlich nicht nur der Verteidigung des »deutschen Euro«. Es diente zugleich der mit ihm verbundenen Abhängigkeit politischen Handelns vom Wohlwollen »der Märkte«. Wenn die Kanzlerin vom Verhältnis zwischen »Eigenverantwortung« und »Solidarität« spricht[8], dann meint sie: Wir übernehmen die Haftung so lange, bis die Spekulanten in den Banken und Schattenbanken wieder glauben, an euren Schulden verdienen zu können (das versteht sie unter »Solidarität«). Die Krisenstaaten organisieren dafür in »Eigenverantwortung« den Zusammenbruch ihrer staatlichen Handlungsmöglichkeiten, verbunden mit explodierender Armut und Arbeitslosigkeit. Das ist, verborgen hinter positiven Begriffen wie »Solidarität« und »Eigenverantwortung«, neoliberale Ideologie in Vollendung: Staaten sollen sich verhalten wie kapitalistische Unternehmen, die so lange sparen, bis sie auf den Kreditmärkten wieder Gnade finden. Und Deutschland kontrolliert gemeinsam mit seinen Verbündeten in der EU, dass sie von diesem Kurs nicht abweichen.

Fast überflüssig zu erwähnen, dass die herrschende Politik in Deutschland und Europa nicht nur eine gemeinsame Wirtschafts- und Fiskalpolitik verweigert, sondern auch die Regulierung der Banken nur äußerst widerwillig vorantreibt. So bilanzierte der US-Ökonom Barry Eichengreen im Jahr 2015 die Ergebnisse weltweiter Regulierungspolitik so: »Zwar wurde beschlossen, dass Banken mehr Kapital vorhalten müssen, um besser gegen Verluste gewappnet zu sein, doch wann immer Kritiker forderten, die Kapitalanforderungen müssten dramatisch höher sein, wandten andere ein, dass die Banken dann aufhören würden, Kredite zu vergeben – und dass dies der Wirtschaft schaden würde. Zudem erlaubte die Rettung der Banken es der Bankenlobby, sich neu zu formieren. So konnte die Lobby gegen ambitioniertere, radikalere Reformen ankämpfen.« Als ein Beispiel nannte Eichengreen die nicht erfolgte Trennung des Kreditgeschäfts vom Investmentbanking.[9] Und das Deutsche Institut für Wirtschaftsforschung stellte 2014, fünf Jahre nach dem Höhepunkt der Krise, fest: »Die Konsolidierung des europäischen Bankensektors ist nicht abgeschlossen und muss zügig vorangetrieben werden. Eine höhere Transparenz des neuen regulatorischen und institutionellen Gefüges wäre hilfreich. Die enge Verknüpfung zwischen Banken und Staaten sollte über die bislang geplanten Neuerungen hinaus weiter reduziert werden.«[10]

In der Krise hat das größte, wichtigste und wirtschaftlich stärkste Land der Europäischen Union also weder ökonomisch vernünftig noch »europäisch« gehandelt. Es hat vielmehr aus nationalem Egoismus und aus ideologischer Fixierung auf die »Märkte« jede vernünftige und solidarische Lösung entweder blockiert oder so lange wie möglich verzögert. Die Regierung Merkel hat den mächtigsten Staat des Kontinents zum unberechenbarsten Mitglied der EU gemacht. Sie hat sich quergestellt, wo immer es um dauerhaft aussichtsreiche Wege aus der Krise ging: bei der Vertiefung der ökonomischen und politischen Integration, bei der gemeinschaftlichen Vermeidung ungesunder ökonomischer Ungleichgewichte, bei der dringend notwendigen Eindämmung der Spekulation.

So ist Deutschland nicht nur dabei, die eigenen europäischen Exportmärkte zu zerstören. Es riskiert – in der falschen Vorstellung, vom »Weiter so« zu profitieren – auch die Währung selbst. Es ist blind für die Tatsache, dass diese Währung nur auf neuer Grundlage, nur in einem wirklich geeinigten Europa zu retten ist. Deutschland verhält sich wie ein störrisches Kind, das seine Süßigkeiten lieber verderben lässt, als sie zu teilen.

Die Geburtsfehler einer Währung

Um die Dimension der deutschen Blamage in Europa richtig einordnen zu können, hilft ein Blick in die jüngere Geschichte. Schon die sogenannte »Montanunion«[11], also die kleine Vorläuferin der Europäischen Gemeinschaft und dann der EU, war nicht nur ein idealistisches Projekt zur Überwindung von Feindschaft und Kriegsgefahr. Westeuropa lebte bekanntlich auch damals, 1951, im Kapitalismus, und auch damals hatten Regierungen die Interessen ihrer jeweiligen Industrien im Auge.

Dies verband sich allerdings mit der in den fünfziger und sechziger Jahren noch sehr präsenten Erfahrung des Zweiten Weltkriegs und der verheerenden Schäden, die das deutsche Nazi-Regime auf dem Kontinent angerichtet hatte. »Hauptziel des Vertrages [zur Montanunion] war (…) die Sicherung des innereuropäischen Friedens durch die ›Vergemeinschaftung‹, also die gegenseitige Kontrolle der kriegswichtigen Güter Kohle und Stahl, sowie die Sicherstellung dieser für den Wiederaufbau nach dem Zweiten Weltkrieg entscheidenden Produktionsfaktoren.«[12]

Die frühen »Europäer« auf beiden Seiten des Rheins, darunter Helmut Kohl, mögen durch ihre Träume von Völkerverständigung und Frieden bewegt worden sein, als sie an den Schlagbäumen zwischen Deutschland und Frankreich gerüttelt haben. Aber jenseits allen Pathos war klar: Wo »Erbfeindschaften« die Politik bestimmten, würden auch die kapitalistischen Unternehmer die Bedingungen für wirtschaftlichen Erfolg nicht finden. Ein »Konjunkturprogramm« namens Krieg konnten sie jedenfalls auf absehbare Zeit nicht mehr gebrauchen.

Das grenzenlose EU-Europa, das bis zum Beginn des dritten Jahrtausends entstanden war, lässt sich also schon in seinen Ursprüngen – bei allem Idealismus mancher Beteiligten – durchaus auch als ökonomisch getriebenes Elitenprojekt beschreiben. Aber zumindest als »Kollateralnutzen« brachte es für die Europäerinnen und Europäer auch unbestreitbare Vorteile mit sich: Im entstehenden Binnenmarkt konnten sich eben nicht nur Ex- und Importeure mit ihren Gütern frei bewegen, sondern auch die Bürgerinnen und Bürger. Und auch der Abbau von Zollschranken kann, wenn er durch gemeinsame ökonomische, soziale und ökologische Sicherungen ergänzt wird, natürlich zum Vorteil der Konsumentinnen und Konsumenten sein.

Für eine vergleichsweise kurze historische Epoche – von der deutsch-französischen Aussöhnung nach dem Krieg bis zur Einführung des Euro – stimmten Kapital- und allgemeine Interessen also bis zu einem gewissen Grad überein. Das heißt keineswegs, dass unser Wirtschaftssystem in dieser Phase plötzlich zur Wohltätigkeitsveranstaltung geworden wäre. Es war aber – vor allem unter den bis 1989 herrschenden Bedingungen der Systemkonkurrenz mit dem staatssozialistischen Lager – der Druck vorhanden, ein gewisses Maß an sozialen und freiheitlichen Rechten zu wahren.[13]

Mit dem Ende des Staatssozialismus verlagerte sich das Geschehen von der Konkurrenz der Systeme auf die internationale, innerkapitalistische und nunmehr globale »Standortkonkurrenz«.

Der Gedanke der europäischen Einigung büßte, jedenfalls jenseits der Sonntagsreden, seinen ideellen Überschuss praktisch vollends ein, ebenso wie der als Alternative zum Staatssozialismus gepflegte Sozialstaatsgedanke. Die Erfahrung der europäischen Kriege, die manche Vision vom Kontinent des Friedens angetrieben hatte, verlor von Politikergeneration zu Politikergeneration an Prägekraft.

Nur einmal noch, direkt nach dem Mauerfall von 1989, spielte dieser Aspekt eine gewisse Rolle. Das vereinte und wirtschaftlich erstarkte Deutschland sollte im Rahmen der EU (und der NATO) eingehegt und durch enge Kooperation an künftigen Alleingängen gehindert werden. Was allerdings aufs Gründlichste danebenging: Der gezähmte Riese Deutschland hat EU-Europa zum Spielball seiner kurzsichtigen nationalen Interessen gemacht.

Aber zunächst zurück zur Geschichte, denn sie hält – außer der Einbindung des ehemaligen Kriegsgegners Deutschland in ein zusammenwachsendes Europa – zumindest einen weiteren Hinweis bereit. Deutschlands Reichtum, sein ökonomischer Erfolg, gründet genau auf dem, was unsere Regierung dem Süden jetzt verweigert: nämlich auf der Bereitschaft der Stärkeren, sich am Aufbau der Schwächeren zu beteiligen. Nicht aus Edelmut oder gar irregeleitetem Verzicht auf eigene Interessen, sondern aus einem nüchternen Kalkül des eigenen Nutzens heraus. So geschehen nach 1945, als Deutschlands Westen sich an der Hauptfront des Kalten Krieges wiederfand. Für die wichtigste Siegermacht, die USA, folgte daraus die Notwendigkeit, den östlichsten Vorposten im Westen zum stabilen Verbündeten zu machen und zu diesem Zweck auch ökonomisch auf ein möglichst sicheres Fundament zu stellen. Diesem Ziel diente – durchaus zum Nutzen der westdeutschen Bevölkerung, aber eben auch im Interesse Washingtons – die US-Politik vom Marshallplan bis zur zunehmenden Einbindung der Bundesrepublik in die westliche Staatengemeinschaft.

Wer heute deutsche Politiker – vorneweg Angela Merkel – überheblich davon reden hört, wie deutscher Fleiß und Erfindungsgeist »uns« an die Spitze brachten[14], sollte sich an diese Tatsachen erinnern. Erst im Schutz der Westbindung, mit den Mitteln des Marshallplans und unter den Bedingungen der durch die Systemkonkurrenz beförderten »Sozialen Marktwirtschaft«, stieg die Bundesrepublik zur führenden Industrienation Europas auf. Auch wenn es der Kanzlerin gelungen ist, der deutschen Öffentlichkeit die mit ökonomischen Knebelprogrammen verbundenen Kredite an Griechenland und andere als Wohltaten zu verkaufen – in Wahrheit stellen sie das Gegenteil einer im wohlverstandenen Eigeninteresse geleisteten Aufbauhilfe dar. Das ist eine empörende Missachtung der Lehren, die aus der Geschichte der Nachkriegszeit zu ziehen wären.

Die Politik, der Angela Merkel bis heute folgt, nahm ihren Ausgang mit der Wende von 1989. Schon bald nach dem Mauerfall nutzte das vereinigte und nun wieder vollständig souveräne Deutschland seine ökonomische Macht, um die Bedingungen des europäischen Einigungswerks nach dem Drehbuch des Neoliberalismus zu diktieren. Die Einführung der gemeinsamen Währung galt – einerseits – Euro-Pathetikern als Höhepunkt und Schlussstein des europäischen Gemeinschaftswerks. Doch der Tag, als die D-Mark verschwand, besiegelte – andererseits – zugleich die deutsche Vorherrschaft, und zwar mit fatalen Folgen. Nicht etwa, weil die gemeinsame Währung im Grundsatz der falsche Weg gewesen wäre, wie ihre Gegner gern behaupten. Sondern weil das monetäre Einigungswerk unter deutschem Druck auf halbem Wege stehenblieb.

Helmut Kohl, der vielgerühmte »große Europäer«, erwies sich schließlich als Kanzler vielleicht der deutschen, aber sicher nicht der europäischen Einheit. Die elf ganz unterschiedlichen Volkswirtschaften, die sich zunächst an der Gemeinschaftswährung beteiligten (zum Zeitpunkt der Bargeldeinführung 2002 war auch Griechenland als Nummer zwölf dabei), wurden einer Geldpolitik nach deutschem Vorbild unterworfen: Wie die Hartwährung D-Mark stand nun der Euro unter einem einseitig an

Inflationsbekämpfung orientierten Regime. Länder mit schwächeren Währungen verloren die Möglichkeit, ökonomische Leistungsunterschiede über den Wechselkurs oder eine eigene Geldpolitik ihrer nationalen Notenbanken auszugleichen.

Zum Beispiel in Griechenland stand also die Möglichkeit zur Abwertung der Drachme – in Zeiten nationaler Ökonomien ein Mittel zur Drosselung der Importe und damit auch der Verschuldung – nicht mehr zur Verfügung. Daraus hätte sich etwa für deutsche Urlauber ein Wechselkursvorteil ergeben und damit für die griechische Tourismusindustrie eine Wachstumschance, um das Land auf diesem Weg voranzubringen. Ebenso unmöglich war nun eine nationale Zinspolitik, die etwa Importe auf Pump hätte erschweren können. Staatlich Beschäftigte, Importe und Schulden waren in der »Starkwährung« Euro zu bezahlen. Dass dementsprechend natürlich auch Einnahmen jetzt in Euro flossen, kam vor allem exportorientierten Volkswirtschaften wie der deutschen zugute.

Die neue, gemeinsame Währung wurde also geschaffen, ohne einen Ersatz für die alten Mechanismen wie Abwertung der eigenen Währung oder Besteuerung von Importen auch nur in Erwägung zu ziehen. Die Lösung hätte in einer gemeinschaftlichen Wirtschaftspolitik bestanden, die durch Investitionen für einen Ausgleich der ökonomischen Stärkeverhältnisse sorgt. Aber genau das war nicht gewollt. Parallel zur Euro-Einführung arbeiteten die europäischen »Eliten« gemeinsam am »Projekt Standortsicherung«, und zwar so, wie die herrschende neoliberale Lehre es vorschreibt: Die Kosten der Unternehmen, also vor allem Löhne, Steuern und Sozialbeiträge, wurden auf Biegen und Brechen gesenkt und mit ihnen die Sozialleistungen, die man ja nun logischerweise nicht mehr bezahlen konnte.

Kaum irgendwo sonst gelang dies zunächst so gründlich wie im Land des damaligen Exportweltmeisters: Ausgerechnet der sogenannte Sozialdemokrat Gerhard Schröder senkte den Spitzensteuersatz, der zu Helmut Kohls Zeiten noch bei 53 Prozent gelegen hatte, auf 42 Prozent. Und er sorgte mit den »Reformen« seiner Agenda 2010 dafür, dass im reichen Deutschland ein Niedriglohnsektor entstand und der Druck auf die Einkommen der abhängig Beschäftigten stetig zunahm. Das verbilligte die deutschen Exporte und verschärfte damit das ökonomische Ungleichgewicht in Europa.

Die deutsche Europolitik, die nicht zuletzt die Nutzung der Notenpresse als Instrument der Wirtschaftsförderung radikal begrenzte, wurde immer wieder mit der tiefsitzenden Furcht der Deutschen vor einer Inflation begründet, wie das Land sie Ende der zwanziger Jahre des 20. Jahrhunderts erlebte. Genau diese Furcht diente erst Kohl und nun auch Merkel mit ihren Gefolgsleuten in den europäischen Institutionen dazu, sich gegen eine großzügigere Geldpolitik zu wehren.

So stimmte der deutsche Bundesbank-Präsident Jens Weidmann im Januar 2015 im Rat der Europäischen Zentralbank gegen das Programm zum Ankauf von Staatsanleihen[15], mit dem die Bonität unsicherer Papiere garantiert und der Markt stabilisiert werden sollte. Weidmann begründete seine Ablehnung – unter Verweis auf die Inflationsgefahr – mit »besonderen Nachteilen und Risiken«.[16] Und er versäumte es nicht, als angebliches Gegenmittel gegen die Krise noch einmal das Merkel'sche Modell von »Wettbewerbsfähigkeit« durch Austerität herunterzubeten: »Das schleppende Wachstum in Europa geht letztlich auf eine hohe Verschuldung und einen Mangel an Wettbewerbsfähigkeit in einzelnen Ländern zurück. Dort müssen die Regierungen ansetzen«, sagte er, nicht ohne hinzuzufügen: »(…) was ja auch Mario Draghi noch einmal betont hat«.[17]

Damit zumindest hatte Weidmann recht. Denn auch EZB-Präsident Draghi sieht seine Geldpolitik keineswegs als Alternative, sondern als Ergänzung zur neoliberalen Strategie der Sparpolitik. Vielleicht ist das der Grund dafür, dass Angela Merkel die EZB gewähren ließ und lässt: Deren Geldpolitik widerspricht zwar dem alten Credo von der Rolle der Zentralbank als Inflationsbekämpferin, aber im Widerspruch zu der Strategie, die Austeritätspolitik mit allen Mitteln durchzusetzen, steht sie nicht. Und außerdem waren es womöglich die Anleihekäufe, die die vollständige Implosion des Finanzmarktes verhinderten. Damit wurde zwar wohl einerseits ein katastrophaler Crash vermieden, aber andererseits das Modell Merkel am Leben erhalten. Ganz abgesehen davon, dass die Niedrigzinspolitik zum Erfolg der »Haushaltskonsolidierung« entscheidend beitrug. Nach Berechnungen der Deutschen Bundesbank »hat der deutsche Staat – also Bund, Länder, Gemeinden und Sozialversicherung – beim Schuldendienst seit Ausbruch der Finanzkrise 2008 die riesige Summe von 240 Milliarden Euro eingespart«, wie das *Handelsblatt* Anfang 2017 berichtete. »Allein im vergangenen Jahr hätte der Staat 47 Milliarden Euro mehr ausgeben müssen, wenn die Zinsen heute noch auf dem deutlich höheren Niveau von vor der Finanzkrise lägen.«[18]

Der Ökonom Peter Bofinger, einziger Opponent gegen die neoliberale Ideologie unter den fünf »Wirtschaftsweisen« in Deutschland, merkte dazu an: »Einen Teil der Ersparnis könnte der Finanzminister an die Sparer zurückgeben, etwa über Zinsaufschläge oder einen höheren Sparerfreibetrag.«[19]

Dem Spiel mit Inflationsängsten hatte Bofinger bereits 2012 die Realität in der EU entgegengehalten: »Inflation (…) ist nur dann zu befürchten, wenn in der Wirtschaft ein Überdruck herrscht. Doch in Europa beobachten wir gegenwärtig einen massiven Unterdruck. Die Banken vergeben kaum Kredite, seit dem Lehman-Crash steigt die Geldmenge nur wenig, es wird wenig investiert.«[20] Und knapp vier Jahre später räumte der Wirtschaftswissenschaftler gleich mit mehreren Märchen auf, die in der öffentlichen Debatte mit der Niedrigzinspolitik der EZB verbunden werden.

So erinnerte Bofinger erstens daran, dass das Inflationsziel der Zentralbank im Jahr 2003 »unter der Ägide ihres deutschen Chefvolkswirts Otmar Issing« auf »unter, aber nahe bei zwei Prozent« fixiert worden war. »Derzeit liegen die Inflationsprognosen für 2017 bei 1,4 und für 2018 bei 1,6 Prozent. Für die EZB gibt es also überhaupt keinen Anlass für eine Kehrtwende bei den Zinsen.«[21] Zweitens, so der Volkswirt weiter, sei es Draghi gelungen, »den Euro vor den panischen Finanzmärkten zu retten. Beeindruckend ist dabei, dass er dies ohne den Ankauf einer einzigen Anleihe erreichte. Ein Auseinanderbrechen des Euro hätte für die deutsche Wirtschaft und vor allem die Arbeitsplätze fatale Folgen gehabt.«

Drittens entkräftete Bofinger auch noch die Legende von der »Enteignung« der deutschen Sparer: »Zieht man von einer Verzinsung von null die Inflationsrate ab, resultiert daraus eine reale Rendite von etwas unter null. Damit stellen sich die Geldhalter wesentlich besser als in der Phase der D-Mark (1948 bis 1999) mit einer durchschnittlichen Inflationsrate von 2,7 Prozent und einem entsprechenden Wertverlust auf Bargeld und Sichteinlagen. Selbst wenn man in D-Mark-Zeiten sein Geld auf dem Sparbuch hielt, musste man über Jahre hinweg damit leben, dass die Zinsen geringer waren als die Inflation. Das eigentliche Problem ist heute die Rendite langfristiger Anleihen. (…) Wenn Wolfgang Schäuble darüber unglücklich ist, dass deutsche Anleger zu geringe Anleiherenditen erzielen, kann er das leicht ändern. Er muss nur spezielle Anleihen für die Altersvorsorge herausgeben, die einen merklichen Zinsaufschlag gegenüber der Marktrendite aufweisen.«

Damit waren auch schon die Alternativen angesprochen, die im internen Streit der Austeritätspolitiker über die Niedrigzinspolitik überhaupt nicht vorzukommen pflegen. Denn die von Bofinger vorgeschlagene Anleihe für die Altersvorsorge wäre nichts anderes als ein erster Schritt weg von der Weigerung der Merkel-Regierung, in die deutsche Binnenwirtschaft zu investieren und dabei die soziale Vorsorge zu stärken. Genau diesem Ziel dienen auch Bofingers weitergehende Ideen: »Wenn die um Energiepreise und unverarbeitete Nahrungsmittel bereinigte Inflationsrate (›Kerninflationsrate‹) im Euro-Raum bei etwas unter einem Prozent liegt, ist das vor allem darauf zurückzuführen, dass die Löhne im Vergleich zur Produktivität nicht ausreichend erhöht werden. Hier könnten Gewerkschaften und Arbeitgeber des Euro-Raums einen wichtigen Beitrag zur Normalisierung der Preisentwicklung leisten, der einen schnellen Ausstieg aus der Nullzinspolitik ermöglichte. Deutschland könnte dabei eine Vorreiterrolle spielen, indem für ein oder zwei Jahre Tariferhöhungen beschlossen werden, die etwas oberhalb des Richtwerts liegen, der sich aus dem Produktivitätsfortschritt und der Inflation ergibt.«

Und schließlich: »Auch die Fiskalpolitik könnte einen Beitrag zu mehr Wachstum und damit zu einem etwas stärkeren Preisauftrieb leisten. Warum nutzt man nicht die niedrigen Zinsen für ein europäisches Investitions- und Zukunftsprogramm in den Bereichen digitale Netze, erneuerbare Energien und Energieeinsparung sowie Forschung und Entwicklung? Auch für kreditfinanzierte Investitionen im sozialen Wohnungsbau ließen sich die niedrigen Zinsen gewinnbringend einsetzen.«

Verheerende »Rettung«

Mit all dem wird bereits deutlich, dass die Alternative zu den Konstruktionsfehlern des Euro nicht etwa im Verzicht auf die Einheitswährung liegt, sondern in der Einführung wirksamer Methoden zur Milderung des wirtschaftlichen Gefälles, die das alte System der Auf- oder Abwertung nationaler Währungen ersetzen könnten. »Soll die Währungsunion nicht nur funktionieren, sondern auch noch wirtschaftlich erfolgreich sein, braucht sie einen Ausgleichsmechanismus, der schrumpfenden Ländern Transfers zukommen lässt und boomenden Ländern etwas Wohlstand wegnimmt, damit der Boom nicht zur Blase wird«, schreibt Robert von Heusinger, vor seinem Seitenwechsel zur Großbank

HSBC im Jahr 2016 einer der kundigsten Kritiker deutscher Euro-politik.[22] Schon im Oktober 1990 (!), lange vor der Einführung des Euro, betonte sogar die Deutsche Bundesbank in ihrem Monatsbericht, eine europäische Währungsunion wäre »eine nicht mehr kündbare Solidargemeinschaft, die nach aller Erfahrung für ihren dauerhaften Bestand eine weitgehende Bindung in Form einer umfassenden politischen Union benötigt«[23].

Das liest sich zwar wie eine Warnung vor der Währungsunion und nicht wie ein Aufruf zu ihrer politischen Gestaltung. Aber es zeigt eben auch: Nachdem man sich für den Euro entschieden hatte, wäre eine derart »umfassende politische Union« dringend notwendig gewesen. Genau daran jedoch war Deutschland schon damals überhaupt nicht interessiert. Je ähnlicher die aus politischen Gründen vorangetriebene Gemeinschaftswährung der D-Mark blieb und je weniger gemeinschaftlich die Wirtschaftspolitik funktionierte, desto besser konnte Exportweltmeister Deutschland auf dem europäischen Markt vom Ende der Währungsvielfalt und der störenden Wechselkurse profitieren – auf Kosten der europäischen »Partner« vor allem im Süden. Jedenfalls so lange, bis die Blase platzte und die Abnehmer deutscher Exportprodukte sich fast bis zur Pleite verschuldet hatten.

Das weiter oben bereits kurz erwähnte Beispiel – konstruiert, aber realistisch – mag dies verdeutlichen: Ein griechischer Staatsbediensteter will sich den Traum vom deutschen Volkswagen erfüllen (wie viele Schadstoffe das Gefährt ausstößt, ahnt er nicht, der VW-Abgasskandal liegt noch in weiter Ferne). Der Mann hat gleich mehrfach Glück. Kredite werden kurz nach der Jahrtausendwende von den Banken, die an Zinseinnahmen in Euro interessiert sind, großzügig vergeben. Über die Rückzahlung des Autodarlehens macht sich unser griechischer Beispiel-Beamter keine allzu großen Sorgen. Der Staat entlohnt ihn nicht schlecht, und das in Euro. Dass auch dieser Staat sich verschuldet, um die Gefolgsleute der jeweiligen Regierung bei Laune und die eigene Binnennachfrage nebst Importwirtschaft am Laufen zu halten, interessiert den stolzen VW-Besitzer nicht – nur ganz schlaue Zyniker, die die Schuld an der Krise gern der Normalbevölkerung geben, werden ihm dieses politisch erwünschte Konsumverhalten zum Vorwurf machen. Und ja, vielleicht hat unser glücklicher Autokäufer auch bei der Steuer geschummelt – ganz nach dem Vorbild seiner mit Reichtum gesegneten Landsleute.[24]

Profitiert haben am Ende: der VW-Konzern, der die Exportchancen vielleicht noch zusätzlich gesteigert hatte, indem er – erst recht nach den Arbeitsmarkt-»Reformen« von »Autokanzler« Schröder – das Lohnniveau in Wolfsburg durch ein paar tausend Leiharbeiter senkte; die Bank, die dem Mann das Auto finanzierte, und zwar zu einem profitablen, aber immer noch niedrigen Zinssatz, der mit »Stabilitätspolitik« nach deutschem Vorbild viel und mit griechischen Verhältnissen sehr wenig zu tun hatte. Profitiert haben schließlich diejenigen Banken, die Griechenlands zunehmende Verschuldung mit ermöglichten. Darunter wiederum an führender Stelle die deutschen, die an den Zinsen kräftig verdien(t)en.[25]

Als Griechenland dann faktisch zahlungsunfähig war, kamen die »Rettungspakete« wiederum vor allem den Banken zugute: Von den »Hilfen«, bei denen es sich ja in Wahrheit um neue Kredite an Griechenland handelte, flossen gerade fünf Prozent in den dortigen Staatshaushalt. Der größte Teil der insgesamt knapp 216 Milliarden Euro, die bis zum Frühjahr 2016 ausgezahlt worden waren, wurde gleich an griechische und vor allem internationale Banken weitergereicht: »So wurden mit 86,9 Milliarden Euro alte Schulden abgelöst, 52,3 Milliarden Euro gingen für Zinszahlungen drauf, und 37,3 Milliarden Euro wurden für die Rekapitalisierung der griechischen Banken genutzt«, ermittelte die European School of Management and Technology (ESMT). »Mit den Hilfspaketen wurden vor allem europäische Banken gerettet«, sagte deren Präsident Jörg Rocholl. »Die europäischen Steuerzahler haben die privaten Investoren herausgekauft.«[26] Die griechische Bevölkerung dagegen sah von der Hilfe so gut wie nichts: »Das Land hat seit Beginn der Krise 2009 rund ein Viertel seiner Wirtschaftskraft eingebüßt, und allein in den beiden vergangenen Jahren ist der durchschnittliche Bruttolohn für Vollzeitbeschäftigte von 1327 auf 1182 Euro gefallen.«[27]

Kurz vor Ende des Jahres 2016 versprach die von der Linkspartei Syriza geführte griechische Regierung wenigstens den Rentnern eine kleine Erleichterung: Beschlossen wurde eine Sonderzahlung zu Weihnachten. Daraufhin warfen die europäischen und internationalen Gläubiger sofort die Erpressungsmaschine an und vertagten den Beschluss über einige geplante Schuldenerleichterungen für Athen. Und auch das Griechenland-Bashing durch Politiker und Medien, seit dem Amtsantritt der Linksregierung Anfang 2015 ohnehin eine beliebte Übung, hob wieder an: »Griechenlands Ministerpräsident hat mit seinem vorweihnachtlichen Millionengeschenk an die Rentner die Geldgeber des Landes gegen sich aufgebracht. Nun gießt er weiteres Öl ins Feuer«, schrieb zum Beispiel die *Neue Zürcher Zeitung*.[28]

Fast erinnerte das Ganze an den Sommer 2015, als die Syriza-Regierung nach langem Kampf die Sparauflagen für ein neues »Hilfspaket« von 86 Milliarden Euro akzeptierte und jede Hoffnung, Athen könne eine politische Wende in Europa erzwingen, zunichtemachte. Und wieder zwangen die Gläubiger Athen rund um Weihnachten 2016 zum Kotau: Erst als der griechische Finanzminister in einer Art Unterwerfungsschreiben versicherte, die Sonderzahlung an die Rentner sei »einmalig« und man werde sich künftig an alle Auflagen halten, gaben die Gläubiger die bescheidenen Erleichterungen für Griechenland frei.[29]

Mit einem Schuldenschnitt, wie ihn Athen, der Internationale Währungsfonds und viele Experten seit Jahren fordern, hatte dieses Paket nichts zu tun. Er soll frühestens 2018 kommen, wenn überhaupt.[30]

Niemand bestreitet, dass es sich bei großen Teilen der griechischen Krise um hausgemachte Probleme handelt. Es ist richtig, dass die beiden großen Parteien, die sich dort bis 2015 viele

Jahre in der Regierung abgewechselt hatten, ihre jeweilige Klientel auf Staatskosten bedienten. Es ist auch richtig, dass vermögende Griechen ihr Geld an der Steuer vorbei ins Ausland verschoben, gerade nach der Einführung des Euro, und dass der Staat dagegen kaum etwas unternahm. Und es ist sicher richtig, dass der Nationalsport Steuervermeidung sich auch bei weniger Vermögenden großer Beliebtheit erfreute. Aber ein Land wie Deutschland sollte auf all das weniger überheblich mit dem Finger zeigen. Schließlich ist es das Land, das – wie am Autobeispiel gezeigt – von all diesen Verhältnissen noch am ehesten profitiert. Und es ist das Land, das sich nicht gerade an die europäische Spitze stellt, wenn es um die Sicherung auskömmlicher Steuereinnahmen geht. Deutschland hat vielmehr die eigenen Steuern für Reiche und Unternehmen gesenkt und damit den europäischen Steuersenkungswettlauf noch befördert. Und gegen die Steuerflucht der eigenen Bürger hat es lange Zeit so gut wie nichts unternommen.

Sollte Angela Merkel zum vierten Mal Kanzlerin werden, steht endgültig fest: Die EU setzt die alte Linie unter deutscher Führung ungebrochen fort. Das brutale Zusammenstreichen staatlicher Leistungen, unter dem weniger die Steuerhinterzieher leiden als vielmehr ausbildungswillige Jugendliche sowie Arbeitslose, Rentner und Arme, wird als Königsweg zur wirtschaftlichen Gesundung verkauft. Die vernichtenden Folgen dieses Ansatzes für die Kaufkraft der Bevölkerung und damit für die langfristigen Konjunkturaussichten, vor denen inzwischen keineswegs nur »linke« Experten warnen, werden schlicht ignoriert. Stattdessen wiederholt die mächtigste Frau Europas, Angela Merkel, bei jeder Gelegenheit die Forderung nach Staats- und Sozialabbau, in ihren Worten »Strukturreformen«: »Die griechische Regierung hat sich (…) zu umfassenden Strukturreformen verpflichtet. Diese müssen jetzt entschlossen angegangen werden.«[31]

Müsste nicht eine Politikerin wie Angela Merkel wenigstens auf einen durch und durch kapitalistischen Selfmademan wie

George Soros hören? Soros, 1930 in Ungarn geboren und von dort vor dem kommunistischen Regime in den Westen geflohen, lebt in den USA. Er hat unter anderem mit Währungsspekulationen ein Milliardenvermögen gemacht und betätigt sich heute vor allem als Unterstützer von Nichtregierungsorganisationen wie »Reporter ohne Grenzen«. In der wirtschaftspolitischen Debatte tritt Soros als einer der profiliertesten systemimmanenten Kritiker des Marktfundamentalismus und der totalen Deregulierung auf, wie Margaret Thatcher und George W. Bush sie verfolgten. In dieser Haltung dürften die Gründe liegen, warum Angela Merkel auch auf die Einwände dieses Mannes nicht hört. Schon bei der Euro-Einführung, so Soros, »war allgemein bekannt, dass der Euro eine unvollständige Währung war. (…) Man hatte zwar eine gemeinsame Zentralbank, aber kein zentrales Finanzministerium, das Anleihen in Form von Schuldverschreibungen aller Mitgliedstaaten ausgeben konnte.«[32] Schon in diesem Geburtsfehler, so der Ex-Spekulant weiter, lag die Gefahr von Staatspleiten begründet. Denn die klassischen geldpolitischen Mittel der Staaten, Wettbewerbsnachteile auszugleichen oder zu umgehen, waren nun nicht mehr vorhanden. Und die andere Möglichkeit – gemeinsame europäische Anleihen – ließen die Gründer des Euro unberücksichtigt: »Die Mitgliedstaaten übersahen allerdings, dass sie dem Risiko eines Bankrotts ausgesetzt sein könnten, wenn sie ihr Recht, Geld zu drucken, aufgeben. Die Finanzmärkte erkannten das erst zu Beginn der griechischen Krise. Die Finanzbehörden verstanden das Problem überhaupt nicht, von einem Bemühen, eine Lösung auszuarbeiten, ganz zu schweigen.«[33]

In den bei Angela Merkel so verhassten[34] Eurobonds hätte schon damals das Mittel der Wahl gelegen. Aber genau das wurde nicht zuletzt durch die deutsche Dominanz bei der Schaffung des Euro verhindert. »Es waren deutsche Ökonomen, vor allem aus der Bundesbank und dem Finanzministerium, die Mitte der neunziger Jahre die Institutionen durchgesetzt haben, die sich nun als zu schwach erwiesen haben«, schreibt Robert von Heusinger. »Gegen den Widerstand fast aller Ökonomen der anderen Staaten, die damals schon auf mehr Europa pochten. Allen voran setzte sich der damalige EU-Kommissionspräsident Jacques Delors vehement für eine europäische Wirtschaftsregierung als zentrale Koordinierungsstelle der Währungsunion ein, die als Pendant zur Europäischen Zentralbank gedacht war. Doch das Nein des deutschen Chefverhandlers und späteren Bundesbankpräsidenten Hans Tietmeyer war so deutlich, dass am Ende die Deutschen ihren Willen bekamen.«[35]

Am Ende hatte die Gemeinschaft ihre Währung, aber eine Gemeinschaftswährung war und ist es in Wahrheit nicht.

Die zwangsläufigen ökonomischen Folgen dieser europäischen Fehlkonstruktion veranschaulicht von Heusinger durch einen Vergleich mit dem »gemeinsamen Währungsraum« USA: Im Gegensatz zu den dortigen Bundesstaaten, deren unterschiedliche Wirtschaftskraft durch die Fiskalpolitik der Zentrale in Washington teilweise ausgeglichen wird, müssen im Euroraum »die Staaten selber die antizyklische Fiskalpolitik ausüben oder es lassen wie derzeit«[36].

Mit anderen Worten: Wer schwächelt, aus welchen Gründen auch immer, ist prinzipiell auf sich allein gestellt, da die gegenseitige Hilfe unter den EU-Staaten ja eigentlich verboten ist und eine zentrale Brüsseler Wirtschaftspolitik nicht existiert. Ein Modell, das die engen ökonomischen Verflechtungen in einem einheitlichen Währungsraum schlicht ignoriert und – wie Angela Merkel – so tut, als ließe sich die »Schuld« an Problemen auf nationales Fehlverhalten reduzieren. Ein Modell, das vor allem einem Mitgliedsland über viele Jahre diente: der Exportnation Deutschland. Dem Land also, dessen Kanzlerin heute verschweigt, dass es seinen Aufschwung nach dem Zweiten Weltkrieg nicht zuletzt der Hilfe und Kooperationsbereitschaft der einstigen »Erbfeinde« in Europa und den USA verdankt.

Beschämend für Deutschland ist all das nicht nur aus ethischer Sicht, sondern heute mehr denn je auch deshalb, weil Deutschland so weitermacht wie dereinst unter Kanzler Kohl – obwohl die Erfahrung der Krise selbst den dümmsten Nationalisten gelehrt haben müsste, dass die Rechnung »Eure Schulden gleich unsere Exporterlöse« auf Dauer nicht aufgehen kann. Nicht einmal im deutschen Interesse. Womit wir wieder bei Angela Merkel wären.

Schuld und Schulden

Bis heute ist es die deutsche Bundeskanzlerin, die am nationalistischen Modell deutscher Vorherrschaft in Europa festhält. Vor allem in der Schuldenfrage setzt sie die schädlichsten Traditionen Kohl'scher Europapolitik fort. Sie weiß sehr wohl, in wessen Interesse diese Politik liegt, und wenn es gilt, den Deutschen den Euro schmackhaft zu machen, spricht sie es gelegentlich sogar erstaunlich offen aus: »Deutschland profitiert vom Euro wie kaum ein anderes Land in der Europäischen Union. (…) Unsere Wirtschaftsunternehmen, die vielfach stark exportorientiert sind, profitieren von anderen Euro-Ländern, die wichtige Absatzmärkte für deutsche Waren sind. (…) Der Euro sorgt für Arbeitsplätze, er sorgt für Wirtschaftswachstum, er sorgt für Steuereinnahmen in Deutschland.«[37] Auf wessen Kosten das geschieht, sagt sie natürlich nicht.

Wiederum verweist Robert von Heusinger auf die erfolgreichste Währungsunion der Geschichte, den Dollar: »Trifft ein wirtschaftlicher Schock, etwa die gegenwärtige Finanzkrise, ganz Amerika, sorgt Washington dafür, dass die Wirtschaft wieder in Schwung kommt. Wodurch? Na, durch neue Schulden! Dadurch bleibt die Verschuldung auf der Ebene der Bundesstaaten begrenzt und Arbeitslosigkeit sowie Abschwung werden trotzdem bekämpft.« Eine »starke Zentrale mit gemeinsamen Anleihen« haben die USA übrigens seit 1790, als sie »in der Spekulationskrise mit Staatsschulden vom ersten US-Finanzminister

Alexander Hamilton geschaffen worden sind«, schreibt von Heusinger und fügt hinzu: »Euroland befindet sich im Vergleich mit den USA irgendwo kurz vor 1790.«[38] Was allerdings die deutsche Bundeskanzlerin keineswegs zu stören scheint. Sie ignoriert sogar die Tatsache, dass der deutsche Export in den Euroraum gerade wegen der von Deutschland oktroyierten Sparpolitik der südlichen Partner in Gefahr gerät.

Der Soziologe Heiner Ganßmann hat diese Strategie vor Jahren unter dem schönen Titel »Merkelantismus« beschrieben.[39] Die Wortschöpfung erinnert natürlich absichtlich an den »Merkantilismus« des 16. und 17. Jahrhunderts. Dessen Ziel, so Ganßmann, war es, »mehr an das Ausland zu verkaufen, als vom Ausland zu kaufen, und sich die Differenz mit Gold oder Silber bezahlen zu lassen. (…) Das Übergewicht im auswärtigen Handel sollte die Geldströme ins eigene Land führen und ihm auf diese Art auch zu einem machtpolitischen Übergewicht verhelfen.«[40]

Das klingt wie aus dem Lehrbuch exportgetriebener Machtpolitik nach der Methode Merkel, wenn auch unter ganz anderen historischen Bedingungen. Und wer dem Vergleich bis hierher noch nicht folgen mag, wird sich vielleicht bei der Beschreibung der entscheidenden Nachteile des Merkantilismus an die Gegenwart erinnert fühlen. Ganßmann: »Als Erstes fällt jedem auf, der nicht völlig in der Egomanie nationalstaatlichen Machtstrebens befangen ist, dass ein Exportüberschuss auf Dauer kein verallgemeinerungsfähiges Ziel ist. Wenn alle mehr einnehmen wollen, als sie ausgeben, blockieren sie sich wechselseitig.«[41]

Der Merkelantismus, so Ganßmann, ähnelt dem Merkantilismus in diesem entscheidenden Punkt: Er geht davon aus, dass wir am besten fahren, wenn wir uns verhalten wie Merkels »schwäbische Hausfrau«. Um unseren Reichtum zu mehren, schaffen wir Tag für Tag neue Werte, die wir in Gold verwandeln, in diesem Falle: exportieren. Um von den Reichtümern möglichst viel zu sichern, schränken wir unseren eigenen Konsum schon mal ein wenig ein. Wir sparen, und zwar vor allem im sozialen Bereich und bei den »Lohnkosten« (Schröders Agenda lässt grüßen). So können wir uns dann auch Schuldenbremsen leisten und werden immer reicher, auf Marktradikalen-Deutsch: »wettbewerbsfähiger«. Was allerdings nur so lange funktioniert, wie andere uns unsere Autos und Maschinen abkaufen – und sei es, indem sie sich bei uns verschulden.

Dass das nicht gutgehen konnte, zeigt die Krise nun schon seit fast einem Jahrzehnt. Doch Deutschland wiederholt, so Ganßmann, in historischer Blindheit den Fehler der Merkantilisten: »Der Merkelantismus ist die nicht nur von der Regierung, sondern auch in den deutschen Medien gern, laut und häufig vertretene Auffassung, dass die Euroländer, allen voran die ›Problemländer‹, dem deutschen Weg folgen sollten: Mit viel Arbeit und wenig Konsum sollen alle den Export stärken und sich so aus der Schuldenklemme befreien.«[42]

Nun liegt auch im 21. Jahrhundert der Haken in der logischen Tatsache, »dass das Geldverdienen mit Exportüberschüssen kein verallgemeinerungsfähiges Rezept ist. (…) Jedem Außenhandelsüberschuss steht irgendwo anders ein Außenhandelsdefizit gegenüber. Es muss in den meisten Euroländern als schlichter Hohn ankommen, wenn ihnen als Reformstrategie der Merkelantismus aufgedrängt wird. Das deutsche Erfolgsrezept: ›Wir erzielen Rekordexportüberschüsse und sind grandios tüchtig, weil die ganze Welt mehr von unseren Produkten kauft, als wir von der Welt kaufen‹, beruht einfach darauf, dass sich hinreichend viele andere Länder auf mehr oder weniger verschlungenen Wegen bei deutschen Kreditgebern verschulden.«[43]

Die Katze beißt sich in den Schwanz. Die deutsche »Erfolgsstrategie« der vergangenen Jahre erweist sich nicht nur als erkauft mit den Schulden der Nachbarn. Sie erweist sich auch als das Verhalten eines süchtigen Dealers: Ohne den Stoff, mit dem wir andere angefixt haben, kommen wir selbst nicht mehr aus. Wir sind (als Exporteure) abhängig von denjenigen, die wir beliefern. Aber die sind inzwischen »trocken«. Wir drohen, wenn die Nachbarn sich kaputtsparen (müssen) und Schwellenländer wie China weniger wachsen, auf unseren Gütern sitzenzubleiben. Und zwar gerade dann, wenn unsere bisherigen Abnehmer ihre »Hausaufgaben« (Merkel) machen, indem sie sich in die Importunfähigkeit sparen.

Was immer in der Eurokrise mit Zustimmung der Regierung Merkel geschieht: Es dient nicht etwa der Überwindung, sondern der notdürftigen Sicherung dieses deutsch-dominierten und falschen Systems. Die »Hilfen« und »Rettungsschirme« für Griechenland und andere folgen durchgehend dem deutschen Muster, ob sie nun EFSF heißen oder ESM. Die EU verschenkt ja nichts, so gern Angela Merkel den Eindruck erwecken will. Sie gewährt vielmehr den Krisenländern – gemeinsam mit dem Internationalen Währungsfonds IWF – neue Kredite, mit anderen Worten: Sie erlaubt den Krisenländern, weitere Schulden zu machen, unter anderem, um die alten Schulden an die Banken zurückzuzahlen. Sie zwingt im Gegenzug diese Staaten, ihre (Sozial-)Ausgaben radikal zu kürzen, damit sie irgendwann auch die neuen Schulden zurückzahlen und vielleicht wieder ein paar deutsche Autos importieren können. Das Geld der Reichen – im Falle Griechenlands wäre es genug, um den Staatshaushalt zu sanieren – liegt derweil unbehelligt und durch die »Eurorettung« halbwegs gesichert auf ausländischen Konten.[44] Aber Sozialabbau und Lohnsenkung für die Mehrheit werden auch dann noch Millionen Griechen in Armut leben lassen, wenn die akute Krise längst vorüber ist.

Um Missverständnissen vorzubeugen: Es geht nicht um die Frage, ob man gegen Staatsverschuldung ist oder nicht. Es gehört zu den fatalen Erfolgen marktliberaler Propaganda, die Kritiker einseitiger Sparpolitik als Freunde des unbegrenzten Schuldenmachens erscheinen zu lassen. In Wahrheit ist es gerade auch auf der linken Seite des politischen Spektrums längst unumstritten, dass Staaten sich nicht auf Dauer durch zunehmende Kreditaufnahme den Banken ausliefern sollten. Der Streit geht vielmehr um die Frage, ob es dem nachhaltigen Schuldenabbau dient oder nicht, wenn der Staat sich seiner Handlungsmöglichkeiten weitgehend beraubt, durch Kürzung bei Gehältern und Sozialleistungen die Binnennachfrage schwächt und durch ausbleibende öffentliche Investitionen den Abschwung der Konjunktur geradezu heraufbeschwört. Die Antwort, die Merkel nicht wahrhaben will, liegt auf der Hand: Die reine Sparpolitik mindert die Steuereinnahmen zusätzlich und erhöht die Verschuldung auf lange Sicht noch weiter – Griechenland ist das beste Beispiel.

Die Alternative liegt einerseits in einer Politik, die ein gewisses Maß an zusätzlichen Schulden vorübergehend in Kauf nimmt, solange es darum geht, die Konjunktur und damit die Quelle künftiger Steuereinnahmen wieder einigermaßen zum Sprudeln zu bringen.

Sie liegt andererseits auf der Einnahmenseite, also bei der Steuerpolitik. Doch auf eine Ankündigung der Kanzlerin, hohe Einkommen und Vermögen stärker zur Schuldenreduzierung heranzuziehen, hat Deutschland bisher vergebens gewartet (wobei nie auszuschließen ist, dass Angela Merkel – wenn der Wahlsieg in Gefahr erscheint – auch hier ein symbolisches Zugeständnis macht, um dem Gegner den Wind aus den Segeln zu nehmen). Stattdessen erzählt uns Schwarz-Gelb von morgens bis abends, der Staat sei das Gleiche wie die berüchtigte »schwäbische Hausfrau«, die mit dem hauszuhalten hat, was der Gatte nach Hause bringt. Dass der Staat geradezu existiert, um die Verteilung des Reichtums im Sinne des Gemeinwohls zu »steuern« – und zwar vornehmlich über das Einnehmen von Steuern –, das wird von dieser Seite systematisch verschwiegen.

Zusätzlich zu den »Rettungsschirmen« und ihren sozial vernichtenden Bedingungen hat Deutschland den Fiskalpakt durchgesetzt, der die europäischen Partner per »Schuldenbremse« nach deutschem Vorbild auf die Politik der einseitigen Ausgabenreduzierung verpflichtet.[45] Dieses europäische Vertragswerk ist der jüngste und sichtbarste »Erfolg« der deutschen politischen Strategie. Ein fataler Erfolg ist es nicht etwa deshalb, weil es falsch wäre, die Abhängigkeit der Staaten von Krediten der Finanzindustrie zu reduzieren. Fatal ist dieser Pakt deshalb, weil er die Sanierung der öffentlichen Haushalte praktisch ausschließlich von der Ausgabenseite her »denkt«.

Auf der Einnahmenseite hat sich die Regierung Merkel zwar, um die Zustimmung von SPD und Grünen[46] zum Fiskalpakt zu erkaufen, zur Einführung einer Finanztransaktionssteuer bekannt. Anders als bei den Dingen, die Angela Merkel sich wirklich wünscht, hat es aber verdächtig lange gedauert, bis wenigstens elf EU-Länder diesen Schritt beschlossen, und auch zum Beginn des Jahres 2017 war die Steuer noch nicht in Kraft.[47] Dabei wäre sie, gemessen an der gewaltigen Lücke zwischen öffentlicher Armut und privatem Reichtum, nur ein Bruchteil des Notwendigen, wenn man bedenkt, »dass in der EU pro Jahr schätzungsweise eine Billion Euro durch Steuerbetrug, Steuerhinterziehung, Steuerumgehung und aggressive Steuerplanung verloren geht« – das sind pro Bürgerin und Bürger 2000 Euro.[48]

Die Alternative heißt Europa

Was also wäre zu tun? Als zumindest kurzfristige Alternative zur deutsch-dominierten Politik des Kaputtsparens sind zwei Maßnahmen denkbar, die – durchaus noch innerhalb der kapitalistischen Logik – der gemeinsamen Währung ein geld- und finanzpolitisches Fundament geben könnten: Die Schulden der Eurostaaten müssten – erstens – zumindest in Teilen vergemeinschaftet werden, um die Lasten, die aus den Unterschieden der nationalen Ökonomien entstehen, wenigstens im Ansatz besser zu verteilen. Um – zweitens – den Teufelskreis zu durchbrechen, der von der Überschuldung einzelner Staaten über deren erzwungene Sparpolitik und die daraus folgende Rezession zu noch mehr Überschuldung führt, bedürfte es eines spürbaren Schuldenschnitts.

Beides wird von denjenigen verhindert, die bis heute gerne den Eindruck erwecken, das ökonomische Gefälle in Europa sei ausschließlich griechischer Faulheit, spanischer Bequemlichkeit oder portugiesischer Völlerei geschuldet. Die Kämpfer gegen gemeinsame europäische Anleihen (Eurobonds) und Schuldenschnitt sind diejenigen, die uns erzählen, vor allem Deutschland könne der Krise mit einer Gemeinschaftswährung ohne gemeinsame Verantwortung entgehen. Es sind jene, die uns verschweigen, dass dieser Weg auch Deutschland am Ende schaden wird. Es sind die Neoliberalen und Nationalegoisten in Berlin, und an der Spitze steht Angela Merkel.

Einen Tag nach ihrer berüchtigten Absage an Eurobonds (»Nicht solange ich lebe«) bekräftigte die Kanzlerin diese Position. Zu einem EU-Bericht[49], in dem gemeinsame Schulden der Eurostaaten befürwortet wurden, sagte sie: »Ich widerspreche entschieden der in dem Bericht niedergelegten Auffassung, dass vorrangig der Vergemeinschaftung (von Schulden) das Wort geredet wird. Ganz abgesehen davon, dass Instrumente wie Eurobonds, Euro-Bills, Schuldentilgungsfonds und vieles mehr in Deutschland schon verfassungsrechtlich nicht gehen – ich halte sie auch ökonomisch für falsch und kontraproduktiv.«[50]

Schon an jenem Sommertag im Juni 2012 hätte eigentlich ganz Deutschland den Kopf schütteln müssen: »Solange ich lebe«? Wählen wir unsere Regierungschefs neuerdings auf Lebenszeit? In welcher Welt lebt eine Politikerin, die mal ganz nebenbei vergisst, dass man sie auch abwählen kann?

Peinlich schon dies, aber entscheidend war etwas anderes: Die deutsche Bundeskanzlerin hatte sich erneut geoutet als diejenige Politikerin, die lieber so tat, als könnte Europa seine Probleme weiter auf dem Rücken aller anderen lösen, als den Menschen zu sagen, was sie längst wusste: dass an der »Vergemeinschaftung« kein Weg mehr vorbeiführen würde. Sie verbreitete ihre Lüge bis zuletzt und verzögerte jeden Schritt zur gemeinsamen Verantwortung so lange, wie es nur ging. Erst als »die Märkte« – der einzige Ratgeber, auf den sie wirklich hört – so ganz und gar nicht zu beruhigen waren, gab die deutsche Bundeskanzlerin nach. Aber nicht etwa, indem sie ihre Politik offen, unter parlamentarischer Kontrolle und für alle sichtbar korrigiert hätte. Nein, sie überließ es der Europäischen Zentralbank, den Schritt zu tun, den sie aus Angst vor dem selbst geschürten Nationalismus ihrer Wähler nicht tat: Das EZB-Programm zum Kauf von Anleihen stellte in Wahrheit eine Variante der Vergemeinschaftung von Schulden dar, die Merkel angeblich ein Leben lang nicht dulden wollte. Nun aber, da der Schritt nicht etwa zugunsten von Investitionen getan wurde, sondern im Gegenteil mit einem Festhalten an der ruinösen Sparpolitik verbunden war, hatte auch die deutsche Regierungschefin nichts mehr dagegen.

Am 6. September 2012, 41 Tage nach Merkels peinlichem Bekenntnis vor der FDP-Fraktion, verkündete EZB-Chef Mario Draghi bei einer Pressekonferenz in Frankfurt am Main das neue Programm zum Ankauf von Staatsanleihen, also zur Übernahme von Schulden europäischer Krisenländer. Um der Spekulation zu begegnen und die Zinsen auf diese Titel zu senken, so der Notenbank-Chef, werde man die Staatsanleihen bei Bedarf unbegrenzt aufkaufen.[51]

Thomas Oppermann, damals noch Fraktionsgeschäftsführer der SPD und Oppositionspolitiker, bezeichnete den Schritt treffend als Vergemeinschaftung von Schulden »durch die Hintertür«. Der Berliner *Tagesspiegel* zitierte Oppermann: »Während Kabinettsmitglieder scheinheilig vor der Vergemeinschaftung von Schulden warnten, benutze Merkel ›auf schamlose Weise‹ die EZB, um die Schulden heimlich zu vergemeinschaften. Die EZB solle ›im Wahljahr durch den Ankauf von Staatsanleihen für Ruhe sorgen‹. Merkel wisse, dass sie im eigenen Lager keine Mehrheit habe. ›Um die Wähler nicht aufzuschrecken, umgeht sie das Parlament‹, sagte der SPD-Politiker.«[52]

Nun war das Aufkaufprogramm der europäischen Notenbank zwar nicht gerade ein nachhaltiger Beitrag zur Lösung der Krise, aber zur Linderung trug es ganz offensichtlich bei: Die Zinsen für Schuldtitel der Krisenstaaten gingen zurück, weil die EZB – stellvertretend für die Mitgliedstaaten – faktisch für ihren Wert garantierte und haftete. Damit war die von Merkel lange bekämpfte Vergemeinschaftung der Schulden zum einstweilen erfolgreichsten Mittel zur Bekämpfung der akuten Krise geworden. Die blamierte Deutsche aber tat, als habe sie mit der Entwicklung, von der sie gerade widerlegt wurde, nichts zu tun: »Die EZB reagiert unabhängig und im Rahmen ihres Mandates.«[53]

Selbst Vertreter der deutschen Finanzindustrie, die von der Dominanz der Bundesrepublik nicht schlecht profitiert (hat), warnen heute vor einer Beibehaltung der unvollendeten Union. Thomas Mayer, ehemals Chefvolkswirt der Deutschen Bank, erinnert wie Robert von Heusinger an die Entwicklung des Währungsraums USA. Das »Rollenmodell« für die europäischen Krisenstaaten liegt nach Mayers Ansicht in den Vereinigten Staaten des 19. Jahrhunderts. Dort hatte der Senat »im Jahre 1842 Forderungen der Bundesstaaten nach einer Schuldenübernahme zurückgewiesen und damit das Prinzip der fiskalischen Verantwortung etabliert«, schreibt Mayer in scheinbarer Übereinstimmung mit Angela Merkels Credo von der Haushaltsverantwortung der Einzelstaaten. Aber: »Das politische System der USA kombinierte damals die Souveränität der Staaten mit fiskalischer Verantwortung in einer Gemeinschaft der Gleichen. Das scheint ein vielversprechenderes Modell für Europa zu sein als beispielsweise Deutschland in der Rolle der dominierenden Macht, die Haushaltsdisziplin durch politischen Druck erzeugt.«[54]

In seinen Schlussfolgerungen ist selbst Mayer – der keineswegs im Verdacht stehen dürfte, den Finanzkapitalismus überwinden zu wollen – schon wesentlich weiter als Angela Merkel. Er fordert »eine Institution, die die Wirtschaftspolitik [der Staaten] überwacht, Anpassungsnotwendigkeiten identifiziert und Anpassungsmaßnahmen unter Bedingungen finanziert«. Mayer fügt hinzu: »Das ist natürlich nichts anderes als ein Internationaler Währungsfonds für Europa – oder ein Europäischer Währungsfonds.«[55]

Um die Voraussetzungen für diese neue – und wenigstens geldpolitisch integrierte – Struktur zu schaffen, würde ein Schuldenschnitt unumgänglich sein, zumindest für Griechenland. Das war den EU-Finanzministern und ihren Regierungschefs längst klar, als sie im Sommer 2015 das dritte »Rettungspaket« verabschiedeten. Jeder Beteiligte wusste, dass dieser Erlass der einzige Weg zu einem Neuanfang sein würde, indem er die bisherigen staatlichen und privaten Profiteure an den Lasten der Krise beteiligte. Aber es gab in Europa ein Land, dessen Regierung diese Notwendigkeit um keinen Preis wahrhaben (oder jedenfalls gegenüber der Bevölkerung nicht zugeben) wollte: die Bundesrepublik Deutschland, den größten staatlichen Nutznießer der Fehlkonstruktion namens Euro. »Wir lehnen diesen Schuldenschnitt ab«, verkündete Angela Merkel schon 2012[56], und ihr Finanzminister Wolfgang Schäuble bekräftigte im November 2016: »Wer jetzt sagt, wir erlassen euch die Schulden, der leistet den Griechen einen Bärendienst.«[57] Es war die alte Leier: Die Kredite, mit denen die Griechen und andere sich erpressen lassen, gibt Deutschland nicht aus der Hand.

So wehren sich Angela Merkel und ihre Regierung weiter gegen die Vergemeinschaftung der Schulden, und das hat seinen Grund, denn sie wissen: Das wäre nur das erste Feld, auf dem der europäische Wirtschaftsraum neu zu schaffen wäre, wollte man etwas anderes als ein Europa in deutschen Diensten. »Eine Währungsunion verlangt nämlich mehr als eine (…) monetäre Konvergenz. Sie verlangt die politische Union«, schreibt der Soziologe Elmar Altvater. »Eine Angleichung der Lebensbedingungen der Menschen (bei gleichzeitiger Akzeptanz der Sprach- und Kulturunterschiede) ist die Voraussetzung dafür, dass diese – als Wirtschaftsbürger gleichgestellt – auch die gleichen staatsbürgerlichen Rechte und Pflichten im gemeinsamen Europa ausüben können. Das aber stellt sich nicht als Nebeneffekt der Markt- und Geldintegration her, sondern muss politisch aktiv angestrebt werden. Dasselbe gilt für die sozialen Rechte in der Arbeitswelt oder für den Umweltschutz.«[58]

Doch hierzu bedürfte es einer anderen Vision als des nationalistischen Neoliberalismus von Angela Merkel. Es ginge darum, Europa als solidarische Gemeinschaft zu denken – solidarisch unter den Ländern, solidarisch aber auch innerhalb der von zunehmender sozialer Spaltung betroffenen Gesellschaften. Das wäre die Anknüpfung an die guten Traditionen der frühen Nachkriegseuropäer. Und es wäre das vielleicht letzte Mittel gegen das Erstarken eines Nationalismus, der selbst den deutschen Egoismus der Angela Merkel in den Schatten stellt.

Jürgen Habermas hat darauf hingewiesen, dass eine solche Wende nicht einfach wäre, denn die nationalen Ressentiments, die Inflations- und Verlustängste bei vielen Deutschen sind ja vorhanden und werden nicht zuletzt von der Kanzlerin bei jeder Gelegenheit geschürt. »Wahlen und Abstimmungen«, sagte Deutschlands renommiertester Philosoph einmal, »sollen nicht nur ein Spektrum bestehender Vorlieben abbilden, sondern Urteile über die Programme und die Personen, die zur Wahl stehen (…). In einer Demokratie genügen politische Wahlen nicht ihrer systemischen Bestimmung, wenn sie bloß die Verteilung von Präferenzen und Vorurteilen registrieren.«[59] Das klingt nach Binsenweisheit, ist aber nichts anderes als der höflich verpackte Hinweis darauf, dass sich die deutschen Parteien – und zuallererst die Kanzlerin – lieber selbst geschürter »Vorlieben« bedienen, als der Tatsache Rechnung zu tragen, dass es in der Demokratie »in erster Linie der Initiative, der Aufklärung und der Organisationsfähigkeit von politischen Parteien [bedarf]«[60]. Das ist das vernichtende Urteil über eine Politik, die Elmar Altvater weniger verklausuliert als »antipolitischen, autoritären Pfad« beschreibt.[61]

Jürgen Habermas weiß sehr wohl, wie schwer dieser Pfad wieder zu verlassen ist: »Keine Partei kann es sich leisten, als erste mit proeuropäischen Parolen aus der Deckung zu kommen, ohne von kurzsichtigen Konkurrenten (…) eine populistische Abstrafung befürchten zu müssen.« Und doch verlange die Europafrage »von den politischen Eliten einen ganz anderen, einen argumentativen und führungsstarken, einen mentalitätsprägenden Politikmodus. Es geht (…) um Überzeugungsarbeit.«[62]

Wer diesen Befunden zustimmt, sollte jedenfalls auf Angela Merkel nicht hoffen. Mit ihr als Kanzlerin wird sich vielmehr Habermas' pessimistische Prognose bewahrheiten: »Die Regierungen werden die nötigen Befugnisse auf europäischer Ebene konzentrieren, um ›die Märkte‹ zu befriedigen; aber gleichzeitig wollen sie versuchen, die wahre Bedeutung dieses Integrationsschrittes vor dem heimischen Wählerpublikum herunterzuspielen (…). Nach diesem Szenario befinden wir uns auf dem postdemokratischen Wege zu einem marktkonformen, das heißt auf Finanzmarktimperative zugeschnittenen Exekutivföderalismus. Dabei würde nicht nur die Demokratie auf der Strecke bleiben; wir würden gleichzeitig die Chance verspielen, die Finanzmärkte (…) zu regulieren.«[63]

Habermas hielt diese Rede im Jahr 2011. Wie recht er mit seiner Befürchtung haben würde, dass »die Demokratie auf der Strecke bleiben« könnte, hat der Philosoph wohl damals selbst nicht geahnt. Heute ist der Aufstieg des Nationalismus, des Rassismus und der Demokratieverachtung zur Tatsache geworden. Die verheerende Europapolitik der vergangenen Jahre entfaltet ihre Wirkung.

Alles Gute kommt nach oben

Für Angela Merkel ist die Sache klar: »Zu dem, was mir Mut für unser Deutschland macht, gehört auch unsere soziale Marktwirtschaft. Sie lässt uns Krisen und Veränderungsprozesse besser meistern als jedes andere Wirtschaftssystem auf der Welt. Noch nie hatten so viele Menschen Arbeit wie heute. Unsere Unternehmen stehen überwiegend gut da. Unser wirtschaftlicher Erfolg gibt uns die Möglichkeit, unser Sozialsystem zu stärken und all denen zu helfen, die Hilfe brauchen«, sagte sie in ihrer Ansprache zum Jahreswechsel 2016/2017.[1] Will sagen: »Unser« Deutschland, »unsere« soziale Marktwirtschaft, »unsere« Unternehmen, »unser« wirtschaftlicher Erfolg und noch dazu »unser« Sozialsystem: Das große »Wir« läuft wie geschmiert, der Kanzlerin sei Dank.

Das Problem ist nur: Das schöne, harmonische Deutschland-Bild, das Angela Merkel da malt, hat mit der Wirklichkeit nur sehr begrenzt zu tun. In Wahrheit prägt das neoliberale Denken ihre Politik nicht nur in der Euro- und Bankenkrise. Dass der Markt die Bühne zu beherrschen habe; dass der Staat nicht etwa aktiv einzugreifen habe als Wächter über die gerechte Verteilung von Reichtümern und Risiken, sondern möglichst kleingespart werden müsse – dieser Ideologie folgt Merkels Regierung auch auf den unterschiedlichen Feldern der ökonomischen und sozialen Daseinsvorsorge. Punktuelle Ausnahmen wie die Einführung des gesetzlichen Mindestlohns oder der Ausbau der Kinderbetreuung sind natürlich zu begrüßen. Aber die verbreitete Ansicht, sie hätten etwas mit einem grundlegenden Politikwechsel zu tun, geht in die Irre. Es bleibt vielmehr dabei: Unternehmen werden systematisch entlastet, während die Politik sich durch den Verzicht auf Steuerungsmöglichkeiten selbst entmachtet. Kosten und Risiken werden zunehmend der solidarischen Verteilung entzogen und dem Einzelnen auferlegt – mit der Folge, dass es die Ärmeren immer härter trifft und die Reichen immer weniger beitragen müssen. Hinter der Legende, Angela Merkel habe ihre Partei oder gar das Land »nach links gerückt«, verbirgt sich eine Fortsetzung des im Kern neoliberalen Kurses. Und am Ende wundern sich alle, wenn Wut und Enttäuschung um sich greifen und den Propagandisten nationalistischer Scheinlösungen zu Erfolgen verhelfen.

An Beispielen, die dieses Zerrbild von der »Kanzlerin für alle« widerlegen, gibt es keinen Mangel. Hier seien nur einige genannt:

- Europa dient Angela Merkel, wie im vorigen Kapitel beschrieben, als Spielfeld zur Durchsetzung ihres sozial ungerechten Konzepts von »Wettbewerbsfähigkeit«.
- Die Umverteilung von unten nach oben bei Einkommen und Vermögen geht weiter – dazu gleich mehr.
- Unterstützt vom damaligen Wirtschaftsminister und SPD-Vorsitzenden Sigmar Gabriel, setzte Angela Merkel auf Freihandelsabkommen wie TTIP (mit den USA) oder Ceta (mit Kanada), in denen die staatliche Daseinsvorsorge als »Investitionshemmnis« angesehen und investierenden Unternehmen ein weitgehendes Recht auf Klage gegen Staaten eingeräumt wird.[2] Dass das Abkommen mit den USA als gescheitert angesehen werden kann, liegt bekanntlich keineswegs an besserer Einsicht, sondern an US-Präsident Donald Trump, der antrat, um den globalisierten Neoliberalismus durch einen nationalen, hinter Zollschranken verbarrikadierten Neoliberalismus zu ersetzen. Aus diesem Grund wendet sich zum Beispiel der Grünen-Europaabgeordnete Sven Giegold mit Recht gegen das Argument, »wir müssten den neuen Handelsverträgen zustimmen, um die multilaterale Han-

delsordnung angesichts Trumps Abschottungspolitik zu retten«.[3] Giegolds Antwort: »Jetzt besteht die Möglichkeit für Europa, mit von Trump enttäuschten Staaten Verträge zu verhandeln, die Marktöffnungen mit starken sozialen und ökologischen Regeln verbinden. Nur so können wir der Abschottung etwas entgegensetzen, ohne die Spaltungen in unseren Gesellschaften weiter zu vertiefen und damit die europäischen Rechtspopulisten zu stärken. Wirklich europäisch sind Handelsverträge nur, die auf Werten wie Freiheit, Menschenrechten und Rechtsstaatlichkeit beruhen.«[4] Die Letzte, die auf Giegold hören wird, ist wohl Angela Merkel.

- Selbst die Außen- und Sicherheitspolitik ist in weiten Teilen von dem Ziel bestimmt, die für Deutschland und andere reiche Länder günstigen Bedingungen auf den Weltmärkten zu sichern – entsprechend der Gauck'schen Formel, wonach sich auf Frieden vor allem auf Freihandel reimt. Zwar geht es bei den Konflikten in der Ukraine oder Syrien und den Auseinandersetzungen darüber mit Russland um geostrategische Machtverhältnisse, die mit ökonomischen Interessen nur zum Teil zu erklären sind. Aber ganz frei von derartigen Überlegungen ist zum Beispiel auch der Streit um die Ukraine mit ihren Rohstoffen und fruchtbaren Böden nicht.[5] In diesem Konflikt hat übrigens Deutschland mit dem Außenminister Frank-Walter Steinmeier hier und da eine mäßigende Rolle gespielt, trotz Moskauer Provokationen wie des völkerrechtswidrigen Anschlusses der Krim an Russland.[6] Allerdings gingen die Ansätze zu einer neuen Entspannungspolitik längst nicht weit genug: Drohgebärden wie die Verlegung von Truppen an die Ostgrenze der NATO hat Deutschland nicht nur nicht verhindert, sondern beteiligt sich sogar daran.[7]

- Ein Musterbeispiel für eine Sicherheitspolitik als Mittel zur Durchsetzung ökonomischer Interessen stellt die Bekämpfung der Piraterie am Horn von Afrika dar. Dort, in den Gewässern vor dem Bürgerkriegsland Somalia, schlugen ausländische

Trawler aus dem in der Region existierenden Machtvakuum so lange Profit, bis das Meer leergefischt und den einheimischen Fischern die Existenzgrundlage entzogen war. Dann nutzten organisierte Piraten die Lage der Fischer aus, um sie für Angriffe auf Handelsschiffe zu rekrutieren. Und daraufhin griff die internationale Gemeinschaft ein und startete die Militärmission »Atalanta«. Das Ergebnis fasste Rashid Abdi, der die Region für die »International Crisis Group« betreut, wie folgt zusammen: »Wenn Europa sich nicht um die illegale Fischerei vor der somalischen Küste kümmert, bestätigt das nur das Vorurteil: Europa ist gleichgültig, solange keine Schiffe angegriffen werden.«[8]

- Viel milder reagiert Merkels Regierung, wenn Unternehmen gegen Menschenrechte verstoßen. Sie verabschiedete im Jahr 2016 einen »Nationalen Aktionsplan Menschenrechte«, der die Firmen auf bestimmte Standards verpflichten soll. Allerdings, so der Vorsitzende des entwicklungspolitischen Dachverbandes VENRO, Bernd Bornhorst: »Der Aktionsplan äußert zwar die Erwartung, dass Unternehmen die Menschenrechte bei ihren Auslandsgeschäften achten. Wenn Unternehmen dies ignorieren, müssen sie aber weder Bußgelder noch Zivilklagen oder andere Konsequenzen fürchten. Es ist nicht nachvollziehbar, dass Auslandsinvestoren ihre Rechte international einklagen können, während Opfern von Menschenrechtsverletzungen diese Möglichkeit verweigert wird.«[9] Sollten die Unternehmen den Vorgaben nicht folgen, will die Bundesregierung die Einführung von Sanktionen »erwägen«, statt sie sofort einzuführen.

- Ein ganz besonderer Freund dieser Regierung ist die Autoindustrie. Das gilt selbst dann noch, wenn die Abgasreinigung bei Diesel-Pkw manipuliert wird, um einen geringen Schadstoffausstoß vorzugaukeln. In diesem Skandal betätigten sich das Verkehrsministerium von Alexander Dobrindt (CSU) und das ihm unterstellte Kraftfahrtbundesamt offensichtlich als

Beschützer der Konzerne gegen eine kritische Bewertung der Betrugspraktiken, teilweise in direkter Abstimmung mit den Konzernverantwortlichen.[10]

■ Einen kleinen Geldsegen für die Automobilproduzenten gab es in Merkels dritter Amtsperiode auch: die Kaufprämie für Elektroautos. 4000 Euro Zuschuss bringen die Steuerzahler für jedes reine E-Fahrzeug auf, 3000 Euro für Plug-in-Hybride.[11] Gegen diese Subvention für eine Branche, deren drei größte Unternehmen in zehn Jahren mehr als 215 Milliarden Euro Gewinn gemacht haben[12], protestierten nicht nur eingefleischte Gegner staatlicher Vorgaben wie zum Beispiel der Bund der Steuerzahler, sondern auch Mobilitätsexperten und Umweltschützer. »Bei solchen Gewinnen kann man ganz gut leben und die eine oder andere Entwicklung bezahlen, ohne nach dem Steuerzahler zu rufen«, merkte Frank Schwope von der Nord LB an. Die Mahnung, nicht »nach dem Steuerzahler zu rufen«, hätte glatt von Angela Merkel stammen können. Aber wenn es um Geld für Konzerne geht, gilt das bei ihr offensichtlich nicht.

■ Ähnlich sieht es auch beim wohl wichtigsten Thema im Umweltbereich aus: bei der Energiewende. Unter Federführung des sozialdemokratischen Wirtschaftsministers Sigmar Gabriel setzte Merkels große Koalition 2016 eine »Reform« des Erneuerbare-Energien-Gesetzes durch[13], die die Grünen-Vorsitzende Simone Peter treffend als »Tiefschlag gegen die Erneuerbaren Energien und den Klimaschutz«[14] bezeichnete. Neben Begrenzungen für den Ausbau sauberer Energien enthielt die Novelle auch die Einführung des Ausschreibungsverfahrens für größere Anlagen. Simone Peter kommentierte: »Bei den geplanten Ausschreibungen für neue Anlagen sind große, kapitalstarke Energiekonzerne im Vorteil. Bürgerwindparks, Energiegenossenschaften und Mieter-Solarprojekten werden neue Hindernisse in den Weg gelegt.« Und Frank-Thomas Wenzel wertete Gabriels Pläne bereits 2014 in der *Frank-*

furter Rundschau so: »Mit dem Gesamtpaket der Bundesregierung wird der Ausbau der Erneuerbaren gebremst. Das hilft den großen Energiekonzernen, die Kohle, Atom- und Gaskraftwerke betreiben. Insider vermuten, dass dieser Effekt von der Regierung zumindest billigend in Kauf genommen wird.«[15] Über die zahllosen Ausnahmen, mit denen energieintensive Unternehmen auf Kosten der Normalverbraucher von der Finanzierung der Erneuerbaren Energien freigestellt werden, redete da ohnehin fast niemand mehr.[16]

- Unter dem Druck steigender Wohnungskosten verabschiedete die große Koalition eine »Mietpreisbremse«, die allerdings einen Nachteil hat: Sie bremst die Mietpreise nicht. Zwar darf die Miete bei neuen Verträgen nicht um mehr als zehn Prozent über der ortsüblichen Vergleichsmiete liegen. Aber erstens gibt es Ausnahmen, etwa für Neubauten, nach einer Modernisierung und auch dann, wenn die Miete vorher schon höher lag. Zweitens müssen die Vermieter nicht offenlegen, was die Wohnung vorher gekostet hat. Gerade so, als könnten es sich Wohnungssuchende in einer Großstadt heutzutage leisten, dem Anbieter zu sagen: »Wenn Sie die Vormiete nicht offenlegen, nehme ich die Wohnung eben nicht.« Als die Linkspartei im September 2016 im Bundestag beantragte, die Ausnahmen zu streichen[17], lehnte die große Koalition ab, also auch die SPD[18] – obwohl die beantragten Änderungen ihren eigenen Forderungen und denen der Grünen entsprachen.

- Die Sozialsysteme sind zuerst unter Gerhard Schröder und dann unter Angela Merkel systematisch zu Lasten der Versicherten umgebaut worden. Bei der Rente hat die große Koalition zwar einige Verbesserungen für bestimmte Gruppen beschlossen: zum Beispiel die volle Rente mit 63 Jahren bei 45 Jahren Beschäftigung (die allerdings vor allem ohnehin ordentlich verdienenden Männern mit ungebrochener Erwerbsbiografie zugutekommt) oder Verbesserungen bei der Erwerbsminderungsrente. Aber daran, dass das Rentenniveau sinkt, hat sich nichts geändert, obwohl die zuständige Ministerin Andrea Nahles (SPD) zuletzt von »Haltelinien« sprach.[19] Die Riester-Rente, die die systematisch betriebene Absenkung des gesetzlichen Rentenniveaus ausgleichen soll, hat sich als gigantisches Förderungsprogramm für die private Versicherungswirtschaft entpuppt – finanziert zum einen Teil von den Arbeitnehmern und zum anderen durch eine staatliche Zulage, aber ohne einen einzigen Cent von Arbeitgeberseite. Und das gute Argument, dass auch höhere Rentenbeiträge (zugunsten eines auskömmlichen Rentenniveaus) zu verkraften wären, wenn die Arbeitnehmer gemessen an ihrer Produktivität besser verdienen würden, kommt in der Debatte so gut wie gar nicht vor.

- In der gesetzlichen Krankenversicherung schließlich ist das Prinzip der Parität seit 2005 zugunsten der Arbeitgeber aufgegeben: Bis 2014 zahlten die Arbeitnehmer einen festen Zusatzbeitrag von 0,9 Prozent, seit 2015 erheben die Krankenkassen bei den Versicherten je eigene Zusatzbeiträge, während der Arbeitgeberanteil eingefroren wurde.[20] So oder so sind die Unternehmen – von der Kanzlerin gern pauschal »die Wirtschaft« genannt – auch hier von den Kosten der Daseinsvorsorge zum Teil entlastet.

Umverteilung: Die falsche Richtung

Besonders deutlich wird der Zynismus der Merkel'schen Schönfärberei, wenn man den von ihr so gepriesenen Arbeitsmarkt betrachtet. An der Mehrheit der Menschen, die zur Finanzierung ihres Lebensunterhalts nicht viel mehr als ihre Arbeitskraft besitzen, gehen die Segnungen des wirtschaftlichen Booms nämlich weitgehend vorbei. Das gilt umso mehr, je weniger Geld jemand mit dieser Arbeitskraft verdient. Und wenn Arbeitnehmer doch einmal etwas mehr abbekommen als zuvor, sind es wiederum die ohnehin eher Begünstigten, die profitieren.

Richtig ist, dass sich Arbeitslosigkeit und Beschäftigung pauschal gesehen in Merkels dritter Legislaturperiode günstig entwickelt haben: Die Zahl der Arbeitslosen ist von knapp 2,9 Millionen im Jahr 2012 auf knapp 2,7 Millionen im Jahr 2016 zurückgegangen. Die aussagekräftigere Zahl der »Unterbeschäftigten«, zu denen auch nicht arbeitsfähige oder in »arbeitsmarktpolitischen Maßnahmen« befindliche Menschen gezählt werden, sank zwischen 2012 und 2016 von knapp 3,9 Millionen auf weniger als 3,6 Millionen. Erwerbstätig waren 2012 etwa 41,6 Millionen Menschen, vier Jahre später lag die Zahl bei 43,5 Millionen.[21]

Beeindruckende Zahlen, in der Tat, und jedem Einzelnen, der einen Job gefunden hat, ist das natürlich zu gönnen. Aber soll man deswegen die Schattenseiten verschweigen, wie Angela Merkel das systematisch tut? Dass »unser« Boom zu einem guten Teil auf Kosten anderer Länder geht, wurde im vorigen Kapitel beschrieben. Aber selbst wenn man das außer Acht lässt, gilt nach wie vor: Wer werktags für einen relativ bescheidenen Lohn arbeiten geht und sonntags Merkel wählt, der hat sich entschieden, auf eine Teilhabe am Wohlstand zu verzichten, die seiner guten Arbeit entspricht. Und zwar zugunsten der Vermögenden und der Spitzenverdiener.

Der Grundstein für diese Entwicklung wurde von der rot-grünen Regierung unter Gerhard Schröder gelegt, und sie wurde von den Nachfolge-Koalitionen unter Angela Merkel weiter forciert. Die Zahlen sprechen hier eine eindeutige Sprache. Das gilt zum einen für die Entwicklung der Arbeitseinkommen insgesamt. Es gilt zum zweiten für die Verteilung zwischen hohen und niedrigen Arbeitslöhnen. Und drittens gilt es für die Verteilung zwischen Arbeits- und Kapitaleinkünften. Seit Jahren haben die ohnehin schon Privilegierten überdurchschnittlich und die Benachteiligten kaum oder gar nicht von der Wirtschaftsentwicklung profitiert.

Der wichtigste Indikator für das, was Arbeit einbringt, sind die Reallöhne: die jeweiligen Bruttoeinkommen der abhängig

Beschäftigten abzüglich der Inflationsrate. Also das, was man sich von seinem Geld nach Abzug von Steuern und Sozialabgaben tatsächlich kaufen kann. Und das ist, kurz gesagt, kaum mehr als vor zwei Jahrzehnten. Richtig ist, dass die tatsächlich verfügbaren Einkommen der Arbeitnehmerinnen und Arbeitnehmer in den vergangenen Jahren deutlich zugelegt haben: So lag der Reallohnindex, den das Statistische Bundesamt für das Jahr 2015 bei 100 ansetzt, im Jahr 2007 bei seinem Tiefststand von 92,8, also gut sieben Prozent darunter. Aber langfristig gesehen bedeutet diese Steigerung in den vergangenen zehn Jahren kaum mehr als einen Aufholprozess: Im Jahr 1995 hatte der Reallohnindex nämlich einen Wert von 98 erreicht, und dieser Rekord wurde erst 2015, als der Index nach jahrelangem Rückgang auf 100 stieg, gebrochen. Das heißt: Ein Durchschnittsarbeitnehmer konnte seinen Anteil am erwirtschafteten Reichtum in zwei Jahrzehnten um ganze zwei Prozent steigern.[22] Für das Jahr 2016 wurde dann, immerhin, noch einmal ein Zuwachs um 1,9 Prozent errechnet. »Damit ist es den Gewerkschaften erneut gelungen, Tarifsteigerungen durchzusetzen, die deutlich oberhalb der laufenden Preissteigerungsrate lagen und die Beschäftigten auch am Produktivitätsfortschritt teilhaben ließen«, sagte Reinhard Bispinck, der für das gewerkschaftsnahe Wirtschafts- und Sozialwissenschaftliche Institut die Tarifentwicklung begleitet.[23]

Das ist sicher richtig, aber gemessen an der wirtschaftlichen Gesamtentwicklung auch sehr wenig. Vom zunehmenden Wert dessen, was sie in einer Stunde erarbeiten – also vom Produktivitätsfortschritt –, haben die Arbeitnehmer im Schnitt nämlich kaum profitiert. Vergleicht man auch hier das Jahr 2015 mit dem Jahr 1995, dann zeigt sich: Der Index für die Produktivität pro Stunde ist in dieser Zeit von 81,7 auf 104,7 gestiegen, also um mehr als 25 Prozent[24]. Zur Erinnerung: Für den Reallohn blieben von dieser Steigerung zwei Prozent übrig. Den von ihren Angestellten (mit)erarbeiteten Produktivitätsfortschritt konnten die

Unternehmer also rein rechnerisch zum überwiegenden Teil als Profit einstreichen. Anders gesagt: Was vom wachsenden Wohlstand für die Arbeitnehmer blieb, wuchs kaum mit. Und wenn Angela Merkel sich für die zunehmende Zahl der abhängig arbeitenden Menschen lobt, verschweigt sie, dass deren Anteil am gesellschaftlichen Reichtum eben nicht wächst: So lag der Beitrag der Arbeitnehmerentgelte zum Volkseinkommen im Jahr 2015 bei 68,2 Prozent. Das bedeutete zwar gegenüber dem Tiefststand von 2007 (63,6 Prozent) eine Steigerung. Aber der Anteil der abhängig Beschäftigten am erwirtschafteten Reichtum lag damit noch unter dem Stand zur Jahrtausendwende (71,9 Prozent).[25] Das heißt: Das Stück vom Kuchen, das für die abhängig Beschäftigten übrigbleibt, wird insgesamt nicht größer. Es wird nur unter mehr Menschen aufgeteilt.

Unsere Regierung und ihre neoliberalen Berater reden angesichts dieses Ungleichgewichts zuungunsten der abhängig Beschäftigten lieber von gesunkenen Lohnstückkosten, das klingt irgendwie positiv. Dieser Fachausdruck bezeichnet das Verhältnis zwischen der realen Leistung eines Arbeitnehmers (also der gestiegenen Produktivität) und dem Geld, das er dafür bekommt (also seinem stagnierenden oder minimal wachsenden Reallohn). Wer Angela Merkel hört, wenn sie sich der deutschen »Wettbewerbsfähigkeit« rühmt, sollte nicht vergessen, dass sich dahinter genau dieser Zusammenhang verbirgt: Weltmarktkonkurrenz durch erzwungenen Lohnverzicht, verbunden mit günstigen Exportpreisen für deutsche Produkte. Das ist nicht nur ungerecht, sondern verhindert auch die dringend benötigte Verschiebung der Gleichgewichte hin zu einer stärkeren Binnennachfrage.

Auf wessen Kosten das vor allem geht, wird niemanden verwundern: Schon die bescheidene Entwicklung der Reallöhne insgesamt ist für ein reiches Land und seine Regierung eine Blamage. Aber es kommt erschwerend hinzu, dass auch innerhalb der Gruppe der abhängig Beschäftigten eine anhaltende Umverteilung nach oben stattfindet.

So »verdanken« wir der Agenda 2010 einen sprunghaften Anstieg der »atypischen Beschäftigung«, auf Deutsch: der gezielt geförderten Minijobs beziehungsweise der Arbeitsverhältnisse mit Befristung, in Teilzeit mit weniger als zwanzig Stunden oder Leiharbeit. Die Zahl dieser Beschäftigungsverhältnisse stieg seit Inkrafttreten der Schröder'schen und von Merkel unterstützten »Reformen« (2005) von gut sechs Millionen auf bis zu knapp acht Millionen, bevor sie sich 2015 bei etwa 7,5 Millionen stabilisierte – das war immer noch knapp ein Viertel mehr als vor der Agenda 2010 und über ein Fünftel aller abhängig Beschäftigten.[26]

Man kann zwar sicher davon ausgehen, dass ein gewisser Teil dieser prekär Beschäftigten aus freien Stücken in Teilzeit oder Minijobs arbeitet. Aber dass die Entlohnung angemessen wäre, heißt das noch lange nicht. Und viele nehmen Billigjobs nur deshalb in Kauf, weil sie vor einer klaren Alternative stehen: entweder arbeitslos zu sein – oder Arbeit zu haben und dafür mit Löhnen an beziehungsweise unter der Armutsgrenze zu »bezahlen«.

Ein Lehrbeispiel dafür, wie Politik in Zeiten der großen Koalitionen mit diesen Problemen umgeht, lieferte das Gesetz zur Neuregelung der Leiharbeit, das vor allem von Arbeitsministerin Andrea Nahles im Mai 2016 als Durchbruch gefeiert wurde. Der Kompromiss mit der Union enthielt aber so viele Schlupflöcher, dass es am Ende die Arbeitgeber waren, die die Regelung begrüßten.[27] Dass Leiharbeiter künftig nach neun Monaten den gleichen Lohn erhalten sollen, kommentierte der Vorsitzende der Linkspartei mit einem schlagenden Argument: »Der Entwurf ist kein Durchbruch, sondern Wortbruch. Über die Hälfte der Leiharbeiter arbeiten nur drei Monate. Das ist nicht gleiches Geld für gleiche Arbeit.«[28]

Die geschilderten Entwicklungen im Niedriglohnsektor haben die Spaltung auch innerhalb der Gruppe der abhängig Beschäftigten, die schon seit einem Vierteljahrhundert zu beobachten ist, verschärft. Das Deutsche Institut für Wirtschaftsforschung stellte Anfang 2017 fest: »So ist das verfügbare Realeinkommen der höchsten Einkommensgruppe (zehntes Dezil) in den Jahren 1991 bis 2014 um knapp 27 Prozent gestiegen, das des fünften Dezils dagegen um knapp neun Prozent. Die zehn Prozent der Haushalte mit den geringsten Einkommen (erstes Dezil) mussten im Vergleich zum Jahr 1991 in realer Sicht – also unter Berücksichtigung der Inflation – einen Einkommensverlust von acht Prozent hinnehmen. (…) Während sich von 1991 bis 1995 die Einkommen zunächst auseinander entwickelten, näherten sie sich danach bis 1999 an, bevor sich die Einkommensschere von 2000 bis 2005 wieder öffnete. Auf die Einkommensspreizung folgte bis 2009 eine Phase, in der die Entwicklung über alle Einkommensgruppen hinweg gleichmäßig verlief. Anschließend verstärkte sich die Einkommensspreizung wieder.«[29] Stärkere »Einkommensspreizung«, das heißt nichts anderes als: Umverteilung nach oben.

Die DIW-Forscher zogen als Messlatte für die Bewertung dieser Entwicklung die »Nachhaltigkeitsziele« der Vereinten Nationen heran und nahmen an, diese Ziele hätten in den vergangenen 25 Jahren bereits gegolten. Fazit: »Das Ziel für 2030 ist demzufolge, dass der Einkommenszuwachs der ärmsten 40 Prozent einer Bevölkerung höher sein sollte als das durchschnittliche Einkommensplus der Gesamtbevölkerung. (…) Betrachtet man für Deutschland den Zeitraum von 1991 bis 2014, dann wurde dieses Ziel verfehlt: Der Einkommenszuwachs der 40 Prozent mit den geringsten Einkommen blieb hinter dem durchschnittlichen Einkommensanstieg der Bevölkerung zurück. Seit 1999 ist das reale verfügbare Einkommen dieser 40 Prozent der Bevölkerung sogar zurückgegangen, während die realen Einkommen der restlichen 60 Prozent der Bevölkerung deutlich gestiegen sind.«[30] In einem der reichsten Länder der Erde ist die Umverteilung nach oben so »erfolgreich«, dass der Teil der Bevölkerung, der mehr oder weniger gut davongekommen ist, nicht mehr wie früher als »Zweidrittelgesellschaft« bezeichnet werden kann. Er stellt nur noch eine »Dreifünftelgesellschaft« dar.

Ein besonderer Aspekt kommt hinzu: Armut trotz Arbeit ist in diesem Land zur traurigen Realität geworden. Die DIW-Forscher bilanzieren: »In Haushalten, in denen mindestens eine erwerbstätige Person lebt, ist das Armutsrisiko seit 1991 leicht – auf zuletzt zwölf Prozent – gestiegen. Differenziert man die Haushalte mit Erwerbspersonen weiter nach der Zahl der Erwerbstätigen, so hat sich das Armutsrisiko bei denjenigen mit zwei oder mehr Erwerbstätigen im Haushalt (diese machen etwa die Hälfte der Bevölkerung aus) seit 2005 faktisch nicht verändert und schwankt um fünf Prozent. Anders verhält es sich bei Haushalten mit nur einem Erwerbstätigen. In diesen lag das Armutsrisiko in den 1990er Jahren bei 15 Prozent und ist bis 2014 auf nunmehr 24 Prozent gestiegen. Nicht jede Beschäftigung – etwa im Niedriglohnbereich oder bei verkürzter Arbeitszeit – schützt demnach vor Armut.«[31] Und nicht einmal der gesetzliche Mindestlohn hat diesen Zustand entscheidend verändert (siehe Seite 210 ff.).

Bleiben noch diejenigen, denen es gar nicht (mehr) gelingt, ihre Arbeitskraft zu verkaufen. Wer innerhalb eines Jahres einen neuen Job findet, kommt mit Arbeitslosengeld I, das sich am bisherigen Gehalt orientiert, noch glimpflich davon. Aber für die anderen (nur Ältere bekommen noch etwas länger Arbeitslosengeld I) folgt die vielleicht einschneidendste »Errungenschaft« der Agenda 2010: Hartz IV. Dass der Regelsatz für ein Leben in Würde mit einer nennenswerten Beteiligung am gesellschaftlichen Leben nicht ausreicht, ist vielfach berechnet und angemahnt worden. So kam der Paritätische Wohlfahrtsverband für das Jahr 2017 auf einen notwendigen Satz von 520 Euro für eine erwachsene Person. Tatsächlich stieg das Arbeitslosengeld II zum 1. Januar 2017 von 404 auf lediglich 409 Euro. Ulrich Schneider, der Hauptgeschäftsführer des »Paritätischen«, kommentierte: »Die vorliegenden Regelsatzberechnungen des Ministeriums sind ein Gemisch aus statistischer Willkür und finanzieller Nickeligkeit. Wer hingeht und sogar Cent-Beträge für die chemische Reinigung, Grabschmuck oder Hamsterfutter streicht, hat sich vom Alltag der Menschen ganz offensichtlich längst verabschiedet.«[32]

Anfang 2017 wurde bekannt, dass eine Million Menschen von der Einführung des Arbeitslosengeldes II Anfang 2005 bis Ende 2014 »Hartzer« geblieben waren – volle zehn Jahre lang.[33] In der öffentlichen Debatte kommen diese Menschen so gut wie gar nicht mehr vor. Und eine starke Lobby besitzen sie nicht.

Angela Merkel ist sicher nicht an allem schuld, aber festzuhalten ist: Sie hat sich immer zur deklassierenden Agenda von Gerhard Schröder bekannt: »Die Agenda 2010 war richtig. Deshalb haben wir sie als damalige Opposition unterstützt. Ohne uns wäre sie gar nicht Gesetz geworden. Wir haben sie im Bundesrat unterstützt.«[34] Und sie hat nie auch nur angedeutet, an deren Folgen etwas ändern zu wollen. Sowohl die Phase der Stagnation bei der Einkommensverteilung, die auf die Agenda folgte, als auch die anschließend wieder einsetzende Umverteilung nach oben fällt mit dem ersten Jahrzehnt ihrer Kanzlerschaft zusammen.

Auf die Idee, diese Bilanz in der Neujahrsansprache mit dem lapidaren Satz »Noch nie hatten so viele Menschen Arbeit wie heute« abzuhandeln, muss man erst einmal kommen. Das ist der Stoff, aus dem Wut und Hass auf das politische »Establishment« entstehen. Das gilt erst recht, wenn die zweite »Volkspartei«, die das Lügen durch Verschweigen eigentlich aufzudecken hätte, sich an der Schönfärberei beteiligt. SPD-Kanzlerkandidat Martin Schulz fordert zwar Steuergerechtigkeit und höhere Löhne, und er hat »Fehler« seiner Partei im Zusammenhang mit der Agenda 2010 zugegeben: »Wir hätten gleichzeitig den Mindestlohn einführen und Superreiche stärker belasten müssen.«[35] Für die Zukunft hat Schulz sogar erkannt: »Wir müssen prekäre Beschäftigung zurückdrängen.«[36] Immerhin, das geht über das bis dahin übliche Maß an Selbstkritik in der SPD deutlich hinaus. Aber die Glaubwürdigkeit solcher Ankündigungen wäre wesentlich größer, wenn sich der Kandidat von der Förderung des Niedriglohnsektors und von der Deklassierung der Langzeitarbeitslosen distanzieren würde. Genau das tut er aber nicht: »Im Jahr 2003«, sagte Schulz nach seiner Nominierung, »war die Agenda die richtige Antwort auf eine Phase der Stagnation.«[37] Und während er immer wieder versprach, sich um die »hart arbeitenden Menschen« zu kümmern, war von einer Anhebung des Hartz-IV-Satzes nichts zu hören.

Um-Steuern? Fehlanzeige!

Die wichtigste Aufgabe eines Staates – neben der Wahrung des inneren und äußeren Friedens – besteht darin, die Verteilung des Reichtums zu »steuern«, und zwar durch Steuern und deren Verwendung. Das haben die Regierungen unter Angela Merkel auch seit Jahren getan – allerdings genau in die falsche Richtung. Wie am Arbeitsmarkt, so haben auch über diesen Weg die ohnehin Begünstigten profitiert.

In Deutschland gibt es eine Investitionslücke von mindestens 90 Milliarden Euro, wenn der Wert der öffentlichen Infrastruktur zumindest erhalten werden soll. Das hat im Jahr 2015 eine vom damaligen Bundeswirtschaftsminister Sigmar Gabriel berufene Kommission berechnet.[38] Ein Jahr später bezifferte eine Studie der Kreditanstalt für Wiederaufbau den Investitionsbedarf allein für deutsche Schulen auf 34 Milliarden Euro.[39] Selbst wenn man eine private Beteiligung ins Auge fassen würde, was durchaus umstritten ist: Um diese Lücken zu schließen – und damit bei der Schaffung anständig bezahlter Arbeitsplätze zu helfen –, bräuchte der Staat schlicht und einfach mehr Geld.

Dass aber Angela Merkel Steuererhöhungen ausschließt – auch für die höchsten Einkommen und Vermögen –, ist bekannt. Und selbst für den Fall einer rot-rot-grünen Mehrheit müssten SPD und Grüne erst noch zeigen, ob sie ernsthaft bereit sind, die Umverteilung nach oben endlich zu stoppen. Und während die Politik angesichts guter Konjunktur und entsprechend hoher Staatseinnahmen über Steuersenkungen stritt, zerlegte Stefan Bach vom Deutschen Institut für Wirtschaftsforschung Anfang 2017 die gängigen Argumentationsmuster mit wenigen Sätzen: »Die Geschichte von den ständigen Steuerrekorden ist ein Mythos. Die Wirtschaft und unsere Einkommen wachsen ebenfalls Jahr für Jahr. Insofern ist es wenig verwunderlich, dass auch das Steueraufkommen zunimmt. Die Steuerquote, also der Anteil der Steuern am Bruttoinlandsprodukt, ist zwar in den letzten Jahren gestiegen. Sie liegt aber noch unter den Niveaus früherer Zeiten wie Ende der 1990er Jahre oder Mitte der 1970er Jahre.«[40]

Den üblichen Klagen über die hohe Belastung der Einkommen hält der Ökonom entgegen: »Die Einkommenssteuer ist in der Tat progressiv. Das heißt: Die relative Belastung nimmt mit steigendem Einkommen überproportional zu. Da gibt es dann die ›kalte Progression‹. Die Einkommenssteuern machen aber nur die Hälfte des Steueraufkommens aus. Besserverdiener zahlen relativ zu ihrem Einkommen weniger indirekte Steuern wie Mehrwertsteuer oder Energiesteuern. Denn sie sparen einen höheren Anteil ihres Einkommens und geben nicht alles im Supermarkt oder an der Tankstelle aus. Die Gesamtbelastung ist gar nicht so progressiv.« Und: »Seit den 1990er Jahren haben viele Länder, auch Deutschland, hohe Einkommen und Vermögen systematisch entlastet. Wir haben die Vermögenssteuer abgeschafft und die Spitzentarife der Einkommenssteuer reduziert. Die Unternehmenssteuersätze, die bei sehr hohen Einkommen eine Rolle spielen, sind ebenfalls gesunken. Und die Erbschaftssteuer dümpelt mit wenig Aufkommen dahin, trotz Erbschaftswelle.«

Was aber hat Angela Merkel, gemeinsam mit der SPD und unterstützt von grünen Neoliberalen wie dem baden-württembergischen Ministerpräsidenten Winfried Kretschmann, getan? Alle zusammen haben eine »Reform« der Erbschaftssteuer realisiert, die jede stärkere Beteiligung der Reichsten an der Staatsfinanzierung vermeidet. DIW-Steuerexperte Bach fasst zusammen: »Der

Kompromiss stellt weiterhin große Unternehmensvermögen im zwei- und dreistelligen Millionenbereich de facto steuerfrei, ohne dass Unternehmen und Arbeitsplätze gefährdet sind.«

Schon zu Beginn der schwarz-gelben Koalition (2009 bis 2013) hatte die Regierung die Begünstigung von Erben erweitert: Geschwister und Geschwisterkinder zahlen seitdem je nach Höhe des Erbes statt 30 bis 50 Prozent nur noch 15 bis 43 Prozent. Und schon damals wurden die Regeln ausgeweitet, nach denen die Erben von Unternehmen von der Steuer ganz oder teilweise verschont werden, wenn sie den Betrieb eine Zeit lang weiterführen.[41]

Damit leistet die Politik einen entscheidenden Beitrag dazu, dass sich die ungerechten Vermögensverhältnisse von Generation zu Generation fortsetzen beziehungsweise noch steigern können. Im September 2015 sagte das Deutsche Institut für Altersvorsorge voraus, dass im Jahrzehnt von 2015 bis 2024 etwa 3,1 Billionen Euro vererbt werden könnten.[42] Vier Jahre zuvor war das Institut noch von »nur« 2,6 Billionen Euro von 2011 bis 2020 ausgegangen.[43] Der Prognose vom September 2015 fügte das Institut, immerhin getragen von Merkel-Freunden wie der Deutschen Bank, einen Hinweis hinzu:»Wie die großen Vermögen konzentrieren sich auch die großen Erbschaften auf wenige Fälle. Die oberen zwei Prozent aller Hinterlassenschaften vereinen etwa ein Drittel des gesamten Erbschaftsvolumens auf sich.«[44]

Wer schon hat, der erbt. Diese privilegierten Erben über Steuern ausreichend an der künftigen Konsolidierung der Staatsfinanzen zu beteiligen, das wäre die Aufgabe einer sozial ausgewogenen Politik. Die Regierung Merkel hat mit ihren Regelungen für die Erbschaftssteuer allerdings genau das Gegenteil getan.

Erschwerend kommt ein fast schon vergessener Skandal hinzu: Ein einziges Mal, in ihrer ersten Legislaturperiode, hat Angela Merkel sehr wohl Steuern erhöht. Aber sie hat das vor allem dort getan, wo es die finanziell Schwächsten trifft: bei der Mehrwertsteuer. Die SPD, im Wahlkampf 2005 noch strikt dagegen, knickte mit ihrem Einstieg in die große Koalition am Ende desselben Jahres ein und machte mit. Die Abgabe stieg von 16 auf 19 Prozent. Immerhin blieb der ermäßigte Satz auf Lebensmittel und andere Güter des Grundbedarfs unverändert, und um die Empörung etwas zu dämpfen, wurde für sehr hohe Einkommensanteile (oberhalb von 250 000 Euro für Ledige) der Spitzensteuersatz auf 45 Prozent erhöht. Aber an der verheerenden Wirkung der Mehrwertsteuererhöhung änderte das nichts: Das Steuersystem funktioniert unter der Kanzlerin Merkel (wie schon unter ihrem Vorgänger Gerhard Schröder) als Werkzeug zur Umverteilung nach oben. »Die Einkommensteuerreformen haben insbesondere im oberen Bereich der Einkommensverteilung zu deutlichen Entlastungen geführt. Die diversen Erhöhungen der indirekten Steuern wie der Mehrwertsteuer 2007 oder den Energiesteuern erhöhten dagegen die regressiven[45] Belastungswirkungen. Während die Gesamtbelastung durch Steuern seit 1998 im untersten Einkommensdezil um 5,4 Prozent zugenommen hat, sind die Personen im obersten Einkommensdezil in diesem Zeitraum um 2,3 Prozent, im Top-1-Perzentil um knapp 5 Prozent ihres Haushaltsbruttoeinkommens entlastet worden.«[46] Für indirekte Steuern muss das untere Zehntel 22,9 Prozent des Einkommens aufbringen, während es beim oberen Zehntel nur 6,6 Prozent sind – eine klare Umverteilung der Lasten von oben nach unten.[47]

Die Befürworter dieser Steuerpolitik argumentieren gern damit, dass die Gutverdiener ja auch einen überproportionalen Beitrag zur Einkommensteuer leisten: »Lasst die ›Reichen‹ in Ruhe«, fordern journalistische Gefolgsleute des Merkel'schen Neoliberalismus seit Jahren. Denn: »Die oberen zehn Prozent zahlen schon die Hälfte der Steuern.«[48] Damit ist die Grenze zur Volksverdummung nicht nur erreicht, sondern überschritten. Die Rechnung »10 Prozent zahlen 50 Prozent« wäre selbst für die Milchmädchenprüfung zu beschränkt.

Selbst wenn man das Verhältnis 10 zu 50 so gelten ließe, bedeutete es nur, dass das Prinzip der Umverteilung durch Steuern noch irgendwie funktioniert: Wer mehr hat, zahlt auch einen größeren Anteil an seinem Einkommen. Dass es diese Umverteilung gibt, hat kein Kritiker je bestritten. Es geht vielmehr darum, ob sie ausreicht oder nicht. Für diese Frage ist die Propagandarechnung »10 zu 50« vollkommen wertlos, denn sie bezieht die absolute Einkommenshöhe nicht mit ein – und das oberste Zehntel nimmt ja wie erläutert mehr ein, als es seinem Anteil an der Bevölkerung entspricht. Selbst aus Berechnungen des arbeitgebernahen Instituts der Deutschen Wirtschaft, die neben den Steuern auch die Sozialabgaben einbeziehen, ergibt sich folgendes Bild: Die reichsten 20 Prozent zahlen zwar die Hälfte der Steuern und Sozialabgaben – aber bei ihnen landen eben auch fast 58 Prozent des Netto-Einkommens. Und von allen Sozialleistungen profitieren sie praktisch ebenso stark, wie es ihrem Bevölkerungsanteil entspricht.[49] Eine Studie aus dem Jahr 2012 ergab, dass das oberste Zehntel brutto im Schnitt fünfmal so viel verdiente wie das unterste und vom gesamten Lohnaufkommen immerhin etwa 20 Prozent abgriff.[50] Deshalb müsste es heißen: »Die obersten 20 Prozent der Arbeitseinkommen tragen 50 Prozent zur Einkommensteuer bei.« Dann aber wäre die Propaganda schon schwieriger, denn »10 Prozent zahlen die Hälfte« klingt natürlich viel beeindruckender als »20 Prozent zahlen die Hälfte«.

Aber selbst bei so viel Ehrlichkeit bliebe das Kampfargument der Merkelianer zutiefst unseriös, denn es reduziert die Betrachtung gezielt auf die Einkommensteuer, die ja immerhin für ein Stück Umverteilung sorgt. Diese Steuerprogression – wer mehr hat, zahlt einen höheren Anteil –, gibt es in dieser Form weder bei den indirekten Steuern wie Mehrwert- oder Energiesteuer (wie oben gezeigt) noch bei den Sozialabgaben. Hier sind es ebenfalls die Gutverdiener, die profitieren. Denn ab einer bestimmten Höhe (Beitragsbemessungsgrenze) ist der Rest des Einkommens beitragsfrei. Wer bis zu 6350 (Westdeutschland) beziehungsweise 5700 Euro (Ostdeutschland) im Monat verdient, zahlt auf sein vollständiges Einkommen Rentenbeiträge. Jeder Cent darüber hinaus ist nicht mit Sozialabgaben belastet. Gleiches gilt bei der Gesetzlichen Krankenversicherung, bei der die Grenze 4350 Euro im Monat beträgt. Hier kann sich, wer mehr als 4800 Euro im Monat verdient, sogar ganz aus dem Solidarsystem verabschieden und sich privat versichern.

Für alle, deren Einkommen höher liegt als die jeweilige Beitragsbemessungsgrenze, sinkt also der Beitrag im Verhältnis zum Gehalt. Und schließlich verschweigen die neoliberalen Ideologen, dass Gutverdiener mehr sparen können und deshalb auch mehr Zinseinkünfte haben (auf die sie, wenn überhaupt, gerade mal 25 Prozent Steuern zahlen). All diese Vorteile werden unterschlagen, wenn es heißt:»Die oberen 10 Prozent zahlen 50 Prozent der Steuern.«

Natürlich könnte die Politik dafür sorgen, dass die obersten 10 Prozent durch Einkommen- oder Vermögensteuern mehr beitragen zur Staatsfinanzierung, zur Entlastung der Durchschnittsbürger und zur Stärkung der Binnennachfrage. Aber statt zu handeln, setzt Angela Merkel ungerührt den neoliberalen Kurs fort. Ob Umverteilung durch eine gerechte Steuerpolitik oder faire Finanzierung der Sozialsysteme, etwa durch eine Bürgerversicherung: Unter dieser Kanzlerin sind solche Korrekturen am Skandal der Ungleichheit in einem reichen Land tabu.

»Sozialdemokratische Handschrift«?
Eine Randnotiz, nicht mehr

Aber hat die Koalition aus CDU/CSU und SPD seit 2013 nicht auch positive sozialpolitische Akzente gesetzt? Ja, das hat sie, und vor allem die Sozialdemokraten reklamieren dieses Verdienst ja gerne für sich. Sie rechnen es sich an, die CDU-Kanzlerin zu einer in großen Teilen sozialdemokratischen Politik getrieben zu haben. Und sie rechtfertigen damit die Entscheidung von 2013, sich aus ihrer Wahlniederlage in die große Koalition zu flüchten. Noch an dem Tag, als er im Januar 2017 die Aussichtslosigkeit einer Kanzlerkandidatur für sich erkannte und aufgab, beharrte der scheidende SPD-Vorsitzende Sigmar Gabriel darauf, dass die Sozialdemokraten nur als Regierungspartei »den Mindestlohn, mehr Kitas, sozialen Wohnungsbau und nicht zuletzt mehr Chancengleichheit für Frauen« hätten durchsetzen können.[51]

Allerdings vergaß Gabriel beziehungsweise vergisst die SPD dabei Folgendes: Angela Merkel dürfte sich mit den vom damaligen SPD-Vorsitzenden genannten Zugeständnissen nicht allzu schwer getan haben. Denn zum einen kann sie sie als ihre eigenen Erfolge verkaufen und damit ihr Image als »Kanzlerin für alle« aufpolieren. Dieser politische Gewinn für die Kanzlerin wäre aus Sicht der Bürgerinnen und Bürger noch zu verkraften, wenn die Errungenschaften wirklich so großartig wären, wie die SPD sie beschreibt. Aber das ist, zum anderen, gerade nicht der Fall: Wie die oben beschriebenen Beispiele schon gezeigt haben, ist es der Kanzlerin fast durchgehend gelungen, die Unternehmen im Land vor wirklich einschneidenden Eingriffen zu schützen. Die Fortschritte, so begrüßenswert sie sind, stellen vergleichsweise kleine Korrekturen an einem blamablen Gesamtbild dar. Allein schon gemessen an dem, was die rechnerisch vorhandene rot-rot-grüne Mehrheit im Bundestag hätte durchsetzen können, wirken sie eher bescheiden. Aber das erwähnte Gabriel natürlich nicht.

Selbst das Projekt, das die SPD an erster Stelle zum Erfolgsnachweis ihrer Regierungsbeteiligung erklärt, bleibt hinter dem Möglichen und Notwendigen deutlich zurück: der Mindestlohn. »Wir wollen, dass alle von ihrer Arbeit leben können«, schrieb die SPD-Bundestagsfraktion Ende 2016 in einer Bilanz unter dem schönen Titel »Gesagt. Getan. Gerecht«. »Deshalb haben seit dem 1. Januar 2015 alle volljährigen Arbeitnehmerinnen und Arbeitnehmer einen gesetzlichen Anspruch auf einen Mindestlohn von 8,50 Euro pro Stunde. Ab dem 1. Januar 2017 kann davon auch dann nicht mehr abgewichen werden, wenn ein Branchenmindestlohn-Tarifvertrag gilt. Besondere Regelungen gelten für Langzeitarbeitslose in den ersten sechs Monaten einer neuen Beschäftigung, für Ausbildungsverhältnisse und für bestimmte Praktika. Die Höhe des Mindestlohns wird künftig regelmäßig durch die Tarifpartner in der sogenannten Mindestlohnkommission überprüft. Mit Beginn des Jahres 2017 steigt der Mindestlohn damit auf 8,84 Euro.«[52]

Das ist zunächst unbestreitbar ein Erfolg: Im Niedriglohnsektor gab es gleich nach der Einführung der Untergrenze deutliche Einkommenszuwächse, und zahlreiche Minijobs wurden in reguläre Beschäftigungsverhältnisse umgewandelt.[53] Aber reicht der Mindestlohn, so wie er verwirklicht wurde, aus? Entspricht er zumindest dem, was die SPD mit einer rot-rot-grünen Regierung hätte verwirklichen können? Nein, das tut er nicht. Dafür sind die Mängel zu groß. So galten für einige Branchen zunächst Ausnahmen, die das Inkrafttreten des vollen Mindestlohns um zwei Jahre verzögerten. Darüber hinaus bleiben Langzeitarbeitslose, die einen Job finden, für ein halbes Jahr vom Mindestlohn ausgeschlossen – eine Einladung an Unternehmen, diese Menschen als Arbeitnehmer zweiter Klasse zu behandeln. Und für junge Menschen unter achtzehn Jahren gilt die Untergrenze gar nicht.

Besonders beachtlich ist die Begründung, die die Bundesregierung für den Ausschluss der Minderjährigen ablieferte: »Durch die Ausnahme wird sichergestellt, dass der Mindestlohn keinen Anreiz setzt, zugunsten einer mit dem Mindestlohn vergüteten Beschäftigung auf eine Berufsausbildung zu verzichten.«[54] Das zeugt nicht nur von einem sehr begrenzten Vertrauen der Politik in den Bildungswillen der Jugend. Die Begründung hat zudem »wegen evidenter Sachwidrigkeit keinen Bestand«, wie die Verfassungsrechtler Ulrich Preis und Daniel Ulber trocken bemerkten. »Dies gilt zum einen deshalb, weil die meisten Schüler/innen ihre Berufsausbildung ohnehin erst nach Vollen-

dung des 18. Lebensjahres beginnen. Ungeeignet und unverhältnismäßig ist überdies der Grundgedanke, man müsse als Gesetzgeber einen Arbeitnehmer dadurch schützen, dass man ihn
benachteiligt. (...) Die Norm sollte gestrichen werden, um die
nicht von der Hand zu weisende Gefahr der Förderung niedrig-
bezahlter Arbeit von Kindern und Jugendlichen zu vermeiden.
Diese Gefahr erscheint uns mindestens so groß wie die Annahme, dass ein Schüler einen Ausbildungsplatz ausschlägt,
weil er ungelernt zum Mindestlohn arbeiten kann.«[55]

Zu der Frage, ob zumindest die Höhe des Mindestlohns stimmt,
ist damit außerdem noch gar nichts gesagt. Das Wirtschafts- und
Sozialwissenschaftliche Institut der gewerkschaftsnahen Hans-
Böckler-Stiftung schrieb dazu im Jahr 2016: »Insbesondere in
größeren Städten wäre aufgrund der dortigen höheren Wohn-
kosten ein Mindestlohn von deutlich über 9 Euro notwendig«,
damit niemand mehr seinen Lohn mit Hartz IV aufstocken
müsste. »In besonders teuren Städten wie München läge dieser
Betrag nach Angaben der dortigen Arbeitsagentur sogar bei
11,50 Euro. Berücksichtigt man schließlich (...) auch die Folgen
der Lohnhöhe für die Alterssicherung, so ergibt sich nach Berechnungen des Bundesministeriums für Arbeit und Soziales (BMAS)
die Notwendigkeit eines Mindestlohns von 11,50 Euro, um bei
einer wöchentlichen Arbeitszeit von 38,5 Stunden und 45 Versi-
cherungsjahren eine Rente zu erhalten, die oberhalb der Grund-
sicherung im Alter liegt.«[56] Immer noch gilt also, was *Zeit online*
schon 2014 treffend auf die Formel »Mindestlohn ist Niedriglohn« brachte: »Ein Arbeiter erhält laut OECD-Definition einen
Niedriglohn, wenn er weniger als zwei Drittel des Medians verdient. In Deutschland liegt der mittlere Stundenlohn laut Hans-
Böckler-Stiftung bei rund 16,70 Euro – der ab nächstem Jahr
geltende Mindestlohn ist also nur gut halb so hoch. Um Arbeitnehmer nicht mehr unter die derzeitige Niedriglohnschwelle
rutschen zu lassen, wäre für Deutschland demnach ein gesetzlich
festgelegter Stundenlohn von 11 Euro nötig.«[57]

Davon ist die politische Debatte in Deutschland – auch in der SPD – Lichtjahre entfernt. Und die Wirklichkeit sieht an manchen Stellen noch wesentlich düsterer aus, als es die offizielle Untergrenze von 8,84 Euro pro Stunde vermuten lässt. Denn Anfang 2017 wurde bekannt, dass vielen Minijobbern selbst dieser Mindestlohn vorenthalten wird. Das trifft auch auf diejenigen zu, die ihn am dringendsten bräuchten: die »Minijobber im Haupterwerb«[58]. Knapp die Hälfte von ihnen wurde im Jahr 2015 mit weniger als den damals geltenden 8,50 Euro pro Stunde abgespeist. 20 Prozent erhielten nicht mehr als 5,50 Euro, 40 Prozent nicht mehr als 7,50 Euro pro Stunde, ermittelte das Wirtschafts- und Sozialwissenschaftliche Institut der Hans-Böckler-Stiftung.[59]

So begrüßenswert die Einführung des Mindestlohns auch ist: Selbst dieses Beispiel belegt, dass in einer Koalition mit der Union unter Angela Merkel jeder Fortschritt mit Einschränkungen zugunsten »der Wirtschaft« verbunden ist, die in einem eher linken Regierungsbündnis nicht notwendig gewesen wären.

Wege zum Wechsel

Am Ende der dritten Wahlperiode unter Angela Merkel stellt sich die Frage: Gibt es überhaupt eine Chance, den Alternativen zum neoliberalen »Weiter so« dieser Kanzlerin zu politischer Wirksamkeit zu verhelfen? Besteht eine Aussicht auf politische Mehrheiten für eine Politik, die sich gegen Merkels Kurs stellt, ohne ihren Gegnern von ganz rechts auf den Leim zu gehen?

Es wäre jedenfalls dringend nötig. Der Kampf gegen Ressentiments und Rassismus muss zwar von allen demokratischen Kräften geführt werden, im Zweifel auch gemeinsam. Aber er darf sich gerade nicht erschöpfen in der »Gemeinsamkeit der Demokraten«, die jetzt gelegentlich beschworen wird. Diese Gemeinsamkeit, so wie sie in den vergangenen Jahren gelebt wurde, ist keineswegs ein Heilmittel gegen den Aufstieg des bürgerlichen Rechtsextremismus, ganz im Gegenteil: Sie hat ihn mit verursacht. Das weitgehend parteiübergreifende Festhalten an Schröders und dann Merkels »Neoliberalismus light« sowie das Fehlen einer aussichtsreichen linken Alternative sind in diesem Buch ausführlich beschrieben worden, und dieses vermeintlich »alternativlose« Handeln stellt einen Hauptgrund für das Misstrauen gegen die politische Elite dar, das den Boden für die nationalistischen und rassistischen Parolen der AfD bereitete. Es spricht nichts dagegen, wenn sich breite Parteienbündnisse gemeinsam gegen die Rechtsextremen positionieren, wie zum Beispiel vor der Abgeordnetenhauswahl in Berlin 2016 geschehen.[1] Aber bis zu den tieferen Ursachen der Rechtsentwicklung reichen solche Initiativen nicht.

Die einzige Chance, sowohl dem Neorassismus den Boden zu entziehen als auch an Merkels Position zu rütteln, läge – parteipolitisch betrachtet – in einem linken Bündnis mit einem überzeugenden Reformprogramm und dem erkennbaren Willen zur Macht. Aber gibt es dafür überhaupt eine Chance? Auf den ersten Blick eher nicht. Wie schon in der gemeinsamen Oppositionszeit von 2009 bis 2013, so haben es die Beteiligten auch seit 2013 versäumt, eine solche Alternative vorzubereiten. Die SPD war damit beschäftigt, der Union punktuelle Abweichungen von der neoliberalen Hauptlinie abzuringen. Die Grünen wurden sich nicht einig, ob sie den Sinn ihrer Existenz und ihre künftigen Erfolge im Öko-Konservatismus sehen wollen (wie Winfried Kretschmann das erfolgreich, aber ohne Reformambitionen in Baden-Württemberg tut) oder in einer konsequenten Anknüpfung an die ökosoziale Tradition der Partei. Und die Linkspartei fror ihre Konflikte ein, indem sie die Nachfolge Gregor Gysis an der Fraktionsspitze unter Dietmar Bartsch und Sahra Wagenknecht aufteilte, statt sich auf gemeinsame und gut vermittelbare Kernpunkte eines Reformprogramms zu einigen.

Lange Zeit sprach – bei aller Skepsis gegenüber Umfragen – alles dafür, dass Rot-Rot-Grün schon rein rechnerisch keine Chance hätte, wenn die AfD wie erwartet in den Bundestag einzieht.[2] Und nicht wenigen in der SPD, bei den Grünen und auch bei der Linkspartei schien das sogar ganz recht zu sein: Die einen setzten auf vier weitere Jahre Überwintern als Merkels Juniorpartner in der großen Koalition; die zweiten wollten diese Rolle gern in einem schwarz-grünen Bündnis übernehmen; und die dritten waren froh, die Auseinandersetzung in der eigenen Partei über mögliche Regierungsbeteiligungen und deren Bedingungen nicht führen zu müssen.

Dann aber kam Martin Schulz, und Stand Februar 2017 kann man sagen: Der Welle von rechts, die das unter »Mutti« Merkel selig schlummernde Deutschland aufgescheucht hatte, folgte nun ein erstaunlich frischer Wind von links.

Ob das, was der Kanzlerkandidat Schulz zum Start seiner Aufholjagd zum Besten gab, durchweg als links bezeichnet werden kann, darf man zwar bezweifeln – zumal er zunächst wenig Konkretes, sondern eher pauschale Gerechtigkeitsparolen zu bieten hatte, zum Beispiel: »Die Menschen, die mit harter Arbeit ihr Geld verdienen, dürfen nicht schlechter gestellt sein als die, die nur ihr Geld für sich arbeiten lassen.«[3] Aber wenn auch hier die Demoskopie nicht ganz daneben liegt, dann zeigt die Resonanz auf seine Nominierung: Es gibt in der Gesellschaft ein Bedürfnis nach politischen Kräften, die das Thema Gerechtigkeit endlich wieder zur Geltung bringen – im Gegensatz sowohl zu Merkels Union als auch zu den rassistischen Neoliberalen von der AfD. Und auch wenn die potenziellen Partner eines Linksbündnisses, also SPD, Linke, und Grüne, auf den Fall des Erfolges praktisch nicht vorbereitet sind: Es eröffnet immerhin eine Perspektive zur Ablösung von Angela Merkel. Anfang Februar 2017 lagen die Sozialdemokraten bei einer Umfrage sogar vor der CDU/CSU (mit 31 zu 30 Prozent)[4] – zum ersten Mal seit mehr als sechs Jahren.[5]

Eine derartige Prognose sagt mehr als ein halbes Jahr vor der Wahl natürlich nichts Endgültiges aus. Aber erstmals erschien am Horizont die Möglichkeit einer eigenen Mehrheit für Rot-Rot-Grün, obwohl die AfD sich bei 12 Prozent gehalten hatte. Die SPD (31 Prozent) erreichte gemeinsam mit Linken (10 Prozent) und Grünen (7 Prozent) 48 Prozent – genauso viel wie die anderen Parteien zusammen (CDU/CSU 30 Prozent, FDP 6 Prozent, AfD 12 Prozent).

Diese Prognose, die bislang mit Abstand beste für ein mögliches Linksbündnis, ist allerdings mit großer Vorsicht zu genießen. Denn zum einen war der Moment für die SPD Anfang Februar 2017 besonders günstig: Der »Schulz-Effekt« war noch ganz neu, während CDU und CSU gerade darum rangen, wie sie einen Schulterschluss bei ihrem symbolischen Streit über das Flüchtlingsthema heucheln sollten. (Was dann mit einem durchsichtigen Formelkompromiss geschah: Die Obergrenze kommt im gemeinsamen Wahlprogramm nicht vor, steht aber in einem eigenen, zusätzlichen »Bayernplan« der CSU.[6])

Zum anderen aber läge in einem solchen oder ähnlichen Wahlergebnis, selbst wenn es zustande käme, die akute Gefahr einer Fortsetzung der großen Koalition. Die SPD hätte, landete sie bei der Bundestagswahl tatsächlich vor der Union, endlich wieder einen Kanzler – und das wäre ihr sicher das Wichtigste. Wer verfolgt hat, wie Schulz im Europaparlament die große Koalition aus Konservativen und Sozialdemokraten gemanagt hat, der wird ihm kaum zutrauen, sich auf ein Linksbündnis festzulegen. Er hat zwar zum Start seiner Kandidatur gesagt, dass er Bundeskanzler werden will, aber nicht, mit wem. Und dass er im Zweifel lieber mit großem Vorsprung vor der Opposition die große Koalition fortsetzen würde als mit knapper Mehrheit Rot-Rot-Grün zu wagen, ist zumindest zu befürchten.

Bei diesen Perspektiven wird sich manch einer wohl in der Meinung bestätigt fühlen, dass sich mit Wahlen im Kapitalismus ohnehin nichts verändern lasse. Erst recht nicht angesichts einer SPD, die immer noch nicht bereit ist, sich klar von den neoliberalen Sündenfällen des Gerhard Schröder zu distanzieren.

Tatsächlich gibt es viele Gründe, nur begrenzte Hoffnung auf die etablierten Parteien zu setzen, wenn es um echte Alternativen zur wirtschaftsfreundlichen Interessenpolitik geht. Und ohne gehörigen »Druck der Straße« werden sie sich schon gar nicht verwirklichen lassen. Deshalb sollte der Blick auf die Bundestagswahl niemanden daran hindern, sich außerparlamentarisch zu engagieren. Dass das Wirkung zeigen kann – wenn auch nicht unbedingt immer volle Erfolge –, kann man zum Beispiel an dem Eiertanz sehen, zu dem der Massenprotest gegen TTIP und Ceta den damaligen Wirtschaftsminister Sigmar Gabriel zwang: Erst mit einer Distanzierung von TTIP und mit (wenn auch unzureichenden) Teil-Zugeständnissen bei Ceta konnte er gegen den Widerstand großer Teile der Bevölkerung eine Mehrheit der eigenen Partei hinter sich bringen. Sogar dass der Protest gegen

TTIP und Ceta zu Gabriels Abtreten beigetragen hat, ist möglich. Eine breite Bewegung kann durchaus Veränderungen bewirken – so unvollständig sie zunächst auch sind. Zumindest kann sie dazu beitragen, die Hegemonie der neoliberalen Ideologie im öffentlichen Diskurs infrage zu stellen und damit weitere Räume für Veränderung zu schaffen.

Tatsächlich gibt es in der Gesellschaft mehr Bewegung, als es angesichts einer auf Personen, Parteien und Propagandafeldzüge fixierten Medienöffentlichkeit erscheinen mag. So arbeitet zum Beispiel das »Institut Solidarische Moderne«, das von Aktivisten aus dem rot-rot-grünen Spektrum gegründet wurde, an einer Art Wahlkampf von unten. Im Sommer 2016 rief es dazu auf, »die vielerorts bereits geführten Diskurse über die nächsten und ferneren Schritte eines sozialökologischen Gesellschaftsumbaus in lokalen und regionalen Foren zusammenzubringen«. Wenn ein Politikwechsel gelingen solle – und das ist bekanntlich mehr als ein Regierungswechsel –, dann gehe es jetzt darum, »dass sich all jene in Bewegung setzen beziehungsweise ihre Bewegungen aufeinander beziehen, die das Gemeinsame der vielstimmigen gesellschaftlichen Auseinandersetzungen zusammenbinden wollen – etwa der Willkommensinitiativen und des Widerstands gegen Rassismus, Pegida und AfD sowie gegen das neoliberale Programm der Prekarisierung«.[7]

Zugleich entwarf das ISM erste Eckpunkte für eine sozialökologische Wende, die von einem umweltfreundlichen Investitionsprogramm über eine »Ent-Prekarisierung der Arbeit« und eine menschenrechtsorientierte Sicherheitspolitik bis hin zu einem Kurswechsel in der europäischen Wirtschaftspolitik reichen.[8] Ähnliche Ansätze verfolgen – speziell auf die EU bezogen – die vor allem von Gewerkschaftern getragene Initiative »Europa neu begründen«[9] und das von Yanis Varoufakis und anderen getragene »Democracy in Euro Movement« (DiEM 25).[10]

Nun fällt natürlich ins Auge, dass aus all diesen Initiativen noch keine Massenbewegungen entstanden sind, die zunächst die notwendige Aufmerksamkeit in Politik und Medien und dann womöglich konkrete Veränderungen erzwingen könnten. Aber warum soll es unmöglich sein, dass das Vordringen neorassistischer Ideologie in den politischen Raum jetzt eine Gegenbewegung auslöst – sowohl gegen das neoliberale »Weiter so« als auch gegen die falschen »Alternativen« von rechts? Und zwar am besten nicht erst dann, wenn – wie in den USA – der nationalistische Neoliberalismus die Macht schon erobert hat?

Wenn das noch verhindert werden soll, wird »die Straße« ein Ort der politischen Auseinandersetzung bleiben beziehungsweise noch viel mehr als bisher werden müssen – ob es nun ums Finanzsystem geht, um den Kampf gegen Rassismus oder um unsinnige Milliardenprojekte wie einen Tiefbahnhof. Da haben die Parlamentarismus-Kritiker durchaus recht. Aber muss das bedeuten, die Möglichkeiten politischer Veränderung durch die politischen Institutionen vollständig zu verwerfen? »Wenn Wahlen etwas ändern würden, dann wären sie verboten«[11] – mit diesem Satz pflegen die Verfechter der Fundamentalkritik genau dies zu tun. Für sie leben wir uneingeschränkt unter der Herrschaft des Kapitals, das sich der repräsentativen Demokratie und ausnahmslos aller Parteien lediglich zur Durchsetzung seiner Interessen bedient.

Daran ist mehr richtig, als der Mehrheit der Bundesbürger lieb sein kann. Und doch ist es nicht die ganze Wahrheit. So erschreckend ähnlich die Parteien einander zu sein scheinen (vor allem, wenn sie regieren) und so gering die Chancen auf echte Veränderung durch Wahlen auch sein mögen – es wäre dumm, die bestehenden Freiheitsräume nicht zu nutzen, um Breschen zu schlagen in die ungebrochene Herrschaft der ökonomisch Mächtigen und ihrer politischen Fahnenträger. Auch wenn ein simpler Regierungswechsel noch lange keine Revolution darstellt. Niemand ist gehindert, auch nach der Wahl weiter zu demonstrieren und für eine radikalere Änderung der Machtverhältnisse zu kämpfen. Aber dieses Engagement gegen Wahlen auszuspielen, ist politisch kurzsichtig und dumm. Es hieße auch, die Wechselwirkung zwischen gesellschaftlichem Engagement und politischer Stimmung im »Establishment« zu unterschätzen.

Der Anfang ist rot-rot-grün

Wer die politischen Aussagen von SPD, Grünen und Linken zunächst ernst und dann beim Wort nimmt, wird zwar nichts Revolutionäres finden, sehr wohl aber die Umrisse von Reformen, wie sie das Land als Einstieg in eine andere Politik dringend bräuchte. Ein Ende der Umverteilung nach oben am Arbeitsmarkt, mehr Steuergerechtigkeit, mehr öffentliche Investitionen in Deutschland wie in Europa, ein Umbau der Sozialsysteme hin zu einer Bürgerversicherung: Bei all diesen Themen lassen sich Gemeinsamkeiten bei den drei Parteien finden, die zum Regieren mindestens ebenso gut ausreichen wie diejenigen zwischen der Union und der SPD oder den Grünen (vorausgesetzt, die Letzteren verabschieden sich nicht endgültig von den linken Elementen ihrer Programmatik). Natürlich wäre eine Voraussetzung für Rot-Rot-Grün, dass die Beteiligten nachher auch zu diesen Grundlinien ihres Bündnisses stehen, statt wie Rot-Grün unter Gerhard Schröder die neoliberale Wende rückwärts zu vollziehen. Ob sie so konsequent wären, den Reformkurs auch gegen starke Widerstände zu wagen, weiß niemand. Sicher hingegen ist: Angela Merkel würde, bliebe sie Kanzlerin, all diese reformerischen Elemente hintertreiben.

Es wäre unredlich zu behaupten, dass es zwischen der SPD, den Grünen und der Linkspartei keine gravierenden Differenzen gebe. Da ist zum Beispiel die Ablehnung des von Rot-Grün befürworteten Afghanistan-Einsatzes durch die Linkspartei oder die sehr unterschiedliche Positionierung in der Auseinandersetzung mit Russland. Ähnliches trifft auch bei der Energiewende, der Höhe des Mindestlohns oder der Radikalität von Eingriffen in den Bankensektor zu. Das ändert allerdings nichts daran, dass diese drei Parteien in den wichtigsten wirtschafts- und sozialpolitischen Fragen für einen Richtungswechsel stehen oder zumindest für erste Schritte hin zu einer anderen Politik.

Wer daran zweifelt, dass Rot-Rot-Grün diese Schritte wirklich gehen würde, hat leider viele Erfahrungen und Beispiele der vergangenen Jahre auf seiner Seite, jedenfalls was SPD und Grüne betrifft – von der Agenda 2010 der Schröder-Fischer-Regierung über die Beteiligung der SPD an Merkels europäischem Austeritätskurs bis zu Kretschmanns grün lackierter CDU-Politik. Richtig ist auch: Sowohl 2005 als auch 2013 hat sich die SPD an die Seite von Angela Merkel geflüchtet, weil sie keinesfalls mit der Linken koalieren wollte. Und die Wahrscheinlichkeit, dass es wieder so kommen könnte, ist nicht von der Hand zu weisen.

Aber das sollte kein Grund zum Abwinken sein, sondern vielmehr ein Ansporn, sich – wie vom Institut Solidarische Moderne skizziert – für eine starke gesellschaftliche Bewegung einzusetzen und die Parteien auf die Einhaltung ihrer Reformversprechen zu verpflichten. Die Gefahr, dass alles beim Alten bleibt – egal, wer regiert –, ist dann am größten, wenn der kritische und reformbereite Teil der Wählerschaft resigniert zu Hause bleibt. Und einen Hoffnungsschimmer gibt es auch: Wer sich an die vergangenen Wahlkämpfe erinnert, wird immerhin feststellen, dass die Sozialdemokraten eine Koalition unter Einschluss der Linken bislang zum ersten Mal nicht mehr ausdrücklich ausgeschlossen haben.

Der nächste Schritt bestünde darin, sich zum Ziel eines linken Bündnisses zu bekennen. Es ist zwar anzunehmen, dass CDU und CSU eine solche Ansage nutzen würden, um die üblichen rot-rot-grünen Schreckensszenarien an die Wand zu malen. Deshalb drängen sie Schulz ja auch zu einer Festlegung[12], und deshalb scheut er davor zurück. Auch die untereinander zerstrittenen Grünen sind weit von einer klaren Koalitionsaussage entfernt, während die Linkspartei immerhin nicht mehr über diese Option an sich zu streiten scheint, sondern nur darüber, ob man derart harte Vorbedingungen aufstellen sollte, dass Rot-Rot-Grün faktisch unmöglich wird. Dieses Verhalten sollten alle drei dringend überdenken – vorneweg diejenige Partei, die die Koalition zu führen hätte, also die SPD.

Martin Schulz sollte den Mut aufbringen, eine neue große Koalition eindeutig auszuschließen – und zwar sowohl unter Führung von Angela Merkel als auch mit ihm selbst als Kanzler. Das könnte zum entscheidenden Mobilisierungssignal werden für diejenigen Wählerinnen und Wähler, die weder das »Weiter so« noch die rassistische »Alternative« wollen, sondern eine echte Wende, und die sich in diesem Wunsch von den Parteien lange nicht mehr vertreten gefühlt haben. Das könnte vor allem dann funktionieren, wenn sich die SPD nicht nur mit einer Koalitionsaussage, sondern auch mit einem linken Wahlprogramm entsprechend positionierte. Es könnte daraus – vielleicht vergleichbar mit der Zeit vor dem ersten Wahlsieg von Willy Brandt 1969 – eine Bewegung entstehen, die die in der Gesellschaft vorhandenen Wünsche nach Veränderung mit einem Kurswechsel in der etablierten Politik verbindet. Ein Bündnis zwischen »der Straße« und den Reformparteien, wie es in der deutschen Politik lange nicht mehr existiert hat.

Natürlich wäre eine Mehrheit bei der Bundestagswahl im September nicht sicher, und die SPD müsste darauf gefasst sein, sich danach womöglich doch in der Opposition regenerieren zu müssen. Aber das wäre erstens besser für die demokratische Kultur dieses Landes, als Angela Merkel weiter die Steigbügel zu halten. Und zweitens erscheint es ja mit Blick auf den Start des Kanzlerkandidaten Martin Schulz und der immerhin demoskopischen Bewegung, die er ausgelöst hat, nicht mehr ganz so unwahrscheinlich, dass ein rot-rot-grünes Bündnis mehrheitsfähig wäre. Hätten also Schulz und die SPD den Mut zur Klarheit, dann würden sie zwar sicher einige Verluste bei Wählern der »Mitte« riskieren. Aber ebenso gut ist es möglich, dass sie unter den seit

Schröder Abgewanderten entsprechend gewinnen würden. Tun sie es aber nicht, dann könnte sich am Ende ein abgewandeltes Sprichwort bewahrheiten: »Wer sich nicht in Gefahr begibt, kommt darin um.«

Deutschland wird unter Angela Merkel schon viel zu lange sozial, ökonomisch und ökologisch unter Wert regiert. Setzten sich Politik und Gesellschaft endlich gemeinsam in Bewegung, dann könnte diese Blamage bald ein Ende haben.

Anmerkungen

Meisterin des schönen Scheins

1 »Kandidatur 2017: Merkels Ankündigung im Wortlaut«, *Handelsblatt online*, 20.11.2016, http://www.handelsblatt.com/politik/deutschland/kandidatur-2017-merkels-ankuendigung-im-wortlaut/14869556.html, abgerufen am 30.1.2017

2 Mehr dazu im Kapitel »Die Legende von der Flüchtlingskanzlerin«, Seite 87 ff.

3 »Deutschland fair ändern«, Beschluss des 17. CDU-Bundesparteitags in Leipzig, 1./2.12.2003, http://www.grundsatzprogramm.cdu.de/doc/deutschlandfairaendern.pdf, abgerufen am 19.12.2012, Seite 2

4 Rede von Angela Merkel auf dem Leipziger Parteitag am 1.12.2003, dokumentiert u.a. auf *Zeit online*, http://www.zeit.de/reden/deutsche_innenpolitik/200349_merkelcduparteitag, abgerufen am 19.12.2012

5 »Deutschland fair ändern«, a.a.O., Seite 20 ff.

6 Ein modernes Einkommensteuerrecht für Deutschland. Beschluss des 17. CDU-Bundesparteitags in Leipzig, http://www.grundsatzprogramm.cdu.de/doc/120203-beschluss-pt-merz.pdf, abgerufen am 19.12.2012

7 »Deutschland fair ändern«, a.a.O., Seite 10

8 Rede von Angela Merkel auf dem Leipziger Parteitag, a.a.O.

9 Rede von Angela Merkel auf dem 20. Parteitag der CDU in Dresden am 27.11.2006, http://www.dresden2006.cdu.de/download/061127_parteitag_rede_merkel.pdf, abgerufen am 20.12.2012

10 Ebd.

11 Bundesverfassungsgericht: »Keine Gesetzgebungskompetenz des Bundes für das Betreuungsgeld«, 21.7.2015, https://www.bundesverfassungsgericht.de/SharedDocs/Pressemitteilungen/DE/2015/bvg15-057.html, abgerufen am 25.1.2017

12 Gertrud Höhler: *Die Patin*, Zürich, 2012

13 A.a.O., Seite 64

14 A.a.O., Seite 140

15 Siehe hierzu auch Stephan Hebel: »Knapp vorbei ist auch daneben«, Rezension in *Frankfurter Rundschau online*, 29.8.2012, http://www.fr-online.de/literatur/hoehler-buch-knapp-vorbei-ist-auch-daneben,1472266,16990418.html, abgerufen am 21.12.2012

16 Jacqueline Boysen: *Angela Merkel. Eine deutsch-deutsche Biographie*, München, 2001, Seite 228 f.

17 A.a.O., Seite 228

18 A.a.O., Seite 192

19 Rede zur Eröffnung der 50. Münchner Sicherheitskonferenz am 31.1.2014, http://www.bundespraesident.de/SharedDocs/Reden/DE/ Joachim-Gauck/Reden/2014/01/140131-Muenchner-Sicherheitskon ferenz.html, abgerufen am 25.1.2017

20 Cora Stephan: *Angela Merkel. Ein Irrtum*, München, 2011, Seite 10

21 A.a.O., Seite 18

22 A.a.O., Seite 12

23 Cora Stephan; »Die AfD bringt Leben in die Demokratie«, *Wirtschaftswoche online*, 13.9.2016, http://www.wiwo.de/politik/deutschland/ste phans-spitzen-die-afd-bringt-leben-in-die-demokratie/14535928.html, abgerufen am 25.1.2016

24 Angela Ulrich: »Merkel mutet uns viel zu – und das ist gut«, *tagesschau. de*, 29.8.2016, http://www.tagesschau.de/inland/kommentar-merkel-103.html, abgerufen am 26.1.2017

25 Volker Zastrow: »Merkel muss noch immer nicht weg«, *Frankfurter Allgemeine Sonntagszeitung*, 20.3.2016

26 Bernd Ulrich: »Keine Angst vorm Fliegen«, *Die Zeit*, 16.6.2016

27 »Rettung ohne Grenzen«, *Die Zeit*, 13.9.2012

28 Rede auf dem 20. Parteitag in Dresden, a.a.O.

29 Mehr zu diesem und den anderen erwähnten Themen in den folgenden Kapiteln

30 Siehe dazu das Kapitel »Alles Gute kommt nach oben«, Seite 190 ff.

31 »Wir haben Deutschland stärker aus der Krise geführt, als Deutschland in diese Krise hineingegangen ist.«, Rede beim 25. Parteitag der CDU in Hannover am 4.12.2012, http://www.hannover2012.cdu.de/sites/de fault/files/media/BerichtPV.pdf, abgerufen am 31.1.2017

32 Siehe Stephan Hebel: *Mutter Blamage*, Frankfurt 2013, Seite 14 ff.

33 Rede auf dem CDU-Parteitag am 6.12.2016 in Essen, https://www.cdu. de/system/tdf/media/dokumente/bericht-cdu-vorsitzende-mer kel-2016.pdf?file=1, abgerufen am 26.1.2017

34 Ebd.

35 Ebd.

36 Eine gute Übersicht bietet auch hier Jacqueline Boysen, a.a.O., Seite 205 ff.

37 Siehe Philipp Wittrock: »Protokoll einer Demütigung«, *Spiegel online*, 17.5.2012, http://www.spiegel.de/politik/deutschland/rauswurf-im-protokoll-wie-merkel-umweltminister-roettgen-gefeuert-hat-a-833708. html, abgerufen am 26.1.2017

38 Siehe dazu das Kapitel »Mit Sicherheit gegen die Freiheit«, Seite 131 ff.

Die Geburtshelferin der AfD

1 Die NPD, 1964 gegründet, zog zwischen 1966 und 1968 in sieben von elf Landtagen der alten Bundesrepublik ein, scheiterte dann aber bei der Bundestagswahl 1969 mit 4,3 Prozent und verschwand anschließend weitgehend in der Versenkung. Siehe Wikipedia: »Nationaldemokratische Partei Deutschlands«, https://de.wikipedia.org/wiki/Natio naldemokratische_Partei_Deutschlands#Gr.C3.BCndung_und_Ein zug_in_Landesparlamente_.281964.E2.80.931967.29, abgerufen am 11.12.2016

2 Infratest dimap: »ARD Deutschlandtrend Januar 2017«, http://www. infratest-dimap.de/fileadmin/user_upload/dt1701_bericht.pdf, abgerufen am 11.2.2017, Seite 13

3 Forschungsgruppe Wahlen: »Politbarometer I Januar 2017«, http:// www.forschungsgruppe.de/Umfragen/Politbarometer/Archiv/Politba rometer_2017/Januar_I_2017/, abgerufen am 11.2.2017

4 Einen Überblick über die jeweils aktuellen Umfragen bietet http:// www.wahlrecht.de/umfragen/, hier abgerufen am 17.1.2017

5 Infratest dimap: »ARD Deutschlandtrend Februar 2017, http://www.in fratest-dimap.de/fileadmin/user_upload/dt1702_bericht.pdf, abgerufen am 11.2.2017

6 Forschungsgruppe Wahlen: Politbarometer Januar II 2017, http:// www.forschungsgruppe.de/Umfragen/Politbarometer/Archiv/Politba rometer_2017/Januar_II_2017/, abgerufen am 11.2.2017

7 Siehe das Kapitel »Wege zum Wechsel«, Seite 214 ff.

8 »In allen Lagern gewildert«, *Zeit online*, 5.9.2016, http://www.zeit.de/ politik/deutschland/2016-09/mecklenburg-vorpommern-landtags wahl-waehlerwanderung-afd, abgerufen am 26.12.2016

9 Ausführliches zur Grenzöffnung im folgenden Kapitel, siehe Seite 87 ff.

10 Die hier zitierte, am 21. November 2016 veröffentlichte Zusammenfassung der von der Friedrich-Ebert-Stiftung und der Universität Bielefeld herausgegebenen »Mitte-Studie« findet sich unter http://www.fes-ge gen-rechtsextremismus.de/pdf_16/Presse-Handout-2016.pdf, abgerufen am 11.12.2016. Die vollständige Studie ist als Buch erschienen: Andreas Zick, Beate Küpper, Daniela Krause: *Gespaltene Mitte – Feindselige Zustände. Rechtsextreme Einstellungen in Deutschland 2016*, herausgegeben für die Friedrich-Ebert-Stiftung von Ralf Melzer, Bonn 2016

11 Ebd.

12 Infratest dimap: »Mecklenburg-Vorpommern: Umfragen zur AfD«, http://wahl.tagesschau.de/wahlen/2016-09-04-LT-DE-MV/umfrage-afd.shtml, abgerufen am 14.12.2016

13 Infratest dimap: »Berlin: Umfragen zur AfD«, http://wahl.tagesschau. de/wahlen/2016-09-18-LT-DE-BE/umfrage-afd.shtml, abgerufen am 14.12.2016

14 Bundesamt für Verfassungsschutz: »Was ist der Unterschied zwischen radikal und extremistisch?«, https://www.verfassungsschutz.de/de/service/faq#faq20030602-4.faq, abgerufen am 21.12.2016

15 Benedikt Peters, Minh Thu Tran, Markus C. Schulte von Drach: »Wann überwacht der Verfassungsschutz politische Parteien?«, *Süddeutsche Zeitung online*, 11.7.2016, http://www.sueddeutsche.de/politik/extremismus-koennte-die-afd-vom-verfassungsschutz-beobachtet-wer den-1.3074403, abgerufen am 21.12.2016

16 Siehe zum Rechtsterrorismus, Seite 147 ff.

17 Bundesamt für Verfassungsschutz, a.a.O.

18 Michael Kraske: »Der Code der Neuen Rechten«, Übermedien, 11.12.2016, http://uebermedien.de/10759/der-code-der-neuen-rechten/, abgerufen am 21.12.2016. Aus diesem Text stammen auch die folgenden Zitate von Kraske.

19 »Programm für Deutschland«, a.a.O., Seite 17

20 Carolin Emcke: »Anfangen«, Dankesrede anlässlich der Verleihung des Friedenspreises des Deutschen Buchhandels am 23.10.2016, http://www.friedenspreis-des-deutschen-buchhandels.de/1244997/, abgerufen am 25.12.2016

21 Siehe das Kapitel »Alles Gute kommt nach oben«, Seite 190 ff.

22 Das bezieht sich auf die folgenden Aussagen Petrys in einem Interview mit der *Welt am Sonntag*: »Mein Problem ist, dass es bei der Ächtung des Begriffes ›völkisch‹ nicht bleibt, sondern der negative Beigeschmack auf das Wort ›Volk‹ ausgedehnt wird. ›Volk‹ und ›Nation‹ in den Mund zu nehmen, war bis vor einigen Jahren selbst in AfD-Kreisen ein Problem. Und letztlich ist ›völkisch‹ ein zugehöriges Attribut. (…) Ich benutze diesen Begriff zwar selbst nicht, aber mir missfällt, dass er ständig nur in einem negativen Kontext benutzt wird.« Siehe »Wir wollen keinen Bürgerkrieg«, Interview mit Frauke Petry, *Welt am Sonntag*, 11.9.2016

23 Zitiert nach Kraske, a.a.O.

24 Claus Leggewie: »Auf dem Weg in den Faschismus«, *Frankfurter Rundschau online*, 17.6.2016, http://www.fr-online.de/kultur/afd-auf-dem-weg-in-den-faschismus-,1472786,34383740.html, abgerufen am 28.1.2017

25 Pressemitteilung der AfD-Landtagsfraktion vom 9.11.2016, http://afd-fraktion-bw.de/aktuell/134/Stellungnahme+der+AfD-Fraktion+zur+Pr%C3%A4sidentenwahl+in+den+USA, abgerufen am 25.12.2016

26 Zitiert nach Jürgen König: »Auch in Frankreich werben Politiker um die ›Vergessenen‹«, Deutschlandfunk, 10.11.2016, http://www.deutschlandfunk.de/trump-le-pen-und-der-populismus-auch-in-frankreich-werben.795.de.html?dram:article_id=370979, abgerufen am 25.12.2016

27 Heinz Bude: »Aufstand der Verbitterten«, *Frankfurter Rundschau online*, 9.11.2016, http://www.fr-online.de/us-wahl/us-wahl-aufstand-der-verbitterten,11442534,34924688.html, abgerufen am 25.12.2016. Die folgenden Passagen basieren in Teilen auf einem Text aus der *Frankfurter Rundschau*. Im Internet unter Stephan Hebel: »Sie sind nicht das

Volk«, *Frankfurter Rundschau online*, 11.11.2016, http://www.fr-online.
de/aktuelle-kommentare/populismus-sie-sind-nicht-das-volk,300853
08,34931410.html, abgerufen am 26.12.2016

28 »Die vergessenen Menschen sollen nicht länger vergessen sein«, sagte
Trump unter anderem in seiner Ansprache nach dem Wahlsieg. Siehe
»Donald Trump wird US-Präsident«, *Zeit online*, 9.11.2016, http://www.
zeit.de/politik/ausland/2016-11/donald-trump-wird-us-praesident,
abgerufen am 26.12.2016

29 Siehe zum Beispiel Rieke Havertz: »Letzte Hoffnung Donald Trump«,
Zeit online, 7.11. 2016, http://www.zeit.de/politik/ausland/2016-11/
arbeiter-ohio-gewerkschaft-us-wahl-donald-trump-hillary-clinton/
komplettansicht, abgerufen am 26.12.2016

30 Bude, a.a.O.

31 »Der Spuk geht nicht so schnell vorbei«, Interview mit Jan-Werner Müller, *Zeit online*, 4.9.2016, http://www.zeit.de/zeit-wissen/2016/05/po
pulismus-politikwissenschaft-jan-werner-mueller-interview, abgerufen
am 25.12.2016

32 Ebd.

33 Claus Leggewie: »Auf dem Weg in den Faschismus«, *Frankfurter Rundschau online*, 17.6.2016, http://www.fr-online.de/kultur/afd-auf-dem-
weg-in-den-faschismus-,1472786,34383740.html,   abgerufen   am
15.12.2016

34 Ebd.

35 Richard Stöss: »Die ›neue Rechte‹ in der Bundesrepublik«, Bundeszentrale für politische Bildung, 17.12.2007, http://www.bpb.de/politik/
extremismus/rechtsextremismus/41435/die-neue-rechte-in-der-bun
desrepublik?p=all, abgerufen am 23.12.2016.

36 Michael Kraske, a.a.O.

37 Nikolaus Busse: »Flucht und Visum«, *Frankfurter Allgemeine Zeitung*,
8.2.2017

38 Berthold Kohler: »Merkels Manhattan-Projekt«, *Frankfurter Allgemeine
Zeitung*, 31.8.2016

39 Wolfram Weimer: »Schluss mit dem Gutmenschen-Gegurke«, *Handelsblatt online*, 11.12.2015, http://www.handelsblatt.com/politik/deutsch
land/whatsright/whats-right-schluss-mit-dem-gutmenschen-gegurke/
12706032.html, abgerufen am 28.1.2017

40 Ebd.

41 »Debatte um Flüchtlingspolitik«, Berliner Kreis der Union, 2.9.2016,
http://www.berlinerkreisinderunion.de/debatte-um-fluechtlingspoli-
tik/, abgerufen am 27.12.2016

42 »Standortbestimmung Berliner Kreis in der Union«, http://www.berli
nerkreisinderunion.de/wp-content/uploads/2016/01/Standortbestim
mung-Berliner-Kreis.pdf, abgerufen am 27.12.2016

43 Wikipedia: »Ergebnisse der Landtagswahlen in der Bundesrepublik Deutschland«, https://de.wikipedia.org/wiki/Ergebnisse_der_Landtags wahlen_in_der_Bundesrepublik_Deutschland, abgerufen am 2.12.2016

44 Wiedergegeben unter anderem bei *Merkur online*, 10.8.2016, http://www.merkur.de/politik/spahn-merkels-fluechtlingspolitik-afd-erfolg-mitverantwortlich-zr-6651884.html, abgerufen am 4.12.2016

45 Infratest dimap: »Mecklenburg-Vorpommern: Umfragen zur AfD«, a.a.O.

46 Infratest dimap: »Berlin: Umfragen zur AfD«, a.a.O.

47 Wikipedia: »Ergebnisse der Landtagswahlen in der Bundesrepublik Deutschland«, a.a.O.

48 »Große Teile des Volkes sind dumm«, Interview mit Herfried Münkler, Deutschlandradio Kultur, 19.11.2016, http://www.deutschlandradio kultur.de/politikwissenschaftler-herfried-muenkler-grosse-teile-des.990.de.html?dram:article_id=371845, abgerufen am 3.12.2016. Aus diesem Interview stammen auch die folgenden Zitate Münklers.

49 Näheres dazu in Stephan Hebel: *Sehr geehrter AfD-Wähler, wählen Sie sich nicht unglücklich!*, Frankfurt am Main 2016, Seite 12 f.

50 Zu diesen wenigen gehörte zum Beispiel der ARD-Hörfunkkorrespondent Andreas Horchler, der schon im Februar 2016 schrieb: »Mit seiner klaren, für viele Wähler aufrichtig wirkenden Botschaft ist Sanders glaubwürdiger als die viel bekanntere Hillary Clinton.« Andreas Horchler: »Ein Außenseiter trifft den richtigen Nerv«, tagesschau.de, 8.2.2016, https://www.tagesschau.de/ausland/feel-the-bern-101.html, abgerufen am 21.12.2016

51 »Das Volk ist nicht dumm«, Interview mit Michael Hartmann, Deutschlandradio Kultur, 21.11.2016, http://www.deutschlandradiokultur.de/michael-hartmann-kritisiert-herfried-muenkler-das-volk-ist.1895.de.html?dram:article_id=371971, abgerufen am 3.12.2016

52 Hajo Funke: »Warum der AfD-Erfolg endlich ist«, *Handelsblatt online*, 16.9.2016, http://www.handelsblatt.com/politik/deutschland/gastbei trag-warum-der-afd-erfolg-endlich-ist/14552306.html, abgerufen am 2.12.2016. Der Titel des Beitrags ist übrigens irreführend, denn Funke nennt eine entscheidende Voraussetzung für die Schwächung des Rechtspopulismus, um die es auch in diesem Buch vorrangig geht: »Parteien wie Öffentlichkeit sollten (…) anders als bisher sich zu einer sozialen Wende nicht nur für Deutschland, sondern auch für Europa verstehen, um die rechtspopulistischen Bewegungen und ihren Einfluss auf die Krisen in Europa einzudämmen.«

53 Michael Hartmann, a.a.O.

54 Eine Erläuterung zu dem Begriff findet sich in Daniel Baumann, Stephan Hebel: *Gute-Macht-Geschichten*, Frankfurt am Main 2016, Seite 159 ff.

55 Siehe das Kapitel »Alles Gute kommt nach oben«, Seite 190 ff.

56 Martin Kroh und Karolina Fetz: »Das Profil der AfD-AnhängerInnen hat sich seit Gründung der Partei deutlich verändert«, *DIW-Wochenbericht* Nr. 34/2016 vom 24.8.2016, https://www.diw.de/documents/publika tionen/73/diw_01.c.541582.de/16-34.pdf, abgerufen am 30.12.2016, Seite 715. Zu beachten ist, dass die hier gemessene Parteibindung immer niedriger liegt als prognostizierte oder reale Ergebnisse einer Wahl. Das liegt einfach daran, dass die Wählerschaft einer Partei nie ausschließlich aus festen Anhängern besteht, sondern auch aus solchen, die sich aus Protest oder anderen aktuellen Gründen für sie entscheiden. Die Parteibindung bezieht sich also auf so etwas wie das Stammwählerpotenzial einer Partei. Hier liegt die AfD, obwohl noch sehr jung, mit ihren insgesamt fünf Prozent bereits auf dem langjährigen Niveau der FDP.

57 Michael Hartmann, a.a.O.

58 Ulrike Winkelmann: »Die Sorge um die Arbeit«, Deutschlandfunk, 29.12.2016, http://www.deutschlandfunk.de/verunsicherte-gesellschaft-teil-3-die-sorge-um-die-arbeit.724.de.html?dram:article_id=375095, abgerufen am 30.12.2016

59 »Wir brauchen keinen linken Populismus«, Interview mit Didier Eribon, *Frankfurter Rundschau*, 1.12.2016

60 Ebd.

61 »Sklaven der Work-Life-Balance«, Interview mit Heinz Bude, *Spiegel online*, 6.10.2014, http://www.spiegel.de/kultur/gesellschaft/gesellschaft-der-angst-heinz-bude-ueber-die-40-jaehrigen-a-994694.html, abgerufen am 30.12.2016

62 Heinz Bude: *Das Gefühl der Welt*, München 2016, Seite 12

63 Ebd., Seite 15 f.

64 Mehr als ein Drittel der AfD-Wähler stammt (allerdings nach Zahlen von 2014) aus dem oberen Einkommensfünftel. Knut Bergmann, Matthias Diermeier, Judith Niehues: »Parteipräferenz und Einkommen – Ist die AfD eine Partei der Besserverdiener?«, Institut der deutschen Wirtschaft Köln, *IW-Kurzbericht 19* vom 2.5.2016, http://www.iwkoeln.de/studien/iw-kurzberichte/beitrag/parteipraeferenz-und-einkommen-die-afd-eine-partei-der-besserverdienenden-280617?highlight=AfD, abgerufen am 2.1.2017. Auch im Jahr 2016 zeigten sich noch 79 Prozent der AfD-Wähler mit ihrer eigenen wirtschaftlichen Situation zufrieden. Christina Elmer, Annett Meiritz: »Frust ohne Not«, *Spiegel online*, 25.3.2016, http://www.spiegel.de/politik/deutschland/afd-nur-wenige-anhaenger-haben-existenzaengste-umfrage-a-1083692.html, abgerufen am 2.1.2017

65 »Schleunigst ein Austrittsrecht verankern«, Interview mit Bernd Lucke, *manager magazin online*, 6.4.2014, http://www.manager-magazin.de/finanzen/artikel/lucke-afd-austritt-euro-deutschland-a-956644.html, abgerufen am 7.12.2016, dort unter »Alternative für Deutschland«

66 Zu den Plänen der AfD unter Lucke siehe »Mut zur Wahrheit. Politische Leitlinien der Alternative für Deutschland«, verabschiedet per Mitgliederabstimmung vom 28.4. bis 1.5.2014, https://www.alternativefuer. de/wp-content/uploads/sites/7/2016/01/AfD_Leitlinien_2015_DE. pdf, abgerufen am 10.12.2016, Seite 10 f.

67 Siehe zum Beispiel Bernd Lucke: »Steuern grundlegend reformieren und vereinfachen«, https://bernd-lucke.de/steuersystem-vereinfachen/, abgerufen am 8.12.2016

68 »Programm für Deutschland. Das Grundsatzprogramm der Alternative für Deutschland«, https://www.alternativefuer.de/wp-content/uploads /sites/7/2016/05/2016-06-27_afd-grundsatzprogramm_web-version. pdf, abgerufen am 8.12.2016, Seite 75

69 Näheres zu Merkels Steuerpolitik auf Seite 205 ff.

70 Siehe zum Beispiel »AfD-Chef: Rente wird Wahlkampfthema – kein Nationalismus«, *Tagesspiegel online*, 8.11.2016, http://www.tagesspiegel. de/politik/joerg-meuthen-afd-chef-rente-wird-wahlkampfthema-kein-nationalismus/14809602.html, abgerufen am 2.1.2017

71 »Von rechts in die Mitte«, Interview mit Jens Spahn, *Frankfurter Rundschau*, 14.10.2016

72 Severin Weiland: »Der Lucke geht von Bord«, *Spiegel online*, 4.7.2015, http://www.spiegel.de/politik/deutschland/afd-bernd-luckes-abgang-nach-frauke-petrys-sieg-a-1042123.html, abgerufen am 10.12.2016

73 Siehe Wikipedia: »Pro-Bewegung«, https://de.wikipedia.org/wiki/Pro-Bewegung#B.C3.BCrgerbewegung_pro_Deutschland, abgerufen am 2.1.2017

74 Siehe Wikipedia: »Partei Rechtsstaatlicher Offensive«, https://de.wikipe dia.org/wiki/Partei_Rechtsstaatlicher_Offensive, abgerufen am 2.1.2017

75 Siehe Wikipedia: »Nationaldemokratische Partei Deutschlands«, a.a.O.

76 »Auf Bundesebene hat die Rumpf-AfD keine echte Chance«, Interview mit Oskar Niedermayer, *Süddeutsche Zeitung online*, 10.7.2015, http:// www.sueddeutsche.de/politik/alternative-fuer-deutschland-auf-bun desebene-hat-die-rumpf-afd-keine-echte-chance-1.2558708, abgerufen am 10.12.2016

77 Ebd.

78 CDU/CSU und SPD, die 1966 die Koalition aus CDU/CSU und FDP ablösten, verfügten zusammen über 468 von 518 Sitzen im Bundestag (CDU/CSU: 251, SPD: 217). Die restlichen 50 Sitze entfielen auf die FDP. Bundeswahlleiter: »Wahl zum 5. Deutschen Bundestag am 19. September 1965«, https://www.bundeswahlleiter.de/bundestagswahlen/ 1965.html, abgerufen am 12.12.2016

79 Siehe dazu den entsprechenden Abschnitt in Peter Borowsky: »Das Ende der ›Ära Adenauer‹«, Bundeszentrale für politische Bildung, 5.4.2002, http://www.bpb.de/izpb/10093/das-ende-der-aera-adenau er?p=all, abgerufen am 12.12.2016

80 Peter Borowsky: »Große Koalition und Außerparlamentarische Opposition«, Bundeszentrale für politische Bildung, 5.4.2002, http://www.
bpb.de/izpb/10098/grosse-koalition-und-ausserparlamentarische-op
position?p=all, abgerufen am 12.12.2016

81 *Plisch und Plum* hieß eine Bildergeschichte von Wilhelm Busch aus dem
Jahr 1882 über zwei junge Hunde und ihre Streiche. Siehe https://de.
wikipedia.org/wiki/Plisch_und_Plum, abgerufen am 13.12.2016. Zum
Spitznamen für die Minister wurde der Titel durch einen Artikel im
Spiegel vom 30. Januar 1967: Felix Rexhausen, »Plisch und Plum«,
http://magazin.spiegel.de/EpubDelivery/spiegel/pdf/45549360, abgerufen am 13.12.2016

82 Siehe zum Beispiel die einschlägigen Tabellen in Dietrich Dickertmann:
Die Finanzierung von Eventualhaushalten durch Notenbankkredit, Berlin
1972, Seite 71 f., online unter https://books.google.de/books?id=adtP
BGPNt5wC&pg=PA71&lpg=PA71&dq=konjunkturprogramm+1967+
Wohnungsbau&source=bl&ots=DLp4sQOqnB&sig=Q5Czh7w2eoSO6
9tAHSXBaz8a8JM&hl=de&sa=X&ved=0ahUKEwilv_j9ovHQAhVHA-
xoKHa7GB04Q6AEIQDAI#v=onepage&q=konjunkturprogramm%20
1967%20Wohnungsbau&f=false, abgerufen am 13.12.2016

83 Siehe Dr. Claus-Martin Gaul: »Konjunkturprogramme in der Geschichte
der Bundesrepublik Deutschland«, Wissenschaftliche Dienste des Deutschen Bundestages, 22.1.2009, https://www.bundestag.de/blob/190
470/cdd58467a0b827cc6cd3d366fe96383f/konjunkturprogramme-
data.pdf, abgerufen am 13.12.2016

84 Siehe zum Beispiel die bereits 1978 erschienene, aufschlussreiche Analyse von Peter Schmid: »Die Ökonomen in der Krise – ratlos«, *Die Zeit*,
24.11.1978, online unter http://www.zeit.de/1978/48/die-oekonomen
-in-der-krise-ratlos/komplettansicht, abgerufen am 13.12.2016

85 Siehe zum Beispiel Kai Artinger (Hg.): »Die Grundrechte im Spiegel des
Plakats 1919–1999«, Ausstellungskatalog, Deutsches Historisches Mu-
seum, Berlin 2000, Seite 140 ff. Der entsprechende Abschnitt findet sich
auch online unter http://www.dhm.de/archiv/ausstellungen/grund
rechte/katalog/140-143.pdf, abgerufen am 12.12.2016

86 Bundesverfassungsgericht: »Kein Verbot der NPD wegen fehlender Anhaltspunkte für eine erfolgreiche Durchsetzung ihrer verfassungsfeindlichen Ziele«, Pressemitteilung vom 17. Januar 2017, http://www.bun-
desverfassungsgericht.de/SharedDocs/Pressemitteilungen/DE/2017/
bvg17-004.html;jsessionid=ADCFBAD0107E88A21D5B3F8E98298025
.2_cid370, abgerufen am 17.1.2017

87 Ebd.

88 Landesamt für Inneres und Verwaltung: »Landtagswahl am 4. September
2016«, http://www.laiv-mv.de/Wahlen/Landtagswahlen/2016/, abgerufen am 11.12.2016. Dort auch der Link zu den Vergleichszahlen von 2011.

89 »In allen Lagern gewildert«, a.a.O.

90 Eribon, a.a.O.

Die Legende von der Flüchtlingskanzlerin

1 UNHCR: »Global Trends – Forced Displacement in 2015«, 20.6.2016, https://www.uno-fluechtlingshilfe.de/fileadmin/redaktion/Infomaterrial/global_trends_2015.pdf, Seite 2, abgerufen am 8.1.2017. Aus diesem Bericht stammen auch die folgenden statistischen Angaben, soweit nicht anders vermerkt.

2 Bundesamt für Migration und Flüchtlinge: »Migrationsbericht für 2015 – Wesentliche Ergebnisse«, 14.12.2016, http://www.bamf.de/SharedDocs/Anlagen/DE/Publikationen/Migrationsberichte/migrationsbericht-2015.html?nn=1362956, abgerufen am 8.1.2017

3 Bundesministerium des Innern: »280 000 Asylsuchende im Jahr 2016«, 11.1.2017, http://www.bmi.bund.de/SharedDocs/Pressemitteilungen/DE/2017/01/asylantraege-2016.html, abgerufen am 14.1.2017

4 »2016 kamen 280 000 Flüchtlinge nach Deutschland«, *Süddeutsche Zeitung online*, 11.1.2017, http://www.sueddeutsche.de/politik/bundesamt-fuer-migration-und-fluechtlinge-kamen-fluechtlinge-nach-deutschland-1.3328493, abgerufen am 14.11.2017

5 Klaus Geiger/Mareike Kürschner: »Nur ein Land nimmt mehr Flüchtlinge auf als Deutschland«, *Welt online*, 20.6.2016, https://www.welt.de/politik/ausland/article156356943/Nur-ein-Land-nimmt-mehr-Fluechtlinge-auf-als-Deutschland.html, abgerufen am 9.1.2017

6 Janina Lückoff: »Irgendwas zwischen sieben und 55 Milliarden«, *tagesschau.de*, 7.7.2016, https://www.tagesschau.de/inland/kosten-fluechtlinge-101.html, abgerufen am 9.1.2017

7 Bundesfinanzministerium: »Monatsbericht des BMF, Januar 2017«, 27.1.2017, http://www.bundesfinanzministerium.de/Content/DE/Monatsberichte/2017/01/Downloads/monatsbericht-2017-01-deutsch.pdf?__blob=publicationFile&v=5, abgerufen am 13.2.2017, Seite 9 ff.

8 Siehe Bundesfinanzministerium: »Vorläufiger Haushaltsabschluss des Bundes 2016«, Pressemitteilung vom 12.1.2017, http://www.bundesfinanzministerium.de/Content/DE/Pressemitteilungen/Finanzpolitik/2017/01/2017-01-12-pm02.html, abgerufen am 13.2.2017

9 Institut für Weltwirtschaft: »Simulation von Flüchtlingskosten bis 2022: Langfristig bis zu 55 Mrd. € jährlich«, 11.12.2015, https://www.ifw-kiel.de/medien/medieninformationen/2015/simulation-von-fluchtlingskosten-bis-2022-langfristig-bis-zu-55-mrd-20ac-jahrlich, abgerufen am 9.1.2017

10 Birgit Marschall: »Flüchtlingsausgaben kurbeln Wirtschaft an«, *Rheinische Post online*, 30.12.2016, http://www.rp-online.de/wirtschaft/07-prozent-wachstum-erwartet-fluechtlingsausgaben-kurbeln-wirtschaft-an-aid-1.6494152, abgerufen am 9.1.2017

11 Institut für Weltwirtschaft, a.a.O.

12 Katja Kipping: *Wer flüchtet schon freiwillig*, Frankfurt am Main 2016, Seite 141

13 Siehe das Kapitel »Mit Sicherheit gegen die Freiheit«, Seite 131 ff.

14 Bude, a.a.O.

15 Florian Gathmann: »Deutschland, Angstland«, *Spiegel online*, 7.9.2016, http://www.spiegel.de/politik/deutschland/allensbach-studie-deutsch land-hat-angst-a-1111132.html, abgerufen am 10.1.2017

16 Timo Steppat: »Wähleranalyse: AfD mobilisiert verängstigte Nichtwähler«, *FAZ online*, 5.9.2016, http://www.faz.net/aktuell/politik/wahl-in-mecklenburg-vorpommern/analyse-der-landtagswahl-afd-mobilisiert-veraengstigte-nichtwaehler-14415882.html, abgerufen am 16.9.2016

17 »Muslimisches Mädchen muss zum Schwimmunterricht mit Jungs«, *Spiegel online*, 10.1.2017, http://www.spiegel.de/lebenundlernen/schule/muslimisches-maedchen-muss-zum-schwimmunterricht-mit-jungs-a-1129304.html, abgerufen am 14.1.2017

18 Dietmar Hipp, Maximilian Popp: »Die deutsche Burkini-Normalität«, *Spiegel online*, 11.9.2013, http://www.spiegel.de/lebenundlernen/schule/burkini-urteil-besser-verhuellt-schwimmen-als-gar-nicht-a-9217 29.html, abgerufen am 14.1.2017

19 »Deutsche schätzen Anteil der Muslime viel zu hoch«, *Spiegel online*, 14.12.2016, http://www.spiegel.de/politik/deutschland/gefuehlte-wahr heit-deutsche-schaetzen-anteil-der-muslime-viel-zu-hoch-a-1125901. html, abgerufen am 11.1.2017

20 »Menschenfeindlichkeit motiviert Gewalttäter«, *Frankfurter Rundschau online*, 30.8.2016, http://www.fr-online.de/neonazi-terror/radikalisie-rung--menschenfeindlichkeit-motiviert-gewalttaeter-,1477338, 34692780.html, abgerufen am 16.9.2016

21 Siehe Stephan Hebel: *Sehr geehrter AfD-Wähler, wählen Sie sich nicht unglücklich!*, Frankfurt am Main 2016, Seite 51 f.

22 Die Internationale Organisation für Migration (IOM) zählte insgesamt 5079 Tote, davon 4576 auf der zentralen Mittelmeerroute nach Italien. IOM: »Mediterranean Migrant Arrivals Top 363,348 in 2016; Deaths at Sea: 5,079«, 6.1.2017, http://www.iom.int/news/mediterranean-mi grant-arrivals-top-363348-2016-deaths-sea-5079, abgerufen am 12.1.2017

23 Bundeskanzleramt: »Rede von Bundeskanzlerin Merkel im Deutschen Bundestag«, 7.9.2016, https://www.bundeskanzlerin.de/Content/DE/Rede/2016/09/2016-09-07-merkel-bundestag.html, abgerufen am 11.1.2017

24 »Staaten sagen Milliarden für Wirtschaftshilfe zu«, *Wirtschaftswoche online*, 4.2.2016, http://www.wiwo.de/politik/ausland/geberkonfe renz-fuer-syrien-staaten-sagen-milliarden-fuer-fluechtlingshilfe-zu/ 12922842.html, abgerufen am 10.1.2017

25 Siehe Daniel Brössler: »Große Worte, kleine Schecks für die Syrien-Flüchtlinge«, *Süddeutsche Zeitung online*, 4.2.2016, http://www.sued deutsche.de/politik/geberlaender-grosse-worte-kleine-schecks-1.2847626, abgerufen am 10.1.2017

26 Marc Engelhardt: »Wie Geberländer ihre Versprechen brechen«, Deutschlandradio Kultur, 14.12.2015, http://www.deutschlandradio

kultur.de/internationale-hilfe-wie-geberlaender-ihre-versprechen.976.
de.html?dram:article_id=339524, abgerufen am 10.1.2017

27 Siehe das nächste Kapitel, Seite 131 ff.

28 »Wer sind die ›neuen‹ Nordafrikaner?«, WDR online, 19.1.2016, http://
www1.wdr.de/nachrichten/maghreb-entwicklung-faq-100.html, abgerufen am 10.1.2017

29 Tim Stinauer: »Waren die ›Nafris‹ nur eine Phantasie der Polizei?«,
Frankfurter Rundschau online, 13.1.2017, http://www.fr-online.de/poli
tik/silvester-in-koeln--waren-die--nafris--nur-eine-phantasie-der-poli
zei--,1472596,35079630.html, abgerufen am 14.1.2017

30 Teresa Bücker: »Das geht #ausnahmslos alle etwas an«, *Der Freitag online*, 14.1.2016, https://www.freitag.de/autoren/der-freitag/das-geht-
ausnahmslos-alle-etwas-an, abgerufen am 11.2.2017

31 »Diese Debatte ist durch und durch rassistisch«, Interview mit Hilal Sezgin, *Konkret* 02/2016

32 Tobias Christ: »Kölns Polizeipräsident Mathies: Ausdruck ›Nafri‹ besser
›nicht nach außen kommuniziert‹«, *Kölner Stadtanzeiger online*, 1.1.2017,
http://www.ksta.de/koeln/koelns-polizeipraesident-mathies-
ausdruck--nafri--besser--nicht-nach-aussen-kommuniziert--25465454,
abgerufen am 11.1.2017

33 Bundeskanzleramt: »Pressestatement von Bundeskanzlerin Angela
Merkel zum mutmaßlichen Terroranschlag am Breitscheidplatz in Berlin«, 20.12.2016, https://www.bundeskanzlerin.de/Content/DE/Mit
schrift/Pressekonferenzen/2016/12/2016-12-20-erklaerung-merkel-
breitscheidplatz.html, abgerufen am 11.1.2017.

34 Ebd.

35 »Ich bin kein Populist«, Interview mit Martin Schulz, *Der Spiegel*,
4.2.2017

36 Thorsten Denkler: »Wagenknecht streitet mit den Linken«, *Süddeutsche
Zeitung online*, 13.1.2016, http://www.sueddeutsche.de/politik/linke-
sahra-wagenknecht-streitet-mit-ihrer-partei-1.2816652, abgerufen am
15.1.2017

37 Ebd.

38 »Merkels Politik hat die AfD groß gemacht«, *Stern*, 5.1.2017

39 Markus Decker: »Die ›rote AfD‹«, *Frankfurter Rundschau online*, 8.1.2017,
http://www.fr-online.de/politik/kritik-an-wagenknecht-die--rote-
afd-,1472596,35066494.html, abgerufen am 11.1.2017.

40 »Wir wollen Menschen erreichen, die unzufrieden sind«, Interview mit
Sahra Wagenknecht, Deutschlandfunk, 8.1.2017, http://www.deutsch
landfunk.de/populismus-und-protestwaehler-wir-wollen-menschen-er
reichen.868.de.html?dram:article_id=375800, abgerufen am 15.1.2017

41 Eribon, a.a.O.

42 Georg Blume u.a.: »Grenzöffnung für Flüchtlinge: Was geschah wirklich?«, *Zeit online*, 22.8.2016, http://www.zeit.de/2016/35/grenzoeff

nung-fluechtlinge-september-2015-wochenende-angela-merkel-un
garn-oesterreich/komplettansicht, abgerufen am 3.1.2017

43 Bundeskanzleramt:»Im Wortlaut: Sommerpressekonferenz von Bundeskanzlerin Merkel«, 31.8.2015, https://www.bundeskanzlerin.de/Content/DE/Mitschrift/Pressekonferenzen/2015/08/2015-08-31-pk-merkel.html, abgerufen am 5.1.2017

44 Ebd.

45 Protokoll des CDU-Parteitages vom 26.-28. Oktober 1992 in Düsseldorf, http://www.kas.de/upload/ACDP/CDU/Protokolle_Parteitage/1992-10-26-28_Protokoll_03.Parteitag_Duesseldorf.pdf, abgerufen am 4.1.2017, Seite 29

46 »Dobrindt sieht Deutschland am Limit«, Zeit online, 13.9.2015, http://www.zeit.de/politik/deutschland/2015-09/dobrindt-csu-fluechtlinge-muenchen, abgerufen am 6.1.2017

47 Protokoll des CDU-Parteitages 1992, a.a.O.

48 Bundesamt für Migration und Flüchtlinge: »Aktuelle Zahlen zu Asyl«, November 2016, http://www.bamf.de/SharedDocs/Anlagen/DE/Downloads/Infothek/Statistik/Asyl/aktuelle-zahlen-zu-asyl-november-2016.pdf?__blob=publicationFile, abgerufen am 5.1.2017, Seite 3

49 Klaus J. Bade, Jochen Oltmer: »Flucht und Asyl seit 1990«, Bundeszentrale für politische Bildung, 15.3.2005, http://www.bpb.de/gesellschaft/migration/dossier-migration/56443/flucht-und-asyl-seit-1990, abgerufen am 5.1.2017

50 Die Regierung von Union und FDP verfügte nicht über die notwendige Zweidrittelmehrheit. Von den 235 anwesenden SPD-Abgeordneten stimmten 101 gegen den von ihrer Parteiführung mit ausgehandelten »Kompromiss«, einer enthielt sich, der Rest votierte mit Ja. Siehe Deutscher Bundestag: »Protokoll der Sitzung vom Mittwoch«, 26. Mai 1993, http://dip21.bundestag.de/dip21/btp/12/12160.pdf, abgerufen am 6.1.2017, Seite 13699 ff.

51 »Grundgesetz für die Bundesrepublik Deutschland vom 23. Mai 1949«, lexetius.com, http://lexetius.com/GG/16,3, abgerufen am 6.1.2017

52 Grundgesetz, Art. 16a, https://dejure.org/gesetze/GG/16a.html, abgerufen am 6.1.2017

53 Siehe zum Beispiel Kersten Augustin, Kai Biermann, Philip Faigle: »Bamf widerspricht Bundesregierung«, Zeit online, 30.10.2016, http://www.zeit.de/politik/2016-10/maghreb-staaten-bamf-sichere-herkunftsstaaten-gesetz-thomas-de-maiziere/komplettansicht, abgerufen am 17.1.2017. Ob sich die Regierung im Bundesrat durchsetzen würde mit dem Ziel, die Maghreb-Staaten zu »sicheren Herkunftsländern« zu erklären, stand bei Abschluss der Arbeit an diesem Buch noch nicht fest.

54 Zitiert nach »Das beschnittene Grundrecht«, Deutschlandfunk, 26.11.2015, http://www.deutschlandfunk.de/asylrecht-das-beschnittene-grundrecht.1818.de.html?dram:article_id=337990, abgerufen am 17.1.2017

55 »Verordnung (EU) Nr. 604/2013 des Europäischen Parlamentes und des Rates vom 26. Juni 2013«, Artikel 13 (1), in: Amtsblatt der Europäischen Union L 180 vom 29.6.2013, http://eur-lex.europa.eu/legal-content/DE/TXT/PDF/?uri=CELEX:32013R0604&rid=4, abgerufen am 3.1.2017, Seiten 31 ff. Eine gute und leicht verständliche Zusammenfassung findet sich in »Erste Hilfe gegen Dublin-Abschiebungen«, herausgegeben von Pro Asyl, Januar 2015, https://www.proasyl.de/wp-content/uploads/2015/12/Dublin_Ratgeber_Erste_Hilfe_2015.pdf, abgerufen am 3.1.2017.

56 Zitiert nach Stephan Hebel: *Mutter Blamage*, Frankfurt 2013, Seite 118

57 Siehe zum Beispiel Nemanja Rujevic: »Diskriminiert in Serbien, unerwünscht in Deutschland«, *Deutsche Welle online*, 10.8.2015, http://www.dw.com/de/diskriminiert-in-serbien-unerw%C3%BCnscht-in-deutschland/a-18637937, abgerufen am 18.1.2017

58 Ebd.

59 »Verordnung (EU) Nr. 604/2013«, a.a.O., Artikel 17 (1)

60 Zumindest vom damaligen Außenminister Frank-Walter Steinmeier ist bekannt, dass sein Haus sich ausdrücklich auf diesen Artikel bezog, als es der Grenzöffnung zustimmte: »Tatsächlich signalisieren Steinmeiers Juristen im Laufe des Abends, das geltende europäische Recht sehe ein ›Selbsteintrittsrecht‹ der Vertragsstaaten vor. Das heißt: Wenn ein EU-Staat will, kann er beliebig viele Flüchtlinge ins Land lassen.« Siehe Blume u.a., a.a.O.

61 »Programm für Deutschland«, a.a.O., Seite 59

62 »Merkel macht einen super Job«, *FAZ online*, 18.3.2016, http://www.faz.net/aktuell/politik/fluechtlingskrise/ban-ki-moon-lobt-angela-merkels-fuehrung-in-fluechtlingskrise-14131994.html, abgerufen am 6.1.2017

63 Siehe Wikipedia: »Flüchtlingskrise in Europa ab 2015«, https://de.wikipedia.org/wiki/Fl%C3%BCchtlingskrise_in_Europa_ab_2015#EU-T.C3.BCrkei-Abkommen_vom_18._M.C3.A4rz_2016, abgerufen am 6.1.2017

64 Siehe Wikipedia: »Schiffsunglück im Mittelmeer am 19. April 2015«, https://de.wikipedia.org/wiki/Schiffsungl%C3%BCck_im_Mittelmeer_am_19._April_2015, abgerufen am 15.1.2017

65 Stephan Hebel: »Ums Verrecken«, *Frankfurter Rundschau online*, 20.4.2015, http://www.fr-online.de/leitartikel/fluechtlinge-ums-verrecken,29607566,30474562.html, abgerufen am 15.1.2017

66 Wikipedia: »Flüchtlingskrise in Europa ab 2015«, a.a.O.

67 Georg Blume u. a.: »Was geschah wirklich?«, *Die Zeit*, 18.8.2016

68 Ebd.

69 Ein Autorenteam von *Zeit online* hat den Verlauf der Fluchtbewegungen in einer Recherche rekonstruiert, auf die sich die Angaben in diesem Absatz beziehen: Philip Faigle, Karsten Polke-Majewski, Sascha Venohr: »Merkel war es wirklich nicht«, *Zeit online*, 11.10.2016, http://www.

zeit.de/politik/ausland/2016-10/fluechtlingspolitik-fluechtlinge-angela-merkel-balkanroute-offene-grenze?wt_zmc=sm.ext.zonaudev.mail.ref.zeitde.share_small.link.x, abgerufen am 5.1.2017

70 »Deutschland wird Deutschland bleiben«, *Süddeutsche Zeitung*, 31.8.2016

71 Urteil des Europäischen Gerichtshofes vom 14.11.2013, http://curia.europa.eu/juris/document/document.jsf?text=&docid=144489&pageIndex=0&doclang=DE&mode=req&dir=&occ=first&part=-1&cid=757511, abgerufen am 15.1.2017

72 »EuGH bestätigt: Keine Abschiebung nach Griechenland«, Pro Asyl, 14.11.2013, https://www.proasyl.de/news/eugh-bestaetigt-keine-abschiebung-nach-griechenland/, abgerufen am 15.1.2017

73 Michael Martens, Julian Staib: »Dublin lebt!«, *FAZ online*, http://www.faz.net/aktuell/politik/inland/dublin-abkommen-soll-bald-wieder-in-kraft-treten-14621701.html?printPagedArticle=true#pageIndex_2, abgerufen am 15.1.2017

74 Siehe zum Beispiel »Winterkälte offenbart Elend in Griechenland«, *Handelsblatt online*, 11.1.2017, http://www.handelsblatt.com/politik/international/fluechtlinge-winterkaelte-offenbart-elend-in-griechenland/19239340.html, abgerufen am 15.1.2017

75 Bundesregierung: »Pressestatements von Bundeskanzlerin Merkel und dem französischen Staatspräsidenten Hollande im Bundeskanzleramt«, 13.12.2016, https://www.bundeskanzlerin.de/Content/DE/Mitschrift/, Pressekonferenzen/2016/12/2016-12-13-statements-merkel-hollande.html, abgerufen am 12.1.2017

76 Europäischer Rat: »Erklärung EU-Türkei, 18. März 2016«, http://www.consilium.europa.eu/de/press/press-releases/2016/03/18-eu-turkey-statement/, abgerufen am 12.1.2017; hier auch die folgenden Zitate aus der Vereinbarung zwischen der EU und der Türkei

77 Ali Celikkan: »Der Türsteher am Bosporus«, *taz.de*, 12.12.2016, http://www.taz.de/!5365290/, abgerufen am 12.1.2017

78 Ebd.

79 IOM, a.a.O.

80 UNHCR, a.a.O.

81 Mely Kiyak: »EU-Türkei-Abkommen: Im Stacheldraht hängendes Denken«, *Zeit online*, 10.8.2016, http://www.zeit.de/kultur/2016-08/tuerkei-eu-fluechtlinge-kiyaks-deutschstunde/komplettansicht, abgerufen am 12.1.2017

82 Karl Kopp: »Union der Unwilligen«, *Migazin*, 26.8.2016, http://www.migazin.de/2016/08/26/fluechtlingspolitik-union-der-unwilligen/, abgerufen am 14.1.2017

83 »Wir brauchen keinen Deal mit der Türkei«, Interview mit Sebastian Kurz, *Focus online*, 15.8.2016, http://www.focus.de/politik/ausland/was-passiert-wenn-der-fluechtlingsdeal-platzt-wir-brauchen-keinen-deal-mit-der-tuerkei_id_5796739.html, abgerufen am 14.1.2017

84 »Programm für Deutschland«, a.a.O., Seite 59
85 Kurz, a.a.O.
86 Harald Schumann, Elisa Simantke: »Europa plant den Überwachungs-staat«, *Tagesspiegel online*, 10.12.2016, http://www.tagesspiegel.de/weltspiegel/sonntag/sicherheitspolitik-europa-plant-den-ueberwa chungsstaat/14956574.html, abgerufen am 16.1.2017
87 Ebd.
88 Europäische Kommission: »Europäische Agentur für die Grenz- und Küstenwache nimmt ihre Arbeit auf«, 6.10.2016, http://ec.europa.eu/germany/news/europ%C3%A4ische-agentur-f%C3%BCr-die-grenz-und-k%C3%BCstenwache-nimmt-ihre-arbeit-auf_de, abgerufen am 16.1.2017
89 Bundeskanzleramt: »Pressestatements von Bundeskanzlerin Merkel und dem französischen Präsidenten Hollande«, 17.9.2016, https://www.bundeskanzlerin.de/Content/DE/Mitschrift/Pressekonferenzen/2016/09/2016-09-16-statement-bkin-hollande.html, abgerufen am 16.1.2017
90 Schumann, Simantke, a.a.O.
91 Ben Hayes, Mathias Vermeulen: »Borderline. The EU's New Border Sur-veillance Initiatives«, Heinrich-Böll-Stiftung, Juni 2012, https://www.boell.de/sites/default/files/DRV_120523_BORDERLINE_-_Border_Surveillance.pdf, abgerufen am 4.1.2017. Die Zusammenfassung in deutscher Übersetzung findet sich unter https://www.boell.de/sites/default/files/assets/boell.de/images/download_de/publikationen/TXT_20120522_ZusammenfassungEUStudie_Grenzwertig.pdf, abge-rufen am 4.1.2017
92 »Programm für Deutschland«, a.a.O., Seite 60
93 Kiyak, a.a.O.
94 Deutscher Bundestag: »Gesetzentwurf der Fraktionen der CDU/CSU und SPD – Entwurf eines Asylverfahrensbeschleunigungsgesetzes«, 29.9.2015, http://dipbt.bundestag.de/doc/btd/18/061/1806185.pdf, ab-gerufen am 16.1.2017
95 »Programm für Deutschland«, a.a.O., Seite 60 f.
96 Pro Asyl: »Asylpaket II in Kraft«, 21.3.2016, https://www.proasyl.de/hintergrund/asylpaket-ii-in-kraft-ueberblick-ueber-die-geltenden-asyl rechtlichen-aenderungen/, abgerufen am 16.1.2017
97 Pro Asyl: »Asylpaket I in Kraft«, https://www.proasyl.de/hintergrund/asylpaket-i-in-kraft-ueberblick-ueber-die-ab-heute-geltenden-asyl rechtlichen-aenderungen/, abgerufen am 16.1.2017
98 »Karlsruher Erklärung zu Terror und Sicherheit, Flucht und Integra-tion«, verabschiedet vom 28. CDU-Parteitag am 14./15.12.2015 in Karls-ruhe, https://www.cdu.de/system/tdf/media/dokumente/beschluss-karlsruher-erklaerung.pdf?file=1, abgerufen am 13.2.2017, Seite 9
99 Siehe zum Beispiel Thomas Pany: »›Sichere Gebiete‹ in Afghanistan: Konter gegen die Maizière«, *Telepolis*, 12.1.2017, https://www.heise.

de/tp/features/Sichere-Gebiete-in-Afghanistan-Konter-gegen-de-Mai-ziere-3595069.html, abgerufen am 17.1.2017

100 »Rückführung, Rückführung und nochmals Rückführung«, *Welt online*, 1.9.2016, https://www.welt.de/politik/deutschland/article157927543/Rueckfuehrung-Rueckfuehrung-und-nochmals-Rueckfuehrung.html, abgerufen am 13.2.2017

101 Sasan Abdi-Herrle, Ferdinand Otto: »So sollen Abschiebungen beschleunigt werden«, *Zeit online*, 10.2.2017, http://www.zeit.de/politik/deutschland/2017-02/asylpolitik-fluechtlinge-abschiebungen-bundes ausreisezentren-bund-laender-vereinbarung/komplettansicht, abgerufen am 13.2.2017

102 Siehe ebd.

103 »Hunderttausende Verfahren gegen Flüchtlinge eingestellt«, *Zeit online*, 12.6.2016, http://www.zeit.de/politik/deutschland/2016-06/fluecht lingskrise-illegale-einreise-akten-staatsanwaltschaft-asylverfahren, abgerufen am 16.1.2017

104 Gewerkschaft der Polizei Berlin: »Endstation Abschnitt. Die Folgen von politischem Missmanagement bei der Aufnahme von Flüchtlingen gehen zu Lasten der Polizei«, http://www.gdp.de/gdp/gdpber.nsf/id/DE_Endstation-Abschnitt/$file/GdP%20Berlin%20-%20Fl%C3%BCchtlinge%20in%20Berlin.pdf, abgerufen am 18.1.2017

105 »Hunderttausende Verfahren gegen Flüchtlinge eingestellt«, a.a.O.

106 »Ich kann jetzt den doppelten Salto«, Interview mit Wolf Biermann, *Frankfurter Rundschau*, 11.10.2016

107 Siehe Werner A. Perger: »Wie der Populismus die Volksparteien unterwandert«, *Zeit online*, 17.2.2009, http://www.zeit.de/online/2009/08/populismus-merkel-fluechtlinge, abgerufen am 16.1.2017

Mit Sicherheit gegen die Freiheit

1 Amnesty International: «Dangerously disproportionate: The ever-ex panding national security state in Europe«, Januar 2017, https://www.amnesty.de/files/Amnesty-Bericht-EU-Antiterrorgesetze-Januar2017.pdf, abgerufen am 19.1.2017, Seite 6

2 Bundeskanzleramt: »Rede von Bundeskanzlerin Merkel zur dbb-Jahrestagung 2017 am 9. Januar 2017 in Köln«, https://www.bundeskanzle rin.de/Content/DE/Rede/2017/01/2017-01-10-rede-merkel-dbb.html, abgerufen am 19.1.2017

3 Deutscher Bundestag: Protokoll der Sitzung vom 19.1.2017, http://dipbt.bundestag.de/doc/btp/18/18212.pdf, abgerufen am 14.2.2017, Seite 21192

4 Amnesty International: «Dangerously disproportional«, a.a.O.

5 Amnesty International: »Antiterrorgesetze in vielen EU-Staaten beschneiden unverhältnismäßig die Rechte, die sie vorgeben zu schützen«, Presseerklärung vom 17.1.2017, https://www.amnesty.de/presse/

2017/1/17/antiterrorgesetze-vielen-eu-staaten-beschneiden-unverhaelt
nismaessig-die-rechte-die, abgerufen am 19.1.2017

6 Wolfgang Janisch: »Darf das BKA spitzeln und schnüffeln wie ein Geheimdienst?«, *Süddeutsche Zeitung online*, 20.4.2016, http://www.
sueddeutsche.de/digital/bka-gesetz-zwischen-sicherheit-und-freiheit
-1.2954911, abgerufen am 19.1.2017

7 Siehe zum Beispiel Jonas Grutpalk, Tanja Zischke: »Nachrichtendienste
in Deutschland«, Bundeszentrale für politische Bildung, 14.6.2012,
http://www.bpb.de/politik/innenpolitik/innere-sicherheit/135216/
nachrichtendienste?p=all, abgerufen am 19.1.2017

8 Gigi Deppe: »Urteil des Bundesverfassungsgerichts: Was sich beim BKA-
Gesetz ändern muss«, tagesschau.de, 20.4.2016, https://www.tages
schau.de/inland/bka-gesetz-113.html, abgerufen am 19.1.2017

9 Siehe Bundesverfassungsgericht: »Verfassungsbeschwerden gegen die
Ermittlungsbefugnisse des BKA zur Terrorismusbekämpfung teilweise
erfolgreich«, Pressemitteilung Nr. 19/2016 vom 20. April 2016, http://
www.bundesverfassungsgericht.de/SharedDocs/Pressemitteilungen/
DE/2016/bvg16-019.html, abgerufen am 20.1.2017

10 Siehe Florian Gathmann, Annett Meiritz: »Merkel will die Daten aller
Deutschen«, *Spiegel online*, 14.1.2015, http://www.spiegel.de/politik/
deutschland/angela-merkel-draengt-weiter-auf-vorratsdatenspeiche
rung-a-1012929.html, abgerufen am 19.1.2017

11 »Wir brauchen die Vorratsdatenspeicherung«, Interview mit Sigmar
Gabriel, Deutschlandfunk, 15.3.2015, http://www.deutschlandfunk.
de/sigmar-gabriel-wir-brauchen-die-vorratsdatenspeicherung.868.
de.html?dram:article_id=314247, abgerufen am 19.1.2017

12 »Jetzt amtlich: Regierung will an Ihren Computer«, *Spiegel online*,
27.5.2015, http://www.spiegel.de/politik/deutschland/vorratsdaten
speicherung-kabinett-beschliesst-neuregelung-a-1035742.html, abgerufen am 19.1.2017

13 Gerichtshof der Europäischen Union: Pressemitteilung Nummer 145/16
vom 21.12.2016, http://curia.europa.eu/jcms/upload/docs/applica
tion/pdf/2016-12/cp160145de.pdf, abgerufen am 19.1.2017

14 Siehe dazu Gigi Deppe: »Der feine Unterschied zum ersten Anlauf«, ta-
gesschau.de, 16.10.2015, https://www.tagesschau.de/inland/vorrats
datenspeicherung-137~_origin-ef93f395-aa12-4695-bc7c-349fc9d4
dc16.html, abgerufen am 19.1.2017

15 Monika Ermert: »Europäischer Gerichtshof bekräftigt: Anlasslose Vorratsdatenspeicherung ist illegal«, Heise online, 21.12.2016, https://
www.heise.de/newsticker/meldung/Europaeischer-Gerichtshof-be
kraeftigt-Anlasslose-Vorratsdatenspeicherung-ist-illegal-3578920.html,
abgerufen am 19.1.2017

16 »Klage gegen Vorratsdaten«, *Frankfurter Rundschau*, 25.11.2016

17 Siehe zu diesen Taten zum Beispiel Annett Meiritz: »Woche der Gewalt
provoziert neue Flüchtlingsdebatte«, *Spiegel online*, 26.7.2016, http://

www.spiegel.de/politik/deutschland/ansbach-reutlingen-wuerzburg-muenchen-fluechtlingsdebatte-nach-gewaltserie-a-1104638.html, abgerufen am 22.1.2017.

18 Bundeskanzleramt: »Bundespressekonferenz von Bundeskanzlerin Merkel«, 28.7.2016, https://www.bundeskanzlerin.de/Content/DE/Mitschrift/Pressekonferenzen/2016/07/2016-07-28-bpk-merkel.html, abgerufen am 22.1.2017

19 Andre Meister: »Der Ausweis-Zwang für Mobilfunk kommt«, *netzpolitik.org*, 1.6.2016, https://netzpolitik.org/2016/wir-veroeffentlichen-das-anti-terror-paket-der-ausweis-zwang-fuer-mobilfunk-kommt-auch-fuer-existierende-anschluesse/, abgerufen am 22.1.2017

20 Bundesamt für Sicherheit in der Informationstechnik: »Öffentliche Mobilfunknetze und ihre Sicherheitsaspekte«, Bonn 2008, https://www.bsi.bund.de/SharedDocs/Downloads/DE/BSI/Publikationen/Broschueren/Oeffentl-Mobilfunknetze.pdf?__blob=publicationFile&v=1, abgerufen am 22.1.2017

21 A.a.O., Seite 27

22 Konstantin von Notz: »Placebo-Politik zu Lasten von Grundrechten«, 2.6.2016, http://von-notz.de/2016/06/02/placebo-politik-zu-lasten-von-grundrechten/, abgerufen am 22.1.2017

23 Bundeskanzleramt, 28.7.2016, a.a.O.

24 Ebd.

25 Bundesverfassungsgericht: Urteil vom 15. Dezember 1983, in: OpenJur, die freie juristische Datenbank, https://openjur.de/u/268440.html, abgerufen am 21.1.2017

26 Ebd.

27 Jonathan W. Penney: »Chilling Effects: Online Surveillance and Wikipedia Use«, *Berkeley Technology Law Journal* Band 31 Nr. 1/2016, https://papers.ssrn.com/sol3/papers.cfm?abstract_id=2769645, abgerufen am 21.1.2017, Seiten 117 ff.

28 Ute Roos: »Studie belegt Selbstzensur von Internetnutzern nach Snowden-Enthüllungen«, *Heise online*, 1.5.2016, https://www.heise.de/ix/meldung/Studie-belegt-Selbstzensur-von-Internetnutzern-nach-Snowden-Enthuellungen-3194816.html, abgerufen am 21.1.2017

29 Digitalcourage: »Materialsammlung: Überwachungsgesamtrechnung«, https://digitalcourage.de/themen/ueberwachungsgesamtrechnung, abgerufen am 21.1.2017

30 Ebd.

31 Bundesministerium des Innern: »Geplante Maßnahmen zur Erhöhung der Sicherheit in Deutschland«, 11.8.2016, https://www.bmi.bund.de/SharedDocs/Downloads/DE/Nachrichten/Kurzmeldungen/2016/handout-ma%C3%9Fnahmenpaket-erhoehung-sicherheit-deutschland.pdf;jsessionid=7D7EE78DF3C34389937B74D1770D714A.2_cid373?__blob=publicationFile, abgerufen am 23.1.2017

32 Leon Hempel, Christian Alisch: »Evaluation der 24-Stunden-Videoauf-
zeichnung in U-Bahn-Stationen der Berliner Verkehrsbetriebe (BVG) –
Zwischenbericht«, Berlin 2006, http://berlin.humanistische-union.de/
typo3/ext/naw_securedl/secure.php?u=0&file=uploads/media/04_
Evaluationsbericht.pdf&t=1192030446&hash=82beea09f9fe65e34a8
ee705d6fc5573, abgerufen am 23.1.2017

33 Peter Mühlbauer: »Studie: Videoüberwachung in Berliner U-Bahn
brachte keinen Sicherheitsgewinn«, Telepolis, 9.10.2007, https://www.
heise.de/newsticker/meldung/Studie-Videoueberwachung-in-Berli
ner-U-Bahn-brachte-keinen-Sicherheitsgewinn-183294.html, abgerufen
am 23.1.2017

34 Siehe »1000 Kameras für aufgeklärte Straftat«, *taz.de*, 26.8.2009,
http://www.taz.de/!5157322/, abgerufen am 23.1.2017

35 Ebd.

36 Daniel Gerny: »Kameras sind keine Polizisten«, *Neue Zürcher Zeitung
online*, 15.11.2016, https://www.nzz.ch/meinung/kommentare/kame
ras-sind-keine-polizisten-ld.128566, abgerufen am 23.1.2017

37 Cordula Eubel: »Grüne für Videoüberwachung an kriminalitätsbelaste-
ten Orten«, *Tagesspiegel online*, 10.1.2017, http://www.tagesspiegel.de/
politik/vorstandsbeschluss-gruene-fuer-videoueberwachung-an-krimi
nalitaetsbelasteten-orten/19229158.html, abgerufen am 23.1.2017

38 »Die Freiheit stirbt scheibchenweise«, Interview mit Konstantin von
Notz, *Frankfurter Rundschau online*, 8.5.2016, http://www.fr-online.
de/politik/interview---die-freiheit-stirbt-scheibchenweise-,14725
96,34198748.html, abgerufen am 24.1.2017

39 Deutscher Bundestag: »Beschlussempfehlung und Bericht des 2. Unter-
suchungsausschusses nach Artikel 44 des Grundgesetzes«, 22.8.2013,
abgerufen am 23.1.2017. Eine gute Zusammenfassung findet sich hier:
Heike Kleffner, Dr. Andreas Feser: »Der NSU-Untersuchungsausschuss«,
Bundeszentrale für politische Bildung, 18.11.2013, http://www.bpb.
de/politik/extremismus/rechtsextremismus/172857/der-nsu-untersu
chungsausschuss, abgerufen am 23.1.2017

40 Siehe zum Beispiel Andreas Speit: »Die V-Männer und ihre Führer«, *taz.
de*, 1.11.2016, http://www.taz.de/!5350062/, abgerufen am 24.1.2017

41 »NSU bestand nicht nur aus drei Leuten«, Interview mit Clemens Binninger, *Frankfurter Rundschau online*, 5.9.2016, http://www.fr-online.
de/neonazi-terror/nsu-prozess--nsu-bestand-nicht-nur-aus-drei-leu
ten-,1477338,34710676.html, abgerufen am 27.1.2016

42 Ebd.

43 Bundeskanzleramt: »Rede von Bundeskanzlerin Angela Merkel bei der
Gedenkveranstaltung für die Opfer rechtsextremistischer Gewalt« am
23.2.1012 in Berlin«, https://www.bundeskanzlerin.de/ContentArchiv
/DE/Archiv17/Reden/2012/02/2012-02-23-bkin-gedenkveranstal
tung.html, abgerufen am 24.1.2017

44 Siehe zum Beispiel »De Maizière fordert schnellere Abschiebung«, *Handelsblatt online*, 24.12.2016, http://www.handelsblatt.com/politik/deutschland/nach-anschlag-in-berlin-de-maiziere-fordert-schnellere-abschiebung/19175724.html, abgerufen am 23.1.2017
45 Siehe Sabine am Orde: »Terrorabwehr reloaded«, *taz.de*, 20.1.2017, http://www.taz.de/!5373523/, abgerufen am 23.1.2017
46 Bundeskanzleramt, 28.7.2016, a.a.O.
47 Bundesregierung: »Gegen Extremismus und für Demokratie«, 13.7.2016, https://www.bundesregierung.de/Content/DE/Artikel/2016/07/2016-07-13-strategie-extremismuspraevention.html, abgerufen am 18.1.2017. Das Gesamtkonzept findet sich unter https://www.bmfsfj.de/blob/109002/5278d578ff8c59a19d4bef9fe4c034d8/strategie-der-bundesregierung-zur-extremismuspraevention-und-demokratiefoerderung-data.pdf, abgerufen am 18.1.2017
48 Gesamtkonzept, a.a.O., Seite 7
49 »Grüne halten Strategie zur Extremismusprävention für unzulänglich«, *Zeit online*, 13.7.2016, http://www.zeit.de/news/2016-07/13/deutschland-gruene-halten-strategie-zu-extremismuspraevention-fuer-unzulaenglich-13151009, abgerufen am 18.1.2017
50 Siehe Bundesregierung, a.a.O., sowie die Übersicht im Gesamtkonzept, a.a.O., Seite 8
51 »Das BMI stellt sich vor: Haushalt«, http://www.bmi.bund.de/DE/Ministerium/BMI-Vorstellung/Haushalt/haushalt_node.html, abgerufen am 24.1.2017
52 Presseerklärung der Amadeu-Antonio-Stiftung vom 14.7.2016, http://www.netz-gegen-nazis.de/artikel/amadeu-antonio-stiftung-begr%C3%BC%C3%9Ft-strategie-der-bundesregierung-zur-extremismuspr%C3%A4vention-und, abgerufen am 24.1.2017
53 »Deutschlands Zukunft gestalten«, Koalitionsvertrag zwischen CDU, CSU und SPD vom 14.12.2013, https://www.cdu.de/sites/default/files/media/dokumente/koalitionsvertrag.pdf, abgerufen am 24.1.2017
54 Gesamtkonzept, a.a.O., Seite 30
55 »Menschenfeindlichkeit motiviert Gewalttäter«, Interview mit Matthias Quent, *Frankfurter Rundschau online*, 30.8.2016, http://www.fr-online.de/neonazi-terror/radikalisierung--menschenfeindlichkeit-motiviert-gewalttaeter-,1477338,34692780.html, abgerufen am 24.1.2017
56 »Wir müssen normativ reagieren«, Interview mit Rafael Behr, *Der Freitag online*, 28.7.2016, https://www.freitag.de/autoren/helkonie/wir-muessen-normativ-reagieren, abgerufen am 27.1.2017
57 Siehe dazu Günter Brückner: »Bevölkerung mit Migrationshintergrund«, in: Statistisches Bundesamt/Wissenschaftszentrum Berlin für Sozialforschung (Hg.): »Datenreport 2016 – ein Sozialbericht für die Bundesrepublik Deutschland«, Berlin 2016, https://www.destatis.de/DE/Publikationen/Datenreport/Downloads/Datenreport2016.pdf?__blob=publicationFile, abgerufen am 18.1.2017, Seiten 218 ff.

58 Thomas Gebauer: »Was tun gegen die Enthemmung der Gewalt?«, in: *medico-Rundschreiben* 03/2016, https://www.medico.de/fileadmin/user_upload/media/medico-rundschreiben-03-2016.pdf, abgerufen am 27.1.2017, Seite 5
59 Ebd., Seiten 6 f.

Das deutsche Europa

1 Deutscher Bundestag:, Protokoll der Sitzung vom 21.11.2012, http://dip21.bundestag.de/dip21/btp/17/17207.pdf, abgerufen am 30.1.2017
2 Siehe zum Beispiel Markus Becker: »Haushaltssünder Spanien und Portugal – Die Kommission, die sich nicht traut«, *Spiegel online*, 18.5.2016, http://www.spiegel.de/wirtschaft/soziales/eu-verschont-spanien-und-portugal-die-kommission-die-sich-nicht-traut-a-1092901.html, abgerufen am 29.1.2017
3 Siehe Bundeszentrale für politische Bildung: »Leistungsbilanz«, http://www.bpb.de/nachschlagen/lexika/lexikon-der-wirtschaft/19968/leistungsbilanz, abgerufen am 29.1.2017
4 Eine Zusammenfassung des DGB-Plans vom 8.12.2012 findet sich unter http://www.dgb.de/themen/++co++985b632e-407e-11e2-b652-00188b4dc422, abgerufen am 29.1.2017
5 »DIW Konjunkturbarometer Dezember 2016: Deutsche Wirtschaft mit robustem Jahresabschluss«, Pressemitteilung vom 21.12.2016, https://www.diw.de/de/diw_01.c.551524.de/konjunkturbarometer_vom_21_dezember_2016_archiv.html, abgerufen am 13.2.2017
6 Siehe Christoph Ziedler: »Brüssel rügt deutschen Exportüberschuss«, *Tagesspiegel online*, 27.11.2016, abgerufen am 29.1.2017. Für das Jahr 2016 ergab sich ein Leistungsbilanzüberschuss von 8,5 Prozent des Bruttoinlandsprodukts. Siehe Stephan Kaufmann: »Die Mega-Lücke«, *Frankfurter Rundschau*, 10.2.2017
7 Download der deutschen Version unter Europäische Kommission: »2017 European Semester – Alert Mechanism Report«, 16.11.2016 https://ec.europa.eu/info/publications/2017-european-semester-alert-mechanism-report_de, abgerufen am 29.1.2017, Seite 31
8 »In der Wirtschafts- und Währungsunion gehen Eigenverantwortung und Solidarität Hand in Hand.« Regierungserklärung im Deutschen Bundestag am 18.6.2015, http://dipbt.bundestag.de/doc/btp/18/18112.pdf, abgerufen am 30.1.2017, Seite 10691
9 »Nicht genug getan«, Interview mit Barry Eichengreen, *Die Zeit*, 16.7.2015
10 Franziska Bremus, Claudia Lambert: »Bankenunion und Bankenregulierung: Stabilität des Bankensektors in Europa«, *DIW-Wochenbericht* Nr. 26/2014, https://www.diw.de/documents/publikationen/73/diw_01.c.467546.de/14-26-3.pdf, abgerufen am 31.1.2017

11 Der offizielle Name lautete »Europäische Gemeinschaft für Kohle und Stahl« (EGKS). Sie bestand aus der Bundesrepublik, Frankreich, Italien und den Beneluxländern (Belgien, Niederlande, Luxemburg).

12 Wikipedia-Artikel »Europäische Gemeinschaft für Kohle und Stahl«, http://de.wikipedia.org/wiki/Europ%C3%A4ische_Gemeinschaft_f%C3%BCr_Kohle_und_Stahl, abgerufen am 22.11.2012

13 Ohne an dieser Stelle näher darauf eingehen zu können, sei zumindest erwähnt, dass diese Segnungen des gemäßigten Kapitalismus keineswegs universell zur Geltung kamen. Vor allem nicht für diejenigen Völker in den rohstoffreichen Ländern der »Dritten Welt«, auf deren Ausbeutung der ökonomische Erfolg »des Westens« zum großen Teil beruht.

14 Siehe zum Beispiel Angela Merkel: »Chancen erkennen – Deutschland braucht eine neue soziale Marktwirtschaft«, European Business Network, ohne Datum, http://ebn24.com/index.php?id=32685, abgerufen am 25.11.2012: »Deutschland ist ein starkes Land mit einem enormen Zukunftspotenzial. Angesichts der vielen leistungsfähigen Menschen und der großen Reputation Deutschlands in Europa und der Welt (...) haben wir deshalb auch weiterhin eine gute Ausgangsbasis. (...) Es war die soziale Marktwirtschaft Ludwig Erhards, die den Ordnungsrahmen schuf, in dem sich der Fleiß, die Leistungsbereitschaft und der Aufbruchswille vieler Deutscher zu dem Erfolg des Wiederaufbaus bündeln konnten.«

15 Siehe zum Beispiel »EZB flutet Märkte mit 60 Milliarden Euro pro Monat«, *Spiegel online*, 22.1.2015, http://www.spiegel.de/wirtschaft/soziales/europaeische-zentralbank-ezb-rat-beschliesst-kauf-von-staats anleihen-a-1014387.html, abgerufen am 29.1.2017

16 Sebastian Jost: »Weshalb Weidmann mit Draghi über Kreuz liegt«, *Welt online*, 25.1.2015, https://www.welt.de/wirtschaft/article136741126/Weshalb-Weidmann-mit-Draghi-ueber-Kreuz-liegt.html, abgerufen am 29.1.2017

17 Ebd.

18 Martin Greive, Jan Hildebrand: »Draghis Geschenk«, *Handelsblatt*, 13.1.2017

19 Stephan Kaufmann: »Die Staaten profitieren«, *Frankfurter Rundschau*, 31.1.2017

20 »Inflation ist nicht wie Schweinegrippe«, Interview mit Peter Bofinger, *die tageszeitung (taz)*, 26.9.2012

21 Peter Bofinger: »Gerechtigkeit für Draghi«, *Süddeutsche Zeitung online*, 20.4.2016, http://www.sueddeutsche.de/politik/aussenansicht-gerech tigkeit-fuer-draghi-1.2957960, abgerufen am 30.1.2017. Aus diesem Text stammen auch die folgenden Zitate Bofingers.

22 Robert von Heusinger: »Was Euroland aus den Dollar-Krisen lernen kann«, *Frankfurter Rundschau*, 11.9.2012

23 Zitiert nach Elmar Altvater: »Das falsche Modell«, *Le Monde diplomatique*, deutsche Ausgabe, 14.9.2012

24 Ähnliches ließe sich auch am Beispiel eines spanischen Wohnungskäufers durchspielen, den die zinshungrigen Banken jahrelang mit Kreditangeboten überhäuften, ohne sich um Sicherheiten ernsthaft zu scheren. Es gab ja die berühmten Kreditausfallversicherungen (englisch: Credit Default Swaps, CDS), mit denen die Finanzindustrie ihrerseits wieder so lange spekulierte, bis alle Sicherungen durchgebrannt waren. Hier lag bekanntlich die Ursache der im Herbst 2008 ausgebrochenen Krise.

25 Siehe zum Beispiel Sebastian Jost: »Griechenland schuldet deutschen Banken besonders viel«, *Welt online*, 28.6.2015, https://www.welt.de/wirtschaft/article143186719/Griechenland-schuldet-deutschen-Banken-besonders-viel.html, abgerufen am 30.1.2017

26 Jan Hildebrand, Gerd Höhler, Thomas Sigmund: »Europas Selbstrettung«, *Handelsblatt*, 4.5.2016

27 Gerd Höhler: »Krise macht Griechen krank«, *Frankfurter Rundschau*, 17.1.2017

28 Panagis Galiatsatos: »Tsipras auf Konfrontationskurs«, *Neue Zürcher Zeitung online*, 16.12.2016, https://www.nzz.ch/wirtschaft/wirtschaftspolitik/griechenland-krise-tsipras-auf-konfrontationskurs-ld.135288, abgerufen am 30.1.2017

29 Siehe Werner Mussler: »Gläubiger legen Streit mit Athen vorerst bei«, *Neue Zürcher Zeitung online*, 26.12.2016, https://www.nzz.ch/wirtschaft/griechenland-krise-glaeubiger-legen-streit-mit-athen-vorerst-bei-ld.136736, abgerufen am 30.1.2017

30 »Griechenland erhält Schuldenerleichterungen«, *n-tv online*, 23.1.2017, http://www.n-tv.de/wirtschaft/Griechenland-erhaelt-Schuldenerleichterungen-article19626757.html, abgerufen am 30.1.2017

31 Regierungserklärung vom 18.6.2015, a.a.O.

32 George Soros: »Die Tragödie der Europäischen Union«, *Spiegel online*, 9.9.2012, http://www.spiegel.de/wirtschaft/george-soros-deutschland-muss-fuehren-oder-aus-dem-euro-austreten-a-854595.html, abgerufen am 19.9.2012

33 Ebd.

34 Siehe zum Beispiel »Keine Eurobonds, solange ich lebe«, *Spiegel online*, 26.6.2012, http://www.spiegel.de/politik/ausland/kanzlerin-merkel-schliesst-euro-bonds-aus-a-841115.html, abgerufen am 30.1.2017

35 von Heusinger, a.a.O.

36 Ebd.

37 Regierungserklärung im Deutschen Bundestag am 24.3.2011, http://dipbt.bundestag.de/doc/btp/17/17099.pdf, abgerufen am 30.1.2017, Seite 11252

38 von Heusinger, a.a.O.

39 Heiner Ganßmann: »Merkelantismus«, *Le Monde diplomatique*, deutsche Ausgabe, 14.9.2012

40 Ebd.

41 Ebd.

42 Ebd.

43 Ebd.

44 Siehe zum Beispiel Hannes Vogel: »Wie die Superreichen Griechenland plündern«, n-tv online, 9.3.2015, http://www.n-tv.de/wirtschaft/Wie-die-Superreichen-Griechenland-pluendern-article14633001.html, abgerufen am 30.1.2017

45 Siehe Wikipedia: »Europäischer Fiskalpakt«, https://de.wikipedia.org/wiki/Europ%C3%A4ischer_Fiskalpakt, abgerufen am 30.1.2017

46 Die beiden Oppositionsparteien verzichteten für diese bescheidene Gegenleistung, die auch fast fünf Jahre danach noch nicht eingelöst war, auf ihre viel grundlegendere und wichtige Forderung, dass sich die Bundesregierung für einen gemeinsamen europäischen »Schuldentilgungsfonds« einsetzen müsse. Dieser Fonds hätte den längst überfälligen Einstieg in eine gemeinsame europäische Verantwortung für die Schulden der Krisenstaaten bedeutet und wurde genau deshalb von Merkel abgelehnt. Rot-Grün stimmte dem Knebelvertrag namens »Fiskalpakt« dennoch zu. Siehe »Union einigt sich mit Opposition auf Finanzsteuer«, *Welt online*, 7.6.2012, https://www.welt.de/politik/deutschland/article106433291/Union-einigt-sich-mit-Opposition-auf-Finanzsteuer.html, abgerufen am 30.1.2017

47 Hintergründe und Informationen zum aktuellen Stand gibt es unter »Steuer gegen Armut: Die Finanztransaktionssteuer«, http://www.steuer-gegen-armut.org/home.html, abgerufen am 30.1.2017

48 »Entschließung des Europäischen Parlaments vom 21. Mai 2013 zur Bekämpfung von Steuerflucht, Steuerbetrug und Steueroasen«, http://www.europarl.europa.eu/sides/getDoc.do?pubRef=-//EP//TEXT+TA+P7-TA-2013-0205+0+DOC+XML+V0//DE, abgerufen am 30.1.2017

49 Herman van Rompuy: »Auf dem Weg zu einer echten Wirtschafts- und Währungsunion«, 26.06.2012, http://www.consilium.europa.eu/uedocs/cms_data/docs/pressdata/de/ec/131294.pdf, abgerufen am 15.1.2013

50 Zitiert nach: »Vorschläge der Vierergruppe sind ökonomisch falsch«, *Frankfurter Allgemeine Zeitung online*, 28.6.2012, http://www.faz.net/aktuell/politik/ausland/merkels-regierungserklaerung-vorschlaege-der-vierergruppe-sind-oekonomisch-falsch-11800914.html, abgerufen am 17.11.2012

51 Siehe zum Beispiel Grit Beecken: »Draghi macht Ernst«, *Frankfurter Rundschau online*, 7.9.2012, http://www.fr-online.de/schuldenkrise/eurokrise-draghi-macht-ernst,1471908,17190124.html, abgerufen am 17.11.2012

52 »Oppermann wirft Merkel ›Taschenspielertricks‹ mit der EZB vor«, *Tagesspiegel online*, 8.9.2012, http://www.tagesspiegel.de/politik/heimliche-vergemeinschaftung-der-schulden-oppermann-wirft-merkel-taschenspielertricks-mit-der-ezb-vor/7110798.html, abgerufen am 17.11.2012

53 »Merkel: Politiker sollen ihre Hausaufgaben machen«, *Euronews*, 6.9.2012, http://de.euronews.com/2012/09/06/merkel-politiker-sollen-ihre-hausaufgaben-machen/, abgerufen am 24.11.2012

54 Thomas Mayer: »Can American History Save the Euro?«, *The Globalist*, 10.10.2012, http://www.theglobalist.com/storyid.aspx?storyid=9774, abgerufen am 31.1.2017, Übersetzung von Stephan Hebel

55 Ebd.

56 Stefan Kaiser: »Europas Bürger müssen für Griechenland zahlen«, *Spiegel online*, 26.11.2012, http://www.spiegel.de/wirtschaft/soziales/grie chenland-ein-schuldenschnitt-wuerde-die-steuerzahler-treffen-a-869 400.html, abgerufen am 1.12.2012

57 »Schäuble widerspricht Obamas Forderung nach Schuldenschnitt«, *Griechenland-Zeitung*, 16.11.2016, https://www.griechenland.net/ nachrichten/politik/20965-sch%C3%A4uble-widerspricht-obamas-forderung-nach-schuldenschnitt › abgerufen am 31.1.2017

58 Elmar Altvater: »Das falsche Modell«, *Le Monde diplomatique*, deutsche Ausgabe, 14.9.2012

59 Jürgen Habermas: »Politik und Erpressung Rede bei der Entgegennahme des Georg-August-Zinn-Preises der hessischen SPD«, in: *Die Zeit*, 6.9.2012

60 Ebd.

61 Elmar Altvater, a.a.O.

62 Jürgen Habermas, a.a.O.

63 Ebd.

Alles Gute kommt nach oben

1 Bundesregierung: »Neujahrsansprache 2017 von Bundeskanzlerin Dr. Angela Merkel am 31. Dezember 2016 über Hörfunk und Fernsehen«, Bulletin Nr. 1 vom 1.1.2017, https://www.bundesregierung.de/Con tent/DE/Bulletin/2017/01/01-1-bk-neujahr.html, abgerufen am 2.2.2017

2 Eine Analyse am Beispiel des Abkommens mit Kanada liefert die von Nichtregierungsorganisationen zahlreicher Länder erarbeitete Studie »Ceta lesen und verstehen« vom September 2016, http://www.attac. de/fileadmin/user_upload/Kampagnen/ttip/ceta-texte/CETA_Lesen_ und_verstehen.pdf, abgerufen am 2.2.2017

3 Sven Giegold: »Trumps Drohungen sind Europas Chance«, *Frankfurter Rundschau online*, 30.1.2017, http://www.fr-online.de/wirtschaft/welt handel-trumps-drohungen-sind-europas-chance,1472780,35121678. html, abgerufen am 2.2.2017

4 Ebd.

5 Siehe zum Beispiel »Hintergrund – Die wirtschaftliche Bedeutung der Ukraine«, Reuters, 20.2.2014, http://de.reuters.com/article/hinter grund-die-wirtschaftliche-bedeutun-idDEBEEA1J01120140220, abgerufen am 4.2.2017

6 Zur völkerrechtlichen Einordnung und der fehlerhaften Verwendung des Wortes »Annexion« siehe Reinhard Merkel: »Kühle Ironie der Geschichte«, *FAZ online*, 17.4.2014, http://www.faz.net/aktuell/feuille ton/debatten/die-krim-und-das-voelkerrecht-kuehle-ironie-der-ge schichte-12884464.html?printPagedArticle=true#pageIndex_2, abgerufen am 13.2.2017

7 Siehe zum Beispiel »Erste Bundeswehrsoldaten in Litauen eingetroffen«, *Spiegel online*, 24.1.2017, http://www.spiegel.de/politik/ausland/ litauen-bundeswehr-soldaten-zum-schutz-der-nato-ostgrenze-einge troffen-a-1131585.html, abgerufen am 4.2.2017

8 Linda Staude: »Wie illegaler Fischfang die Piraterie befeuert«, Deutschlandfunk, 2.1.2016, http://www.deutschlandfunk.de/somalia-wie-ille galer-fischfang-die-piraterie-befeuert.799.de.html?dram:article_ id=341337, abgerufen am 4.2.2017. Die Angaben zu Rashid Abdi finden sich auf der Homepage der »International Crisis Group« unter https:// www.crisisgroup.org/who-we-are/people/rashid-abdi, abgerufen am 4.2.2017

9 Misereor u.a.: »Bundesregierung verabschiedet schwachen Nationalen Aktionsplan Wirtschaft und Menschenrechte«, Pressemitteilung vom 21.12.2016, https://www.misereor.de/presse/pressemeldungen/bun desregierung-verabschiedet-schwachen-nationalen-aktionsplan-wirt schaft-und-menschenrechte/, abgerufen am 2.2.2017

10 Gerald Traufetter: »Mit industriefreundlichem Gruß«, *Spiegel online*, 11.11.2016, http://www.spiegel.de/auto/aktuell/absprache-zwischen-kba-verkehrsministerium-und-autoherstellern-a-1120641.html, abgerufen am 2.2.2017

11 Bundesregierung: »Käufer können Prämie beantragen«, 1.7.2016, https://www.bundesregierung.de/Content/DE/Artikel/2016/07/ 2016-07-01-elektromobilitaet-kaufpraemie-startet-ab-2-juli.html, abgerufen am 3.2.2017

12 Nach Angaben von Frank Schwope, Auto-Analyst der Nord LB, hatten BMW, Mercedes und Volkswagen seit 2006 Gewinne in Höhe von 215,7 Milliarden Euro erzielt. Siehe Nikolaus Doll: »Der große Denkfehler bei der E-Auto-Prämie«, *Welt online*, 26.4.2016, https://www.welt.de/wirt schaft/article154782876/Der-grosse-Denkfehler-bei-der-E-Auto-Prae mie.html, abgerufen am 3.2.2017

13 Siehe zum Beispiel Martin Mair: »Was das neue EEG-Gesetz bringen soll«, tagesschau.de, 8.6.2016, https://www.tagesschau.de/wirtschaft/ eeg-hintergrund-101.html, abgerufen am 3.2.2017

14 Simone Peter: »EEG-Reform: Bundesregierung knockt Energiewende aus«, Presseerklärung vom 8.7.2016, http://www.gruene.de/presse/ 2016/eeg-reform-bundesregierung-knockt-energiewende-aus.html, abgerufen am 3.2.2017

15 Zitiert nach Stephan Hebel: *Deutschland im Tiefschlaf*, Frankfurt am Main 2014, Seite 169. Hier (Seite 165 ff.) findet sich auch eine ausführliche Darstellung der Energiewende-Politik.

16 An dieser Stelle sei ein Fehler in dem Buch *Mutter Blamage* (Frankfurt am Main, 2013) korrigiert, auf den dankenswerterweise der ehemalige Präsident des Deutschen Wetterdienstes, Wolfgang Kusch, hingewiesen hat. Dort war auf Seite 91 in einem Zitat des Bundes Umwelt und Naturschutz (BUND) der Wetterdienst als Beispiel für »Firmen« genannt worden, die von der EEG-Umlage befreit sind. Es handelt sich allerdings, wie Kusch richtig anmerkt, um eine Behörde, die der öffentlichen Daseinsvorsorge dient. »Als Beispiel für eine der von Ihnen angesprochenen energieintensiven Firmen taugt er nicht.« Das stimmt, ich bitte um Entschuldigung und danke für den Hinweis. Seit 2014 ist der Deutsche Wetterdienst im Übrigen gar nicht mehr begünstigt, da er sich einen stromsparenden Rechner angeschafft hat. Auch diesen Hinweis verdanke ich Wolfgang Kusch.

17 Siehe zum Beispiel Dinah Riese: »Die Linke will Schlupflöcher schließen«, *taz online*, 29.9.2016, http://www.taz.de/!5340578/, abgerufen am 5.2.2017

18 Deutscher Bundestag: »Streit um Mietpreisbremse und Liegenschaftspolitik«, https://www.bundestag.de/dokumente/textarchiv/2016/kw39-de-mietpreisbremse/459352, abgerufen am 5.2.2017

19 Eine gute Übersicht über geplante und verwirklichte Veränderungen findet sich hier: »Nahles und ihr Renten-Reförmchen: Die Pläne der Ministerin im Realitäts-Check«, *Focus Money online*, 25.11.2016, http://www.focus.de/finanzen/altersvorsorge/rente/rentenniveau-rentenbeitrag-solidarrente-nahles-und-ihr-renten-refoermchen-die-plaene-der-ministerin-im-realitaets-check_id_6254923.html, abgerufen am 4.2.2017

20 Siehe Wikipedia: »Gesetzliche Krankenversicherung«, https://de.wikipedia.org/wiki/Gesetzliche_Krankenversicherung, abgerufen am 4.2.2014

21 Die Zahlen für 2012 finden sich unter Bundesagentur für Arbeit: »Der Arbeits- und Ausbildungsmarkt in Deutschland, Dezember 2012«, https://statistik.arbeitsagentur.de/Statistikdaten/Detail/201212/arbeitsmarktberichte/monatsbericht-monatsbericht/monatsbericht-d-0-201212-pdf.pdf, abgerufen am 2.2.2017, Seite 40 ff. Die Bilanz für 2016 ist zusammengefasst in der Pressemitteilung der Bundesagentur vom 3.1.2017: »Der Arbeitsmarkt im Jahr 2016«, https://www.arbeitsagentur.de/presse/1478795568210, abgerufen am 2.2.2017

22 Statistisches Bundesamt: »Verdienste und Arbeitskosten – Reallohnindex und Nominallohnindex«, 3. Vierteljahr 2016, 22.12.2016, https://www.destatis.de/DE/Publikationen/Thematisch/VerdiensteArbeitskosten/ReallohnNetto/ReallohnindexPDF_5623209.pdf?__blob=publicationFile, abgerufen am 2.2.2017, Seite 5

23 WSI-Pressedienst vom 5.1.2017, http://www.boeckler.de/pdf/pm_ta_2017_01_05.pdf, abgerufen am 2.2.2017

24 Statistisches Bundesamt: »Volkswirtschaftliche Gesamtrechnungen«, Ausgabe 2015 vom 29.11.2016, https://www.destatis.de/DE/Publika tionen/Thematisch/VolkswirtschaftlicheGesamtrechnungen/Inlands produkt/InlandsproduktsberechnungLangeReihenPDF_2180150. pdf?__blob=publicationFile, abgerufen am 13.2.2017, Seite 50

25 Statistisches Bundesamt: *Statistisches Jahrbuch 2016*, Kapitel 12: »Volkswirtschaftliche Gesamtrechnungen«, https://www.destatis.de/DE/Pu blikationen/StatistischesJahrbuch/VGR.pdf?__blob=publicationFile, abgerufen am 13.2.2017, Seite 323

26 Statistisches Bundesamt: »Atypische Beschäftigung«, https://www.de statis.de/DE/ZahlenFakten/GesamtwirtschaftUmwelt/Arbeitsmarkt/ Erwerbstaetigkeit/TabellenArbeitskraefteerhebung/AtypKernerwer bErwerbsformZR.html, abgerufen am 2.2.2017

27 Max Haerder: »Andrea Nahles dreht bei«, *Wirtschaftswoche online*, 11.5.2016, http://www.wiwo.de/politik/deutschland/zeitarbeit-und-werkvertraege-andrea-nahles-dreht-bei/13580126.html, abgerufen am 5.2.2017

28 Gareth Joswig: »Gleicher Lohn nach neun Monaten«, *taz.de*, 11.5.2016, http://www.taz.de/!5301483/, abgerufen am 5.2.2017

29 Markus M. Grabka, Jan Goebel: »Realeinkommen sind von 1991 bis 2014 im Durchschnitt gestiegen – erste Anzeichen für wieder zunehmende Einkommensungleichheit«, *DIW-Wochenbericht* Nr.4/2017 vom 25.1.2017, https://www.diw.de/documents/publikationen/73/diw_01 .c.550894.de/17-4-1.pdf, abgerufen am 2.2.2017, Seite 75

30 Ebd., Seite 76

31 Ebd., Seite 80 f.

32 Der Paritätische: »Hartz IV: Paritätischer fordert Regelsatz von 520 Euro«, Pressemitteilung vom 20.9.2016, http://www.der-paritaetische.de/nc/ pressebereich/artikel/news/hartz-iv-paritaetischer-fordert-regelsatz-von-520-euro/, abgerufen am 3.2.2017

33 Siehe zum Beispiel »Hartz-IV-Studie zeigt Probleme auf – Jeder dritte Bezieher bleibt ohne Job«, n-tv.de, 2.2.2017, http://www.n-tv.de/poli tik/Jeder-dritte-Bezieher-bleibt-ohne-Job-article19685314.html, abgerufen am 3.2.2017

34 Rede beim 25. CDU-Parteitag in Hannover, 3.12.2012, http://www.kas. de/upload/ACDP/CDU/Reden/2012-12_parteitag_rede_merkel.pdf, abgerufen am 4.2.2017

35 »Ich bin kein Populist«, Interview mit Martin Schulz, *Der Spiegel*, 4.2.2017

36 Ebd.

37 Ebd.

38 Siehe zum Beispiel Thomas Öchsner: »Riesiger Investitionsstau in Deutschland«, *Süddeutsche Zeitung online*, 13.4.2015, http://www. sueddeutsche.de/wirtschaft/-milliarden-luecke-riesiger-investitions stau-in-deutschland-1.2432782, abgerufen am 2.2.2017

39 »Investitionsstau von 34 Milliarden bei Schulen«, *Wirtschaftswoche online*, 25.9.23016, http://www.wiwo.de/politik/deutschland/studie-in vestitionsstau-von-34-milliarden-euro-bei-schulen/14597132.html, abgerufen am 2.2.2017

40 »Nach der Reform ist vor der Reform«, Interview mit Stefan Bach, *Frankfurter Rundschau*, 28.1.2017. Hier auch die folgenden Zitate von Stefan Bach.

41 Wikipedia: »Wachstumsbeschleunigungsgesetz«, https://de.wikipedia.org/wiki/Wachstumsbeschleunigungsgesetz, abgerufen am 2.2.2017

42 Deutsches Institut für Altersvorsorge: »3,1 Billionen Euro werden in Deutschland bis 2024 vererbt«, Pressemeldung vom 9.9.2015, https://www.dia-vorsorge.de/presse/31-billionen-euro-werden-bis-2024-in-deutschland-vererbt/, abgerufen am 2.2.2017

43 »Erben in Deutschland – ein Blick ins kommende Jahrzehnt«, hier zitiert nach »STB-Web – Portal für Steuerberater«, 8.7.2011, http://www.stb-web.de/news/article.php/id/4607, abgerufen am 2.2.2017

44 Ebd.

45 »Regressive Belastungswirkung« bedeutet, dass die Belastungen am unteren Ende steigen.

46 Stefan Bach, Martin Beznoska, Viktor Steiner: »Wer trägt die Steuerlast in Deutschland? Verteilungswirkungen des deutschen Steuer- und Transfersystems«, Deutsches Institut für Wirtschaftsforschung, 7. September 2016, http://www.diw.de/documents/publikationen/73/diw_01.c.542120.de/diwkompakt_2016-114.pdf, abgerufen am 3.2.2017, Seite 93 f.

47 Deutscher Gewerkschaftsbund: »Steuersystem gerecht machen, statt Sozialbeiträge senken!«, *klartext* 01/2017 vom 6.1.2017, http://www.dgb.de/themen/++co++319c8904-d3fc-11e6-bbaa-525400e5a74a, abgerufen am 6.2.2017

48 Josef Joffe: »Lasst die ›Reichen‹ in Ruhe«, *Die Zeit*, 1.9.2011

49 Martin Greive: »14,7 Prozent aller Deutschen sind arm«, *Welt online*, 4.4.2015, abgerufen am 4.2.2017

50 Gerhard Bosch: »Prekäre Beschäftigung und Neuordnung am Arbeitsmarkt«, Institut Arbeit und Qualifizierung an der Universität Duisburg-Essen im Auftrag der IG Metall, September 2012, http://www.iaq.uni-due.de/aktuell/veroeff/2012/bosch_IGMexpertise.pdf, Seite 5, abgerufen am 4.2.2017

51 Matthias Meisner, Ingo Salmen, Max Kuball, Benedikt Voigt: »Gabriel: ›Wir wollen in acht Monaten nochmal überraschen‹«, *Tagesspiegel online*, 24.1.2017, http://www.tagesspiegel.de/politik/nach-verzicht-auf-spd-kanzlerkandidatur-gabriel-wir-wollen-in-acht-monaten-nochmal-ueberraschen/19297298.html, abgerufen am 31.1.2017

52 »Gesagt. Getan. Gerecht«, http://www.spdfraktion.de/system/files/documents/spdbf-bilanz-2016-web.pdf, abgerufen am 1.2.2017, Seite 10

53 Siehe zum Beispiel Verdi-Bundesvorstand: »Mindestlohn ein voller Erfolg«, *Wirtschaftspolitik aktuell* 03/Februar 2016, https://wipo.verdi.de/++file++56d419feba949b4afa0005de/download/16_03%20Min destlohn%20voller%20Erfolg.pdf, abgerufen am 1.2.2017

54 Bundesregierung: »Entwurf eines Gesetzes zur Stärkung der Tarifautonomie« vom 28.5.2014, http://dipbt.bundestag.de/dip21/btd/18/015 /1801558.pdf, abgerufen am 1.2.2017, Seite 42

55 Ulrich Preis, Daniel Ulber: »Die Verfassungsmäßigkeit des allgemeinen gesetzlichen Mindestlohns«, Rechtsgutachten auf Ersuchen der Hans-Böckler-Stiftung, http://www.boeckler.de/pdf/gf_gutachten_preis_20 14_04.pdf, abgerufen am 1.2.2017, Seite 14

56 Marc Amlinger u.a.: »Stellungnahme zu den bisherigen Auswirkungen des Mindestlohns und seiner zukünftigen Anpassung«, *WSI-Policy-Brief* Nr. 6, Mai 2016, http://www.boeckler.de/pdf/p_wsi_pb_6_2016.pdf, abgerufen am 1.2.2017, Seite 12

57 »Mindestlohn ist Niedriglohn«, *Zeit online*, 5.3.2014, http://www.zeit.de/wirtschaft/2014-03/Mindestlohn-Geringverdiener-Deutschland, abgerufen am 5.2.2017

58 Toralf Pusch, Hartmut Seifert: »Mindestlohngesetz – »Für viele Minijobber weiterhin nur Minilöhne«, *WSI-Policy-Brief* Nr. 9, Januar 2017, http://www.boeckler.de/pdf/p_wsi_pb_9_2017.pdf, abgerufen am 6.2.2017, Seite 2

59 Ebd., Seite 3

Wege zum Wechsel

1 Siehe »Vereint gegen Rechts: Demokratische Parteien stellen sich gemeinsam gegen die AfD«, *Berlin online*, 1.7.2016, https://www.berlin online.de/mitte/nachrichten/4472130-4015813-vereint-gegen-rechts-demokratische-parte.html, abgerufen am 6.2.2017

2 Siehe »Merkel, die Geburtshelferin der AfD«, Seite 43

3 »Ich bin kein Populist«, a.a.O.

4 INSA, YouGov: »Wenn am nächsten Sonntag Bundestagswahl wäre …«, http://www.wahlrecht.de/umfragen/insa.htm, abgerufen am 6.2.2017

5 »SPD überholt Union in neuer Umfrage«, *Welt.de*, 6.2.2017, https://www.welt.de/politik/deutschland/article161843155/SPD-ueberholt-Union-in-neuer-Umfrage.html, abgerufen am 7.2.2017

6 Siehe »Merkel lehnt Obergrenze weiter ab«, heute.de, 6.2.2017, http://www.heute.de/nach-friedensgipfel-mit-csu-merkel-lehnt-obergrenze-fuer-fluechtlinge-weiter-ab-46492710.html, abgerufen am 7.2.2017

7 Volker Koehnen, Astrid Rothe-Beinlich, Andrea Ypsilanti: »Für eine Politik der Hoffnung«, *Frankfurter Rundschau online*, 1.6.2016, http://www.fr-online.de/gastbeitraege/gastbeitrag-fuer-eine-politik-der-hoff nung,29976308,34312252.html, abgerufen am 7.2.2016

8 Institut Solidarische Moderne: »Das Unmögliche versuchen – Positions-papier zu r2g und einer neuen linken Mehrheit«, zum Download unter https://www.solidarische-moderne.de/de/article/482.das-unmoegli che-versuchen.html, abgerufen am 7.2.2017

9 http://www.europa-neu-begruenden.de/, abgerufen am 7.2.2017

10 Informationen auf Deutsch unter https://diem25.org/home-de/#, ab-gerufen am 7.2.2017

11 Der Ausspruch stammt wahrscheinlich ursprünglich von der US-ameri-kanischen Anarchistin Emma Goldman (»If voting changed anything, they'd make it illegal.«), siehe den Wikipedia-Artikel »Emma Goldman«, http://de.wikipedia.org/wiki/Emma_Goldman, abgerufen am 7.2.2017. Angezweifelt wird dagegen die Zuschreibung als Zitat von Kurt Tuchol-sky: Wikiquote, »Diskussion: Kurt Tucholsky«, http://de.wikiquote.org/ wiki/Diskussion:Kurt_Tucholsky, abgerufen am 7.2.2017

12 So zum Beispiel CDU-Präsidiumsmitglied David McAllister am 13.2.2017: »Vor allen Dingen muss er eines auch den Deutschen vor der Bundestagswahl klipp und klar beantworten, in welcher Regierungs-konstellation er sich eigentlich vorstellen kann, Kanzlerkandidat zu werden. (…) da gibt es kein Herumeiern.« »Um Martin Schulz wird momentan ein gewisser Hype gemacht«, Deutschlandfunk online, 13.2.2017, http://www.deutschlandfunk.de/david-mcallister-cdu-um-martin-schulz-wird-momentan-ein.694.de.html?dram:article_id=378 795, abgerufen am 14.2.2017